Liebe Leserin, lieber Leser,

ist Anstand ein Wert von gestern, ist Moral keine Kategorie mehr für das Handeln? Haben wir vor nichts mehr Respekt? War früher alles besser? Vielen Menschen erscheint es so. Die Klage über den allgemeinen Werteverfall ist allgegenwärtig.

Wenn es nur so einfach wäre. Nehmen wir etwa das Gebot „Du sollst nicht töten!". Es gilt in allen Kulturen, nicht nur für Christen. Und doch: Was ist mit dem „finalen Rettungsschuss" – wenn der Täter gerade auf ein Kind zielt? Was ist am Ende des Lebens – wenn ein todgeweihter Patient um Erlösung von seinen Schmerzen bittet? Was mit der Forschung an befruchteten Eizellen – wenn Wissenschaftler mit ihrer Hilfe kranken Menschen Lebenszeit schenken wollen?

Um bei mehr als 30 Themen die Übersicht zu behalten, bediente sich Heftredakteur Wolfgang Michal des klassischen Klarsichthüllen-Prinzips

Die Infragestellung absoluter Normen heißt nicht, dass alles beliebig geworden wäre. Doch wird es zunehmend schwierig, Gut und Böse klar zu unterscheiden. Die *eine* allgemein anerkannte moralische Instanz existiert nicht mehr. Der Mensch der Moderne muss unablässig selbst Entscheidungen treffen – und die Konsequenzen tragen. Eine Freiheit, die oft überfordert. Auch deswegen steigt das Bedürfnis nach moralischen Leitplanken, nach Wertediskussion. Unerlässlich dafür sind Informationen und Wissen, ob in Fragen der Erziehungs-Ethik, der Bio- oder Wirtschafts-Ethik.

GEO-Autor Christian Jungblut (rechts) beschrieb seine Gewissensnöte, als es darum ging, seine 85-jährige Mutter in einem Altenheim unterzubringen

Ein vielschichtigeres Thema hätte sich Wolfgang Michal, der diese Ausgabe konzipiert und redaktionell betreut hat, also kaum vornehmen können. Zur Sprache kommt unter anderem der Erfolg so genannter „Teen Courts", vor denen Jugendsünden wie Ladendiebstahl verhandelt werden – GEO-Redakteurin Hanne Tügel war vor Ort (Seite 98). Der Korruptions-Experte Hans Leyendecker hat kapitale Sünden in Wirtschaft und Politik aufgedeckt – und für GEO WISSEN analysiert (Seite 112). Der Autor Christian Jungblut befasst sich mit einer Frage, die in den kommenden Jahren immer mehr Menschen betreffen wird: Dürfen wir unsere Eltern in ein Altenheim geben, oder sind wir moralisch verpflichtet, sie zu Hause zu pflegen (Seite 58)?

Sie ahnen es: Klare Antworten können wir in den meisten Fällen nicht bieten – es gibt sie auch nicht. Wohl aber möchten wir mit diesem Heft Denkanstöße geben, die helfen, Argumente abzuwägen, die Aufmerksamkeit zu schärfen, eine eigene Position zu finden. Dahinter steht die alte Frage, wie sich der Einzelne angemessen verhalten sollte. Die Antwort, volkstümlich formuliert, lautet noch immer: „Was du nicht willst, dass man dir tu, das füg auch keinem andern zu." Die goldene Regel der Moral.

Herzlich Ihr

Claus Peter Simon

Ungewohnte Gelassenheit macht sich breit im Sexualleben der jungen Deutschen. Manche lassen es gleich ganz, viele regt es gar nicht mehr auf. Wissenschaftler sprechen von **Neosexualität** 134

124

152

Dem Hass freien Lauf lassen, keine Rücksicht nehmen – selten wird das Böse so offensichtlich. Andere **Todsünden** verstecken sich hinter der Fassade von Wohlanständigkeit

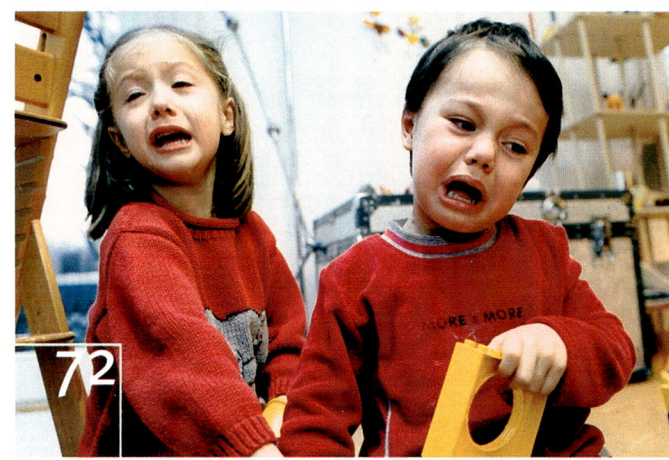

72

28

Krisenherd Legosteine: Viel Streit und Tränen kostet es, bis Kinder **lernen, sich in andere einzufühlen** und deren Interessen zu respektieren

Vera Bohle führte ein angenehmes Leben. Doch eines Tages quittierte sie den Job und wurde Minenräumerin. **Was treibt Menschen,** sich für andere einzusetzen? 42

90

INHALT

Matthew Barney hat keine Bedenken, sich auszustellen oder bloßzustellen. Moderne Künstler wie er feiern ihren **Exhibitionismus** und fördern unsere Schaulust

58

Viele Erwachsene quälen sich mit dem Problem, ihre alten Eltern nicht zu Hause versorgen zu können. Was tun? **Ab ins Heim?**

Lange waren Tierforscher davon überzeugt, dass in der **Natur** nur Kampf ums Dasein herrscht. Heute entdecken sie ganz andere Qualitäten: Hilfsbereitschaft, Fairness, Mitgefühl

Selbstmordattentäter sind keine kalten Maschinen. Ihren Aktionen liegen oft tiefe Verletzungen zugrunde. Wie lässt sich der **Teufelskreis der Rache** durchbrechen?

GUT UND BÖSE　　　6 + 152
Sieben Tugenden, sieben Todsünden: Licht- und Schattenseiten der Menschheit

GRUNDLAGEN DER ETHIK　　21

GEO-WISSEN-GESPRÄCH　　22
Gibt es einen Werteverfall?

DIE MORAL DER TIERE　　28
Kooperation als Evolutionsprinzip

HIRNFORSCHER　　36
150 Millisekunden entscheiden über die Willensfreiheit

HELFER　　42
Warum Menschen ihr Leben einer guten Sache widmen

GEO-WISSEN-UMFRAGE　　48
Wie moralisch sind die Deutschen?

BIOETHIK　　51

MORALDUMPING　　52
Wenn der Körper zur Ware wird

GENERATIONENKONFLIKT　　58
Darf man seine Eltern ins Pflegeheim geben?

GEO-WISSEN-TEST　　66
Fünf ethische Grenzfälle, fünf Zwickmühlen. Entscheiden Sie!

ERZIEHUNGSETHIK　　71

LASS DAS, BITTE!　　72
Wie die Moral ins Kind kommt

ETHIK ALS SCHULFACH　　80
Einige Schwierigkeiten beim Lehren des Anstands

POLITIK- UND RECHTSETHIK　　89

AUGE UM AUGE, ZAHN UM ZAHN　　90
Wie Rache entsteht, und was man dagegen tun kann

TÄTIGE REUE　　98
Neue Wege zum Rechtsfrieden

VOLKES STIMME　　106
Demonstranten äußern sich unmissverständlich

DAS PROJEKT WELTETHOS　　108
Hans Küng will eine Moral für alle

WIRTSCHAFTSETHIK　　111

KORRUPTION　　112
Wie geldgierig sind unsere Eliten?

ORA ET LABORA　　120
Ein Benediktiner führt Manager auf den Pfad der Tugend

SEXUALETHIK　　123

SCHAMLOSIGKEIT　　124
Wie Künstler uns zu Voyeuren machen

RATIFIZIERTER SEX　　134
Liebe ist Verhandlungssache

KUNST- UND MEDIENETHIK　　141

HIOBSBOTSCHAFTEN　　142
Quote und Tote: das Geschäft mit dem Terror

WAS IST HEUTE OBSZÖN?　　148
Elf Künstler und Autoren über den Bedeutungswandel der Geschmacklosigkeit

WISSEN KOMPAKT

Schuldgefühle als Infarktrisiko　　166
Gibt es eine weibliche Moral?　　168
Doping: das Ende des Fairplay　　169
Wie man zum Folterer wird　　172
Was der Nationale Ethikrat taugt　　174
Literatur　　175

EDITORIAL　　3
BILDNACHWEIS　　177
IMPRESSUM　　178
VORSCHAU　　178

Redaktionsschluss: 14. März 2005

Ergänzende Inhalte zu Heftthemen finden Sie im Internet

HÖFLICHKEIT

Genau hinsehen, Erwartungshaltungen erkennen. Das ist die Voraussetzung guter
Manieren. Nicht die Kenntnis der Etiketteregeln entscheidet über richtiges Benehmen, sondern die eigene Aufmerksamkeit. Und das Taktgefühl. Wer einer Frau aus
dem Auto hilft, wie dieser Mann in Shanghai, kann seiner Freude über eine Begeg-
nung Ausdruck geben – oder bloß ritterliches Imponiergehabe imitieren. Höflichkeit
misst dem eigenen Auftritt nicht die Hauptrolle zu; sie nimmt Rücksicht auf andere

SIEBEN KLASSISCHE TUGENDEN

Schon seit Platons Zeiten bilden die Tugenden das ethische Grundgerüst. Es sind Lebenshaltungen, die wir durch fortgesetzte Übung erwerben. In der Vergangenheit als altmodisch verspottet, entwickeln sie heute wieder frischen Charme

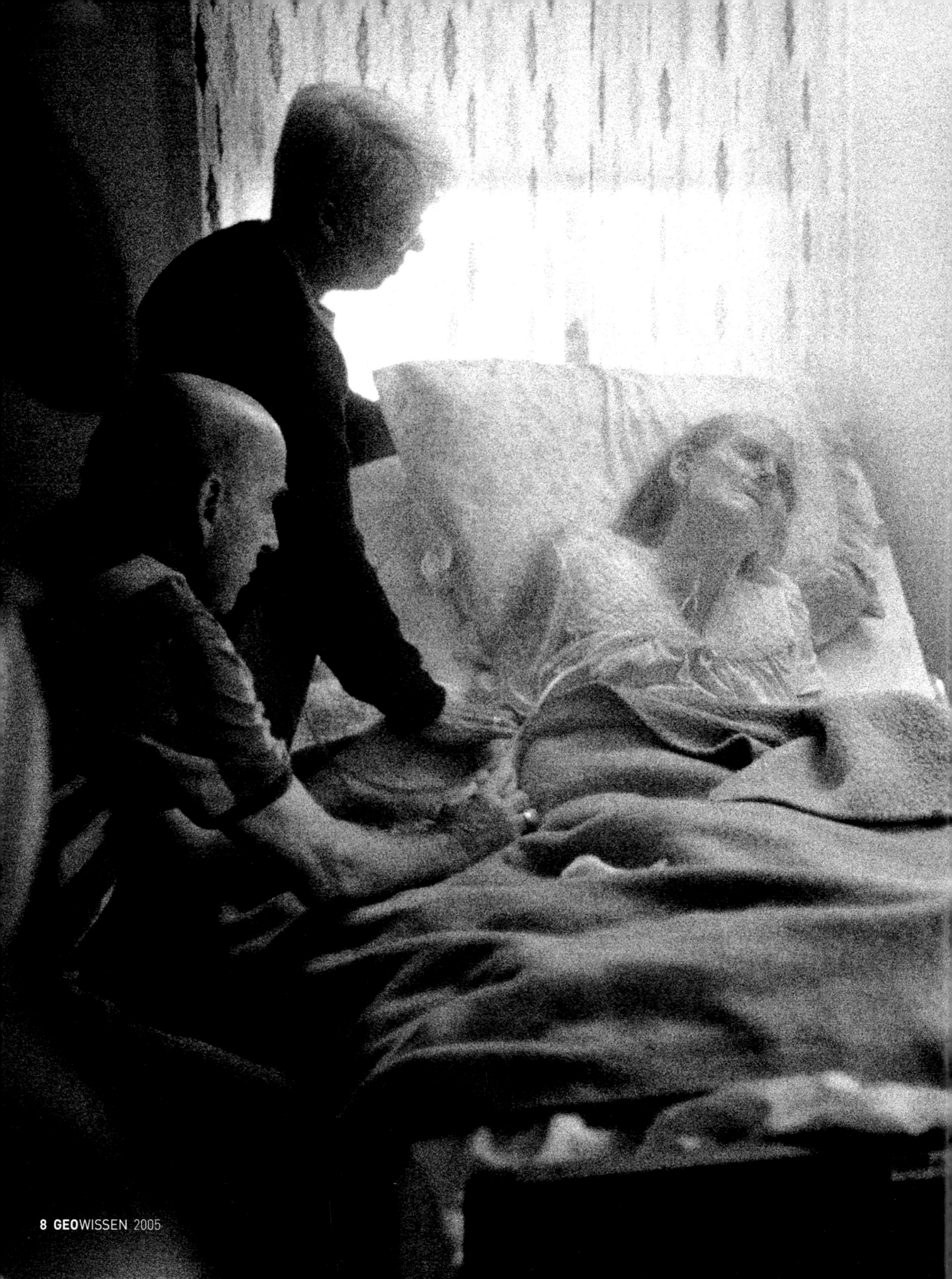

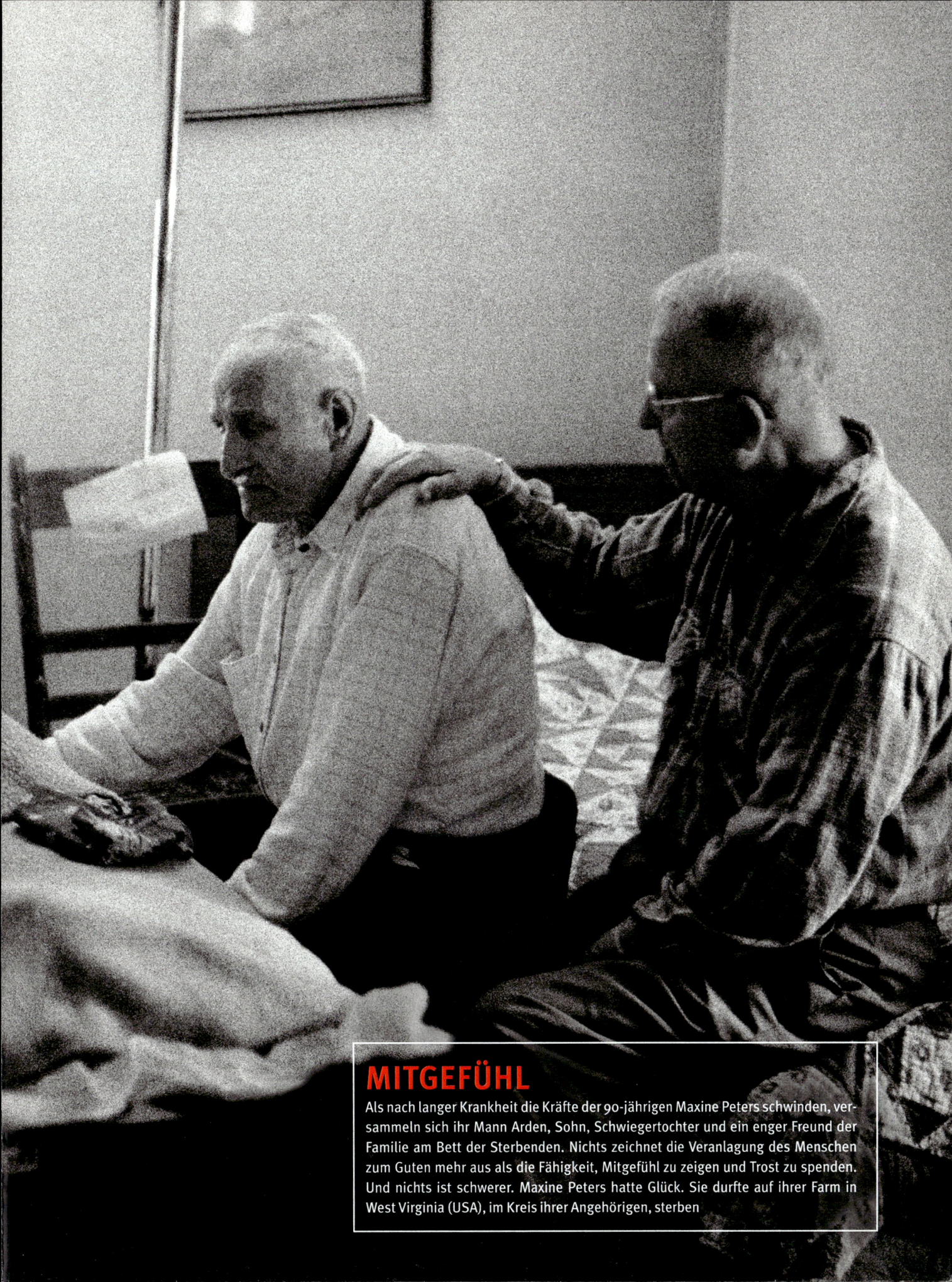

MITGEFÜHL

Als nach langer Krankheit die Kräfte der 90-jährigen Maxine Peters schwinden, versammeln sich ihr Mann Arden, Sohn, Schwiegertochter und ein enger Freund der Familie am Bett der Sterbenden. Nichts zeichnet die Veranlagung des Menschen zum Guten mehr aus als die Fähigkeit, Mitgefühl zu zeigen und Trost zu spenden. Und nichts ist schwerer. Maxine Peters hatte Glück. Sie durfte auf ihrer Farm in West Virginia (USA), im Kreis ihrer Angehörigen, sterben

DEMUT

Zwei Männer, in Demut und Größe vereint: Jesus Christus am Kreuz, sein müder Stellvertreter darunter. Die Ergebung in ein großes Werk, Entsagung und Opferbereitschaft, das Zurückstellen der eigenen Person gelten als Ideal der Demut. Keine leichte Tugend in einer Ego-Gesellschaft! Doch mit Demut sind nicht nur Verzicht und Selbstverleugnung assoziiert, sondern auch Güte und Mut. Für den Anfang genügt ein wenig Bescheidenheit

GASTFREUNDSCHAFT

Gäste sollen sich wohl fühlen und nach Herzenslust tafeln dürfen. Doch manche verwechseln Gastfreundschaft mit bloßer Großzügigkeit des Einladenden. Die Ehre des freigebigen Entgegenkommens bedeutet auch Verpflichtung: sich einzulassen und vom eigenen Leben zu berichten. Hier, in der saudi-arabischen Wüste Rub al-Khali, hat Ali al-Mari, ein Expeditionsführer, zu Tee, Kaffee und Datteln in sein Zelt in der Jabrin-Oase gebeten

TOLERANZ

Je enger die Menschen aufeinander hocken, desto wichtiger wird die Anerkennung des Andersartigen. Sie verlangt Geduld von jedermann – wie hier in der New Yorker U-Bahn. Leben und leben lassen, Aufgeschlossenheit, eine gewisse Seelenruhe – sie machen die Toleranz in multikulturellen Gesellschaften zur Königstugend. Man sollte ihr weites Herz jedoch nicht mit schafsköpfiger Duldsamkeit verwechseln. Voneinander abgeschottete Parallelgesellschaften haben mit Toleranz nichts zu tun

HILFSBEREITSCHAFT

Viele Katastropheneinsätze wirken heute wie professionelle Unternehmungen. Jeder Handgriff sitzt, jedes Hilfspaket erreicht pünktlich sein Ziel. Doch am Einsatzort braucht es mehr als Handreichungen und Organisationstalent. Menschen in Not beizustehen, erfordert innere Anteilnahme. Hier erhalten Flüchtlinge aus Ruanda, die während des Bürgerkriegs in die Demokratische Republik Kongo geflüchtet waren, Lebensmittel aus den Händen der Helfer. Bewältigt sind solche Katastrophen freilich erst, wenn die spontane Hilfe in gemeinsame Veränderung mündet

WOHLWOLLEN

Wenn wir einem anderen den Weg ebnen, dann geschieht dies meist aus Zuneigung und Interesse. Jede geglückte Beziehung zwischen Eltern und Kindern, Freunden, Lehrern und Schülern ist durch diese grundlegende Sympathie geprägt. Im Wohlwollen steckt der Optimismus, dass ein anderer etwas fortsetzt, das einem selbst am Herzen liegt. Diese behütete Solidarität wird auch in der Art erkennbar, wie dieser Buddhist in einem nepalesischen Kloster einen jungen Mönch unterrichtet

POLO

RALPH LAUREN BLUE

THE NEW MEN'S CLASSIC

1

Die Grundlagen der Ethik

WOZU ÜBERHAUPT MORAL?

Moral ermöglicht Orientierung. Also sollte auch ein GEO WISSEN über Moral Orientierung bieten. Aus dieser Absicht erklärt sich die Einteilung des vorliegenden Heftes in sieben Kapitel. Im ersten geht es darum, was Moral überhaupt ist, wie der Mensch zu ihr kommt, warum er sie braucht, was ihr Fehlen bedeutet und weshalb die Nachfrage nach ihr wieder steigt. Der Neurobiologe Antonio R. Damasio erklärt die Existenz der Moral aus ihrer Funktion: „Das Konstrukt, das wir beim Menschen Ethik nennen, könnte als Teil eines allgemeinen Programms der Bioregulation begonnen haben." Ethik sei gewissermaßen ein Abfallprodukt der überlebensnotwendigen Kooperation. Menschen, die sich gegenseitig halfen, „hatten bessere

Aussichten, lange zu leben und viele Nachkommen zu hinterlassen". Auch Moralphilosophen halten die Ethik für ein gemeinsames Erbe der Menschheit. Sie begründen sie aber nicht – wie die Biologie – mit einer genetisch programmierten Notwendigkeit, sondern mit der zur biologischen Ausstattung des Menschen zählenden Freiheit, die eigene Lebensweise selbst bestimmen zu können. Diese Freiheit versetze den Menschen in die Lage, Entscheidungen zu treffen – nach reiflicher Abwägung aller Umstände. Und genau das, der Gebrauch der Vernunft, ist laut Immanuel Kant Aufgabe und Inhalt der Ethik.

Professor **DETLEF HORSTER**, 63, lehrt Sozialphilosophie mit Schwerpunkt Ethik und Recht an der Universität Hannover. Sein jüngstes Buch trägt den Titel »Was soll ich tun? Moral im 21. Jahrhundert«

»Moral ist nicht in

Kann eine hochkomplexe Gesellschaft verbindliche
Wir brauchen mehr Information, sagen die Philoso-

MODERATION: WOLFGANG MICHAL, CLAUS PETER SIMON
FOTOS: ANDREAS TEICHMANN

GEO: In welchem Zustand befindet sich die Moral? Einerseits gibt es ein großes Wehklagen über den zunehmenden Sittenverfall. Andererseits spenden die Menschen so viel wie noch nie.

DETLEF HORSTER: Einen Werteverfall sehe ich nicht. Erhebungen des Kriminologischen Forschungsinstituts in Hannover zeigen, dass die Gewalt an Schulen kontinuierlich abnimmt. Auch bei Wohnungseinbrüchen, Bankraub oder Sexualmorden gehen die Zahlen deutlich zurück. Aber viele Zeitungen suggerieren das Gegenteil. In Deutschland gibt es Millionen anständig lebende Ehemänner. Aber nur wenn ein Ehemann seine Frau umbringt und im Keller einmauert, ist das für die Presse interessant. Setzt man die Zahl dieser Delikte in Relation zur großen Zahl der Anständigen, ist es abwegig, von einem Werteverfall zu sprechen.

FRANZ MEURER: Werte lösen sich eigentlich nur aus Not auf. Wir haben in unserem Viertel über 20 Prozent Arbeitslose, viele leben von Sozialhilfe oder kleinen Renten, über 50 Prozent der Jugendlichen sind Muslime. Manchmal kommen Eltern zu mir und sagen: „Ich habe mit mir selber genug zu tun, ich kann mich nicht um mein Kind kümmern." Die sind überfordert, weil es ihnen ökonomisch schlecht geht. Peter Hartz, der Namensgeber der jüngsten Arbeitsmarktreformen, sagt: Der Grund für die riesige Arbeitslosigkeit ist die Gleichgültigkeit der Gesellschaft diesem Problem gegenüber. Als Bürger schauen wir nur, dass wir selbst einigermaßen durchkommen. Die Politik hat jede Glaubwürdigkeit verloren. Wir hatten bei der letzten Wahl in einem der Stimmbezirke noch neun Prozent Wahlbeteiligung. Dieser Resignation steht eine große Suche nach Wertzusammenhängen gegenüber.

INGE WOLFF: Ich glaube, viel Zusammenhalt ist dadurch verloren gegangen, dass die verbindenden Rituale immer weniger geworden sind. Die Strukturen, die von der Kirche vorgegeben waren, haben sich weitgehend aufgelöst. Und es gibt keine großen homogenen Gruppen mehr, die sich der gleichen Moral verpflichtet fühlen. Jetzt fangen wir plötzlich an, darüber

INGE WOLFF, 59, ist Vorsitzende des »Arbeitskreises Umgangsformen International«. Zu ihren zahlreichen Veröffentlichungen zählt der »ABS-Knigge – das Anti-Blamier-System«

FRANZ MEURER, 54, arbeitet als katholischer Gemeindepfarrer im Kölner Stadtteil Höhenberg-Vingst. Durch sein zupackendes Engagement in sozialen Fragen ist er auch überregional bekannt geworden

KURT BAYERTZ, 57, ist Professor für praktische Philosophie an der Universität Münster, wo er einen Ethikkurs für Berufstätige leitet. Jüngster Buchtitel: »Warum überhaupt moralisch sein?«

steinerne Tafeln gemeißelt«

Regeln für alle festlegen? Oder ist sie damit überfordert?
phen. Wir brauchen mehr Zivilcourage, sagen die Praktiker

nachzudenken: Oh Gott, wie kriegen wir wenigstens diese kleinen Alltagswerte wieder hin, die den Umgang miteinander erträglich machen?

MEURER: Was Sie über Umgangsformen sagen, würde ich sofort unterschreiben. In der Kirche haben wir mit den Riten ja etwas Ähnliches. Fast alle Kinder wollen Messdiener und Messdienerinnen werden. Die wollen wissen: Gehen jetzt vier oder sechs? Hält man die Monstranz so oder so hoch? Das hat ja was mit Stil zu tun. Der Stil des Miteinanderumgehens ist das Entscheidende. Ob eine Gesellschaft funktioniert, hängt vom sozialen Klima ab.

HORSTER: Der Schweizer Pädagoge Walter Herzog hat in einer Studie zur Jugendgewalt festgestellt, dass bei allen Jugendlichen wechselseitige Anerkennung eine zentrale Bedeutung hat, egal, in welchem Milieu sie verkehren. Alle möchten akzeptiert und respektiert werden.

MEURER: Das Wort Respekt können Sie heute in jedem Jugendzentrum an die Wand gesprüht sehen. In jedem Hip-Hop-Song geht es um Respekt.

> **»Viele resignieren. Bei der letzten Wahl hatten wir hier noch neun Prozent Wahlbeteiligung«** *Franz Meurer*

WOLFF: Ich würde lieber das Wort Wertschätzung verwenden. Es bezieht sich stärker auf den anderen. Es geht nicht nur darum, dass ich mich selbst nicht blamiere; ich möchte auch, dass der andere keine Blamage erleidet.

MEURER: Wir machen seit einiger Zeit Sexualerziehung für Schulklassen. Hier in der Kirche. Die Jungs sind ganz hingerissen davon, wie sie behandelt werden. Die haben der Frau, die den Kurs betreut, einen Dankesbrief geschrieben und ihr Blumen geschenkt. Das heißt: Wenn Anerkennung da ist, werden Manieren plötzlich ganz selbstverständlich. Prinz Asfa-Wossen Asserate schreibt in seinem Buch: „Manieren haben heißt, den anderen ins Zentrum stellen und nicht sich selbst.“

GEO: Was hat Benimm mit Moral zu tun?

KURT BAYERTZ: Dass Menschen aufeinander achten, einander anerkennen, sich nicht belügen – darum geht es in der Moral.

WOLFF: Früher hieß es oft, dass alles, was mit Höflichkeit zu tun hat, Lüge ist. Wenn ich mich gut benehmen will, muss ich lügen. Dem widerspreche ich vehement. Es gibt keine guten Umgangsformen, die mich zum Lügen zwingen. Wenn ein Kind zum Essen eingeladen ist und gefragt wird: „Na, schmeckt es dir?“ – Ich bin überzeugt, dass noch zig Familien in Deutschland dem Kind den Rat geben: „Dann musst du sagen, es schmeckt, auch wenn es dir gar nicht schmeckt.“ Das finde ich grundverkehrt. Warum kann ich dem Kind nicht die richtige Kritik beibringen, nämlich zu sagen: „Ich esse nicht gern grüne Bohnen.“

MEURER: Die Regeln, die bei uns im Viertel gelten, sind ziemlich klar. Wer klaut, wird angezeigt, Intoleranz akzeptieren wir nicht. Einen üblen Schläger haben wir mit drei Anzeigen in drei Wochen verfolgt. Vielleicht kommt er jetzt im Gefängnis endlich zur Besinnung. Das heißt, ich hänge mich demonstrativ aus dem Fenster, wenn es ein Problem gibt. In moralischen Fragen darf ich nicht ausweichen.

WOLFF: Da sind Sie aber die Ausnahme, Herr Meurer. Wir leiden doch eher unter einer Vogel-Strauß-Mentalität: am besten mit nichts etwas zu tun haben.

GEO: War das denn früher anders?

WOLFF: Soweit ich es zurückverfolgen kann, haben sich die Konventionen noch nie so schnell geändert wie in den letzten 25 Jahren. Ich glaube, die Menschen empfinden den Wertewandel aufgrund dieses rasanten Tempos stärker als Werteverlust, als wenn er sich langsam vollzogen hätte.

eine 13-Jährige ein Kind bekommt – sofort einverstanden. Aber nicht alles, was wir nicht gut finden, ist deswegen schon unmoralisch.

WOLFF: Eine ledige Mutter mit 13 Jahren wäre früher absolut unmöglich gewesen. Ein nicht verheiratetes Paar hätte noch vor 40 Jahren keine gemeinsame Wohnung von einem Vermieter bekommen. Oder nehmen Sie unsere führenden Politiker, die in vierter Ehe leben. Die wären früher schon an einem ganz normalen Arbeitsplatz unten durch gewesen. Und garantiert nicht Bundeskanzler oder Außenminister geworden.

war, zum Beispiel für die Ehe. Ich werde andauernd mit Eheproblemen konfrontiert. Diese Leute wollen eine klare Meinung von mir hören. Da war eine Frau, deren Mann nicht wollte, dass das Kind getauft wird. Da habe ich nach einer Stunde Zuhören gesagt: „So, wollt ihr jetzt mal meine Meinung hören?" – „Ja." – „Sie sind ein Drecksack! Sie überlassen Ihrer Frau nichts, noch nicht mal die religiöse Erziehung!" Da hat die Frau geweint. Die beiden sind mir heute noch dankbar. Ich will damit nur sagen, dass eine Regelkultur wichtig ist und dass es Leute geben muss, die bereit sind, sich moralisch zu äußern.

»Früher wurde einem alles vorgegeben. Heute können wir uns sogar den eigenen Tod aussuchen« *Kurt Bayertz*

HORSTER: Wandel ist ja nicht unbedingt Verlust. Wenn ich die Vorstellung habe, außerehelicher Geschlechtsverkehr oder ein uneheliches Kind sind unmoralisch, dann leben wir natürlich in einer abgrundtief unmoralischen Gesellschaft. Aber wer sagt denn, dass das unmoralisch ist?

MEURER: Ich zum Beispiel. Wenn man mit 13, 14 oder 15 ein Kind bekommt, ist das nicht gut. Das sagen die Jugendlichen selbst. Das Fehlen moralischer Regeln ist gerade für arme und einfache Menschen ein großes Problem. Die meisten unmoralischen Dinge passieren ja nicht aus böser Absicht, sondern durch Gedankenlosigkeit.

BAYERTZ: Wir müssen einfach damit leben, dass die Gesellschaft sich ändert, und bestimmte Wertvorstellungen ändern sich auch. Wenn Sie sagen, es ist nicht gut, dass

GEO: Wer klagt denn am stärksten über Werteverfall?

WOLFF: Ich glaube, das sind Menschen, die mal einen ganz selbstverständlichen Status hatten. Die Respektspersonen waren. Jetzt merken sie, dass sie sich den Respekt der anderen wieder verdienen müssen.

BAYERTZ: Das sind Leute, die im Lehnstuhl sitzen und aus einer relativ sicheren Position heraus einen allgemeinen Verfall der Werte konstatieren. Niemand bestreitet, dass es Tendenzen gibt, die bedrohlich sind. Aber es ist eben auch manches besser geworden. Dass man heute als ledige Mutter nicht mehr diskriminiert wird, ist doch ein Fortschritt.

MEURER: Aber vielen Menschen hat es geholfen, dass ein moralisches Gerüst da

WOLFF: Ich arbeite gerade an einem Anti-Blamier-Programm für Schulen. Da wird gefragt: „Sind Menschen besser, weil sie Markenklamotten tragen? – Nein!" Da ging ein hörbares Aufatmen durch die Klasse. Das stimmt mit dem überein, was Herr Meurer sagt. Jugendliche suchen Halt. Sie suchen Erwachsene, die ihnen auch mal sagen: „Hier ist die Grenze. Bis hierhin und nicht weiter."

MEURER: Wissen Sie, welchen Traum die Jugendlichen bei uns haben? Die wollen Polizistin oder Polizist werden. Endlich mal ein bisschen Macht, endlich mal ein bisschen Position haben. Klare Regeln und klare Verhältnisse.

GEO: Herr Bayertz, Sie bieten an der Universität Münster einen Studiengang „Angewandte Ethik für Berufstätige" an, den ersten seiner Art in Deutschland. Woher rührt das Interesse?

BAYERTZ: Die einen sagen, ich brauche in meinem beruflichen Leben als Ärztin oder

Lehrer ethische Orientierung. Ich bin mit schwierigen Problemen konfrontiert und möchte sie reflektierter lösen als bisher. Die anderen – und das ist eine überraschend hohe Zahl – sagen: Mein Beruf ist nicht der Hauptgrund. Ich möchte klarere Positionen in moralischen Fragen entwickeln.

WOLFF: Ist das nicht wieder die Suche nach Sicherheit?

BAYERTZ: Ja, wobei ich vor allzu großen Erwartungen warnen möchte. Manche glauben, dass die Philosophie ihnen sagen kann, „wo es langgehen soll". Diesem Bedürfnis sollte sich die Moralphilosophie

unseren eigenen Tod. Wir diskutieren zum Beispiel über Patienten-Testamente. Das heißt, ich kann festlegen, unter welchen Umständen ich reanimiert werden möchte oder nicht. Ich halte das für gut, aber wir dürfen nicht übersehen, dass viele Menschen damit überfordert sind.

HORSTER: Ich bin ja in der Lehrerausbildung tätig, und dort ist es wichtig, angehende Pädagogen zu eigenen Entscheidungen zu befähigen. In einem der verwendeten Lehrbücher heißt es zum Thema Sterbehilfe: „Leben ist nach menschlichen Maßstäben nicht qualifizierbar. Es ist ein schlechthinniges Seinsgutes,

eines fremden Menschen nicht sehen kann. Wenn ich es also schaffe, dem Menschen klar zu machen: „Erkenne erst mal deine eigene Grenze, und sieh dann zu, dass du die Grenzen deiner Mitmenschen respektierst", dann denke ich, wäre der „Erziehungsprozess", die eigene Freiheit richtig zu nutzen, leichter zu gestalten.

MEURER: Was mir an Ihnen gefällt, Frau Wolff, ist, dass Sie die Verantwortung nicht wegschieben. Sie machen eine Regelkultur, und die gilt. Sie vermitteln Sicherheit. Das müssten wir auch im Großen leisten.

BAYERTZ: Natürlich gibt es auch in moralischen Fragen Sicherheiten, auch wenn sie

aber entziehen. Ihre Leistung besteht darin, das Handwerkszeug zur Lösung von Problemen bereitzustellen, nicht die Problemlösung selbst. Philosophische Theorien ersetzen das eigene Denken und Entscheiden nicht.

GEO: Dass sich die Moralphilosophie entzieht, könnte doch ein Grund dafür sein, dass viele so stark suchen und klare Positionen wünschen?

BAYERTZ: Mag sein. Aber wir leben in einer Gesellschaft, die dem Individuum in einem ungeheuren Maße Freiheit zubilligt. Das ist ein großer Fortschritt. Nicht alle sind jedoch in der Lage, mit dieser Freiheit umzugehen. Daraus entsteht eine Verunsicherung, die manche in den Fundamentalismus treibt. Früher wurde einem vorgegeben, welchen Beruf man zu ergreifen hatte, welche Frau oder welchen Mann man heiraten sollte, in welcher Stadt man lebte, in welcher Kirche man war. Heute können wir uns alles frei aussuchen, sogar

als wirkliches Sosein anzuerkennen, es ist in der Gottesebenbildlichkeit und der Gotteskindschaft begründet." Was soll ein künftiger Lehrer damit anfangen?

WOLFF: Nichts.

HORSTER: Deswegen halte ich es für ganz wichtig, nicht mit vorgegebener Überzeugungsrhetorik an die Leute heranzutreten, sondern sie darin zu üben, eigene Entscheidungen zu treffen. Jeder soll sich die Frage stellen: Welche Konsequenzen hat mein moralisches Handeln? Wenn ich mich in dieser Situation so entscheide, komme ich dann mit meinem Gewissen auf lange Sicht klar oder nicht?

WOLFF: Ich schreibe gerade ein Buch für Erziehende über die Vermittlung von Umgangsformen an Kinder. Das ist deshalb so schwer, weil die Menschen nicht beigebracht bekommen, erst mal ihre eigenen Grenzen zu finden und dann die Grenzen der anderen zu respektieren. Diese Selbsteinschätzung ist notwendig, weil ich die Grenze

banal klingen. Es wäre zum Beispiel unmoralisch, Sie jetzt umzubringen. Das steht so fest wie das Amen in der Kirche. Darüber hinaus gibt es gesellschaftliche Bereiche, in denen kein Konsens zu erzielen ist. Von der Philosophie zu verlangen, dass sie *die eine* richtige Antwort gibt, halte ich für eine Überforderung.

HORSTER: Moralische Entscheidungen sind durch technische Entwicklungen wie Embryonenforschung, Pränataldiagnostik, Gen-Patentierung sehr viel schwieriger geworden. Es gibt den Umgang mit Menschen aus fremden Kulturen. Es gibt eine neue Bestattungskultur. All das hat es in früherer Zeit, als wir noch eine christlich-homogene Gesellschaft hatten, nicht gegeben. In Zürich habe ich einige Zeit in einer kongolesischen Familie gelebt. Als der Vater starb, wollte ihn der Sohn nach Afrika überführen und in kongolesischer Heimaterde bestatten. Das hatte er dem Vater versprochen. Aber das hätte viel Geld gekostet. Seine Bekannten bestürmten ihn, die Ausbildung seiner Kinder und die Existenz der Familie nicht zu gefährden. Um den Fall angemessen beurteilen zu können, fehlt uns aber eine Information. Nämlich die, dass der Vater, wenn er nicht in der Heimaterde begraben wird, die Achtung der Ahnen verliert und im Jenseits zum Ausgestoßenen wird. Das heißt, hier kann ich nicht so einfach entscheiden: Die Kinder haben Vorrang. Ich muss noch etwas anderes berücksichtigen. Wir haben zwar moralische Regeln, aber in der konkreten Situation muss ihre Anwendung noch einmal überdacht werden.

Sie können der Ehefrau nicht versichern, dass die Schmerztherapie anschlägt. Mein Freund Rolf ist streng katholisch. Auch seine Frau ist streng katholisch. Nun geht sie zum Pfarrer und fragt: „Was soll ich in dieser Situation tun? Sollen die lebenserhaltenden Maßnahmen eingestellt werden?" Der Pfarrer sagt: „Über Leben und Tod zu entscheiden, ist nur Gott gegeben. Da dürfen Sie nichts tun." Was hat die Frau von dieser Antwort? Nichts. Sie ist nach wie vor unsicher. Sie muss selbst entscheiden. Sie hat nichts davon, wenn ich als Moralphilosoph oder als Pfarrer sage, wie sie zu handeln hat.

GEO: Ist die Kirche noch zuständig für die moralischen Fragen der Gesellschaft?
HORSTER: Die grundlegenden Werte, die schon in den Zehn Geboten stehen, sind von der Kirche tradiert worden. Und die haben sich auch in der Zeit der Aufklärung bewährt. Warum? Weil sie vernünftig waren. Als moralische Instanz hat die Kirche ihre Aufgabe also erfüllt; wir brauchen sie nicht mehr unbedingt. Ihre Regeln sind stärker in den Köpfen verankert, als das durch missionarischen Eifer je hätte geschehen können.
MEURER: Kirche hat nur eine Chance, wenn sie das Leiden der anderen betrach-

 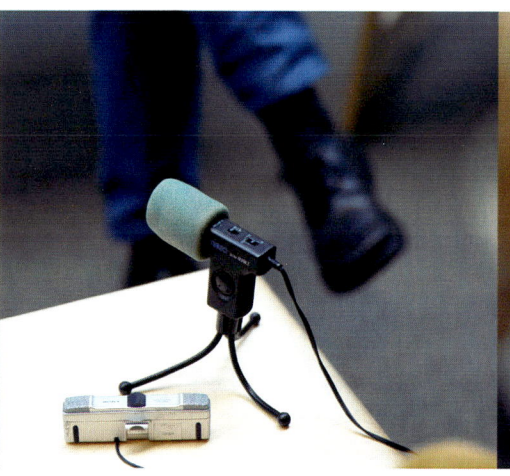 

BAYERTZ: Ich kann das Unbehagen von Herrn Meurer nachvollziehen. Mir hat mal eine Bekannte gesagt: Kannst du dieses ewige Einerseits-Andererseits nicht mal lassen? Leider kann ich das nicht. Die Moralphilosophie konzentriert sich auf die schwierigen Fragen, für die es keine glatte Lösung gibt. Die meisten Fragen, mit denen wir im Alltag konfrontiert werden, sind demgegenüber sehr einfach: Soll ich die Zeitung, die mich interessiert und die da herumliegt, einfach einstecken, weil ich sie lesen möchte? Oder soll ich sie liegen lassen, weil sie mir nicht gehört? Diese Fragen machen 99 Prozent unseres moralischen Lebens aus. Dafür braucht man keine Philosophie. Auch keine Religion. Da genügt ein bisschen moralische Erziehung.
HORSTER: Herr Bayertz hat Recht. Mein Schulfreund Rolf liegt seit neun Jahren im Wachkoma. Er wird von seiner Frau aufopferungsvoll gepflegt. Vor zwei Jahren haben die Ärzte Krebs bei ihm festgestellt.

MEURER: Nur zu sagen, das ist richtig oder falsch, ist natürlich Blödsinn. Es geht um die Qualität der Begleitung. Es geht darum, wie man dieser Frau beisteht. Ich zum Beispiel fahre jeden Sonntag ins Krankenhaus und kümmere mich um Schwerstkranke. Natürlich taucht da die Frage auf: „Wo ist Gott?" Und ich sage Ihnen, die allermeisten Dinge kann man nicht selbst entscheiden. Es muss jemand da sein. Gerade in den schweren Stunden. Denn keiner kann sich selbst trösten. Keiner kann sich selbst die Schuld vergeben, und keiner kann sich selbst erlösen. Ich sage es noch einmal: Es geht um die Qualität der Begleitung. Das ist unsere einzige Möglichkeit, als Christen moralisch klarzukommen. Wir brauchen eine Philosophie, die die Welt vom anderen her betrachtet und zugleich die entscheidende Frage der Moral angeht, nämlich ob das Leid des anderen mich berührt.

tet. Sie wird stark, wenn sie glaubwürdig ist, wenn sie über große Persönlichkeiten verfügt. Aber immer, wenn sie sich institutionell gibt, ist es vorbei. Dann verrennt sie sich und spielt den Moralwächter. Vielen erscheint zum Beispiel das Gebot der Unauflöslichkeit der Ehe weltfremd, genau wie das Gebot der Feindesliebe. Beides können viele Menschen kaum verstehen, es scheint ihnen eine moralische Überforderung zu sein. Und das ist es ja auch.
GEO: Reicht die Verfassung mit ihren Grundwerten als Fundament einer modernen nachchristlichen Moral?
HORSTER: Ich kann leider nicht in der Verfassung nachgucken, wie ich mich in der Gesellschaft zu benehmen habe. Das steht da nämlich nicht drin.
BAYERTZ: Die Verfassung ist eine notwendige, aber keine hinreichende moralische Bedingung. Das Gleiche gilt für die Kirchen, für Greenpeace, für die Gewerkschaften. Alle Gruppen spielen im Moral-

Konzert eine Rolle. Die eine mal lauter, die andere mal leiser. Moralische Wahrheit kann in diesem Konzert niemand für sich allein beanspruchen.

MEURER: Die Wahrheit ist symphonisch.

BAYERTZ: Ein großer Teil der Unzufriedenheit mit modernen pluralistischen Moralauffassungen resultiert wohl daraus, dass wir immer noch der Vorstellung verhaftet sind, Moral sei ein unumstößliches Gesetz, das in steinerne Tafeln gemeißelt ist. Und eine zentrale Institution müsse dieses Gesetz vertreten und durchsetzen. Ich halte das für grundfalsch. Es ist doch eine Errungenschaft, dass wir heute nicht

Bei Gen-Patentierung würde man doch im ersten Moment sagen: Na, lass die doch ihre Gene patentieren! Aber es ist so: Die Firmen Chiron und Hoffmann-LaRoche verfügen über Patente, die für die Untersuchung von Blutkonserven auf Aids eine wichtige Voraussetzung darstellen. Früher kostete diese Untersuchung 70 Cent. Durch die Patentierung kostet sie jetzt vier Mal so viel! Das bedeutet, die Schere zwischen Arm und Reich im Gesundheitswesen wird größer. Das ist ein moralisches Problem. Aber ich brauche die Information, um das zu erkennen.

HORSTER: An solchen Widersprüchen erkennt man zumindest ein gewisses Problembewusstsein! Bei anderen fehlt selbst das. Die Deutsche Bank entlässt 6400 Menschen, während sie gleichzeitig einen Rekordgewinn von 2,5 Milliarden Euro macht. Dass das in der Öffentlichkeit helle Empörung hervorruft, ist für mich ein Zeichen, dass die Moral in Ordnung ist.

BAYERTZ: Leider klingt Moral in den Ohren der meisten Menschen ein bisschen moralinsauer. Es sollte aber nicht das Gefühl entstehen, dass ich mich überwinden muss, um etwas Moralisches zu tun.

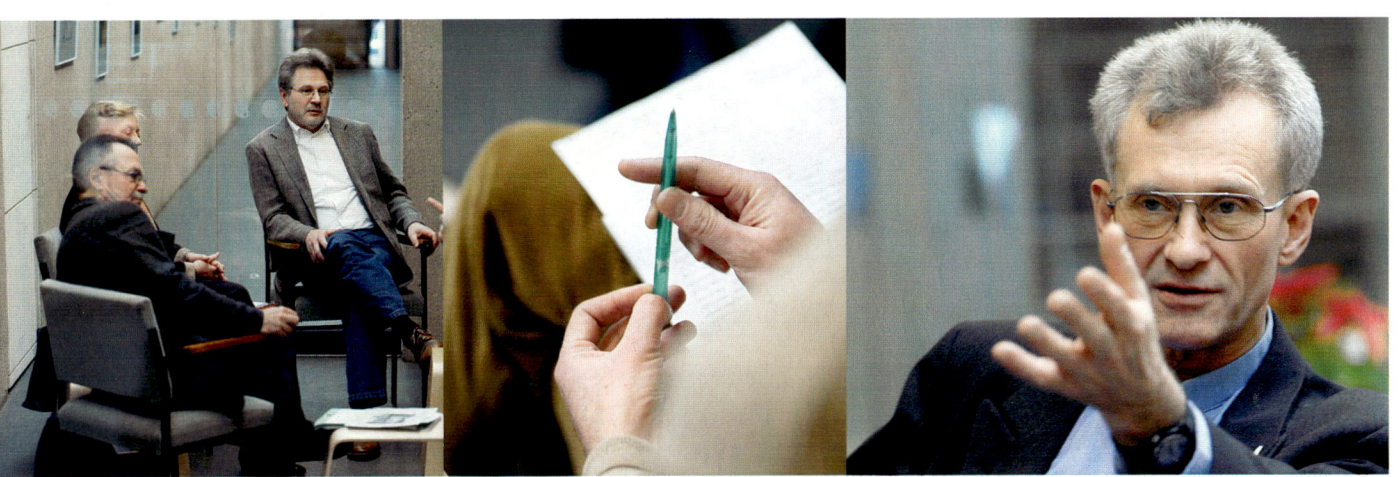

»Als moralische Instanz hat die Kirche ihre Aufgabe erfüllt. Wir brauchen sie nicht mehr unbedingt« *Detlef Horster*

mehr nur eine Partei haben, sondern viele. Die gefallen uns vielleicht alle nicht besonders gut, aber immerhin können wir zwischen ihnen wählen. Warum soll es in Sachen Moral anders sein? Es gibt zwar einen harten Kern von Regeln, die von allen respektiert werden müssen; drum herum ist aber Raum für verschiedene Ansichten.

GEO: Gerade bei komplexen moralischen Fragen braucht man sehr viel Wissen für eine Entscheidung. Können künftig nur noch die Gebildeten moralisch handeln?

HORSTER: Nein, wir dürfen die Moral nicht dem Nationalen Ethikrat überlassen. Es ist eine Entscheidung für jeden Menschen selbst. Er muss aber Informationen haben, die ihn dazu befähigen. Und er muss einen Gegenstand als moralischen erkennen können. Wenn ich zum Beispiel die Gen-Patentierung nehme – wer weiß denn überhaupt, dass es sich hierbei um ein moralisches Problem handelt?

GEO: Das würde bedeuten, die Wissenschaften und die Medien werden zur entscheidenden Quelle von Moral?

BAYERTZ: Nicht zur entscheidenden. Es gibt zwar eine zunehmende Zahl von Fragen, die hochkomplex sind und mit denen sich im Augenblick nur die Experten auskennen. Aber diese Zahl ist immer noch sehr klein.

GEO: In Ihrem Buch „Warum überhaupt moralisch sein?" verweisen Sie auf den Widerspruch zwischen persönlicher Moral und struktureller Amoral: Ein großer Konzern fördert durch seine Unternehmensentscheidungen – etwa die Gen-Patentierung – das Elend in der Dritten Welt, der Chef dieses Konzerns aber spendet unter dem Beifall der Öffentlichkeit Millionen für die Armutsbekämpfung. Sind es nicht solche Widersprüche, die uns entmutigen?

GEO: Der Appell an die Moral ist oft mit Verzicht verbunden: Verzicht auf Genuss, Verzicht auf Spaß. Darf man an Silvester böllern, wenn anderswo auf der Welt gerade eine Katastrophe passiert ist?

WOLFF: Als der Kanzler vorschlug, an Silvester nicht zu böllern und stattdessen zu spenden, habe ich gedacht: Ja! Aber als das erste Bauchgefühl vorbei war, dachte ich: Halt! Ganz richtig kann das nicht sein. Also am besten beides tun: spenden und böllern. Wir dürfen die Lebensfreude der Menschen nicht missbilligen, weil anderswo ein Unglück geschehen ist. Ein Mensch, der gezwungenermaßen trauert, weil ihm verboten wird, Silvesterraketen in den Himmel zu schießen, wird keine echte Empathie empfinden. Wer sich aber in die Menschen hineinversetzt, wird sich richtig entscheiden. □

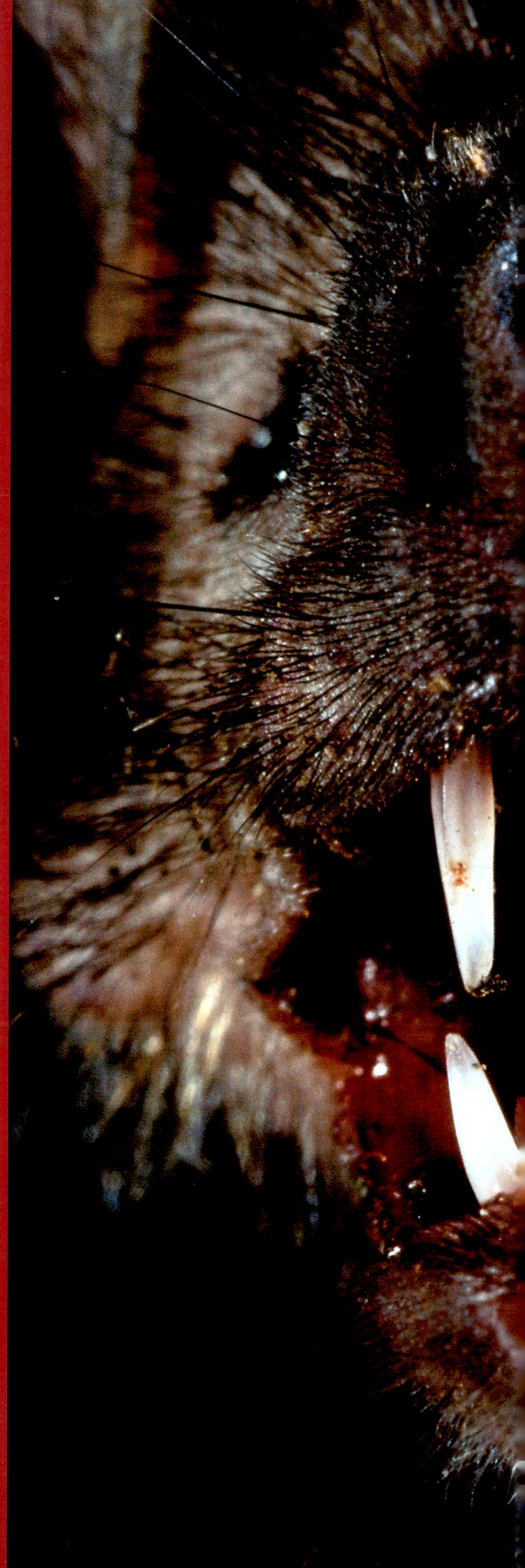

VAMPIRE kennen Mitgefühl. Sie spenden Blut für hungernde Genossen
POTTWALE opfern sich für andere. Mit ihren kolossalen Leibern verteidigen sie die Kälber gegen Angriffe von Haien
EISBÄREN trauern. Eine Mutter harrt lange neben ihrem toten Jungen aus
PFERDE schließen Freundschaft. In der Nähe ihres Partners fühlen sie sich wohl

VON NATUR AUS
GUT

Lange Zeit war Evolution nur ein anderes Wort für den Kampf ums Dasein. Der Sieg gehörte denen mit den schärfsten Zähnen. Jetzt stellen immer mehr Forscher fest, dass Tiere durch Hilfsbereitschaft, Mitgefühl und Freundlichkeit viel weiter kommen

VON UTA HENSCHEL

Sie meinen, wir Menschen seien die einzigen Bewohner der Erde mit einem Sinn für Moral? Viele Philosophen und Biologen denken so. Nur dem Menschen trauen sie zu, Recht von Unrecht zu unterscheiden und seine Handlungen nach ethischen Regeln auszurichten. Mit dem Begriff „Menschlichkeit" beansprucht *Homo sapiens* die Alleinvertretung für alles Gute auf der Welt. Mitgefühl, Hilfsbereitschaft, Selbstlosigkeit, Gerechtigkeit, Freundschaft, Fairness, Versöhnung wollen wir allein uns selbst verdanken und nicht etwa der Natur.

Ein Blutsauger bei der Mahlzeit

Vampire beißen so zart, dass ihre Opfer es oft nicht bemerken, wenn sie zur Ader gelassen werden

Umso heftiger sind die Irritationen, seit Forscher zunehmend dort auf „humane" Umgangsformen stoßen, wo sie der Definition nach am wenigsten erwartet werden: bei denen, die sich angeblich animalisch, viehisch, bestialisch, tierisch, brutal aufführen; bei denen, die bestenfalls als „Überlebensmaschinen" ihrer Gene zum Daseinskampf antreten. Bei einer Kolonie von Vampir-Fledermäusen, zum Beispiel.

Sich als Vampir durchzuschlagen, ist keineswegs einfach. Schon der einseitigen Kost wegen. Tiere der Art *Desmodus rotundus* ernähren sich zu 100 Prozent von Blut. Eine Gewohnheit, die ihnen Aberglaube und Verfolgung eingebracht hat. Was die Lage der Fledertiere noch erschwert, ist ihr rasanter Stoffwechsel. Ohne regelmäßige „Blutspenden" müssen Vampire verhungern. Spätestens alle drei Tage brauchen sie eine warme Mahlzeit.

Die zu beschaffen, verlangt Glück wie Geschick: beim Beschleichen eines schlafenden Rinds und erst recht beim Biss, der die Warmblüterquelle zum Sprudeln bringt – ohne den Gastgeber zu wecken. Selbst erwachsenen Vampiren gelingt das nicht immer. Unerfahrene Jungvampire gehen jede dritte Nacht leer aus. Eigentlich erstaunlich, dass die Spezies unter derart widrigen Bedingungen überlebt hat.

Wie sie es dennoch schafft, ist die Frage, die den amerikanischen Biologen Gerald Wilkinson dazu veranlasst, Untermieter einer Vampirkolonie zu werden. In einem hohlen Baumstamm, auf dem Rücken liegend, schaut der Forscher stundenlang hinauf zu dem dichten Gedränge kleiner Leiber. Etwa ein Dutzend weibliche Tiere, deren Partner und Junge hängen senkrecht über ihm. Im Dunkeln funkeln die Reflektorbänder, mit denen Wilkinson die Vampire gekennzeichnet hat, um sie unterscheiden zu können. So sammelt er Nacht für Nacht Informationen – und was sonst infolge des raschen Stoffwechsels auf ihn hinabrieselt.

Was Wilkinson dabei beobachtet, erstaunt ihn zutiefst: Vampire, die mit vollen Mägen zur Kolonie zurückkehren, geben denen, die Pech gehabt haben, etwas ab. Es scheint, als merkten die Fledermäuse, wer es nötig hat. Trotzdem füttern sie keineswegs jeden darbenden Genossen.

Sie bedenken vor allem den Nachwuchs. Solche Fürsorge, auch „Verwandtenselektion" genannt, gehört zur üblichen Praxis vieler Arten und gilt in der Evolutionslehre als egoistisches Verhalten. Die scheinbar Generösen begünstigen in Wahrheit nur jene Teile des eigenen Erbguts, die sie mit ihren Angehörigen gemein haben.

Als wissenschaftliche Sensation dagegen wertet Wilkinson, dass Vampire auch solche Artgenossen füttern, mit denen sie nicht verwandt, aber häufig zusammen sind. Blut aus dem Magen eines Tieres wird dabei ins Maul eines anderen gewürgt – ungewöhnlich, aber auch ein Zeichen für Altruismus?

VERHALTEN, lautet die biologische Faustregel, muss nützlich sein, ansonsten wird es von der Natur aussortiert. Was hat ein Spender-Vampir also davon, dass er eine nicht verwandte Fledermaus vor dem Hungertod rettet? Kann es sich für ihn lohnen, einem Artgenossen zu helfen?

Wilkinson ist klar, dass die Antwort auf diese Frage unanfechtbar sein muss, will er seine Reputation nicht verspielen. Also richtet er in seinem Labor an der Maryland University eine eigene Vampirkolonie ein. Unter kontrollierten Bedingungen verfolgt er dort, wer wem hilft. Und tatsächlich: Dem Blutaustausch zwischen nicht verwandten Tieren liegt ein Muster zugrunde – das der Gegenseitigkeit.

Die Vampire teilen ihre Kost nur mit solchen Artgenossen, die ihnen in ähnlicher Not etwas abgegeben haben. „Die Mitglieder einer Kolonie kennen einander genau und haben ein gutes Gedächtnis dafür, wer ihnen schon mal zu Hilfe gekommen ist."

Verstößt ein Tier gegen diesen Vertrauenspakt und genießt, ohne zu teilen, lässt die Quittung nicht

Streit um Futter
ist bei Schimpansen
selten. Der Besitzer
bestimmt, mit wem er
seine frischen Zweige
teilt. Diese Regel wird
allgemein respektiert

Wer ein Stück Zucker-
rohr ergattert, gibt meist
nur Freunden etwas
ab – oder einem betteln-
den Jungtier, das sich
nicht abweisen lässt

lange auf sich warten. Der Eigenbrötler wird von den anderen Koloniemitgliedern nicht mehr gefüttert. Egoisten sind damit zum Hungertod verurteilt.

Müssten die Blutsauger mit dem auskommen, was jedes Tier für sich allein erbeutet, stünde es schlecht um sie. Die Hälfte ihres Nachwuchses würde keine vier Wochen alt, und die gesamte Spezies wäre nach nur zwei Generationen ausgestorben. Nachbarschaftshilfe ist ihre Lebensversicherung, das Ganze eine Art Sozialvertrag.

Mit dieser Deutung hat Gerald Wilkinson ein Fenster aufgestoßen, durch das nicht nur Vampire, sondern der animalische Kosmos überhaupt in einem neuen, freundlicheren Licht erscheint.

Löwen bei der Beziehungspflege

Beute machen ist Vertrauenssache. Soll die Jagd erfolgreich sein, muss sich jeder im Team auf die anderen verlassen können

Statt automatenhaft auf Reize zu reagieren oder einem genetischen Programm zu gehorchen, verfolgen Vampire genau, was um sie herum geschieht, ehe sie unter mehreren Möglichkeiten wählen. Für welche sie sich entscheiden, hängt davon ab, was sie – aus Erfahrung und Beobachtung – über ihre Artgenossen wissen. Auch „freundschaftliche Beziehungen" spielen eine wichtige Rolle. Am meisten jedoch überrascht, dass die Fledertiere den Hunger eines Artgenossen nachempfinden. Woher sonst wüssten sie, was ihm fehlt? Und sie erwarten eine Gegenleistung. Warum sonst reagieren sie auf deren Ausbleiben mit Sanktionen? So scheint plötzlich denkbar, dass Nettsein zum Nachbarn manchmal die beste Überlebensstrategie sein kann.

DAS IST WASSER auf die Mühlen des niederländischen Biologen Frans de Waal. Der Forscher, der an der Emory University in Atlanta lehrt, hat sich seit 20 Jahren einen Namen gemacht auf dem lange vernachlässigten Feld des „ethischen Verhaltens" von Primaten. Zugleich hat er seine Kollegen immer wieder gedrängt, es ihm gleichzutun und bei Nicht-Primaten zu untersuchen, was er bei Schimpansen, Bonobos, Makaken und Kapuzineraffen entdeckt hat.

Wilkinsons Ergebnisse bestätigen, was de Waal als „tiefes Paradoxon" bezeichnet: dass „die genetische Selbstverwirklichung auf Kosten anderer – also das, was die Evolution hauptsächlich antreibt – ausgeprägte Fähigkeiten zur Fürsorge und zum Mitgefühl hervorgebracht hat".

Aufgrund seiner Beobachtungen hält de Waal es für erwiesen, dass moralische Empfindungen „älter sind als unsere Spezies". Den Ursprüngen von gut und böse, richtig und falsch spürt er nach in jenen einfachen Regelsystemen, „wie sie das Verhalten sozial lebender Tiere bestimmen und deren Gemeinschaft stabilisieren".

De Waals Interesse an tierischen Normen, seine Überzeugung, dass es sich um „Bausteine menschlicher Moral" handelt, ist vor 30 Jahren geweckt worden, als der Primatologe, noch am Anfang seiner Karriere, im niederländischen Arnheim arbeitete. Fasziniert vom Thema Aggression, verfolgte er das Treiben der damals größten Schimpansenkolonie im Zoo. Denn mindestens fünfmal täglich gab es Streit im Gehege. Und fast ebenso regelmäßig sanken die Gegner einander kurz danach wieder in die Arme. Selten ertrugen sie es, einander länger böse zu sein.

Damit stieß de Waal auf den ersten „Baustein" und nannte ihn *Versöhnung* – in der Primatologie der 1970er Jahre ein radikaler Begriff. So begann eine Revolution gegen die einseitige Auslegung der Natur als Schauplatz eines gnadenlosen Kampfes. Dass Primaten einander gelegentlich übel zurichten, Schimpansen sich gegenseitig umbringen oder ihre Rivalen kastrieren, bestreitet de Waal nicht. Dies aber beschreibe nur die eine Hälfte des Bildes. Daneben existiere ein paralleles Universum, in dem Primaten zusammenhalten, soziale Gruppen bilden, einander durch Küsse, Sex, Umarmungen und Fellpflege ihre Zuneigung beweisen und durch wechselseitige Hilfe ihre Lebensqualität verbessern.

IN DER WILDNIS wie im Gehege, konstatiert de Waal, verlässt kein Verlierer eines Streits freiwillig seine Gemeinschaft. Sie schützt ihn vor Beutegreifern; sie ist die vertraute Umwelt, in der alle leben, die ihm nahe sind. Umgekehrt riskiert kein Sieger, um einer aufflammenden Rivalität willen den Trupp zu spalten, dessen Stärke in der Zahl seiner Mitglieder besteht. Auch will sich der Sieger innerhalb des sicheren Verbands nicht dauerhaft einen Feind schaffen. Für beide Kontrahenten steht zu viel auf dem Spiel. Miteinander auszukommen ist das Gebot der Gruppe.

Baustein um Baustein dieser urwüchsigen Primatenmoral hat de Waal seither erforscht und mit Begriffen benannt, die in

Sex als Allheilmittel:
Eben noch haben
zwei männliche
Primaten gerauft,
jetzt stimmt eine
Penismassage
sie versöhnlich

Rhesusaffen leben in
einer Klassengesellschaft.
Aber Kuscheln überwindet
die Schranken zwischen
dem Alphaweibchen und
ihrer demütigen Genossin
aus der Unterschicht

Die friedliebenden
Bonobos bauen
Spannungen durch
Schmusen ab,
wie die verzückten
Mienen der Primaten-
frauen verraten

15 Monate lang kehrte diese Elefantenkuh an den Ort zurück, an dem ihre Mutter umkam, und betastete deren Schädelknochen

Sogar Tiere verschiedener Spezies helfen einander. Meeresbewohner wie diese Muräne kommen regelmäßig in die »Praxis« von Putzerfischen, um sich von ihnen totes Gewebe und Parasiten entfernen zu lassen

Gar nicht so tierisch …

Die von Frans de Waal freigelegten Moral-Bausteine sind in der Tierwelt viel weiter verbreitet, als bislang für möglich gehalten. Nach ihnen zu suchen, ist zu einer eigenständigen Bewegung in der Biologie geworden. So beschreiben Veröffentlichungen aus den letzten Jahren:

mitfühlende Elefanten, die kein verletztes Herdenmitglied im Stich lassen. Mit ihren Leibern und Stoßzähnen versuchen sie, es zu stützen. Stirbt es dennoch, schleppen sie Zweige herbei und decken den Kadaver damit zu. Schwer fällt den Dickhäutern die endgültige Trennung. Noch Tage und Wochen später kehren Einzelne an die Stätte des Todes zurück und betasten, was von ihrem Artgenossen übrig geblieben ist;

opferbereite Pottwale, die das eigene Leben riskieren, um Mitglieder der Gemeinschaft gegen angreifende Haie und Orcas zu verteidigen. Im offenen Ozean ist ihr Verband die einzige Deckung. Ohne diesen Geleitschutz würde kein Kalb überleben;

Eisvögel mit Gemeinsinn, in deren Brutgemeinschaft Helfen zum Sozialverhalten gehört. Sie nehmen nicht verwandte Artgenossen in ihre Gruppe auf, die auf Nachwuchs verzichten und dafür fremde Schnäbel füttern. Vergolten werden den Au-pairs ihre Taten, wenn sie später selbst brüten. Dann übernehmen ihre flüggen Ziehkinder den Dienst am Nest;

solidarische Beutegreifer, die sich bei der gemeinsamen Jagd mit verteilten Rollen auf die Artgenossen verlassen. Und erst recht, wenn die Beute erlegt ist. Sie gehört nicht dem allein, der den Tötungsbiss ausgeführt hat. Gibt er nichts ab, muss er künftig allein jagen. Das aber heißt: mehr Mühe, mehr Fehlschläge, mehr Hunger für Löwen, Hyänen, Wildhunde;

Freundschaft zwischen Huftieren, die in der Wildnis oder auf der Weide fast alles gemeinsam machen. Schafe schmiegen zum Beispiel ihre Wange an die des trostbedürftigen Freundes, der bei einem Gerangel den Kürzeren gezogen hat.

der Biologen-Sprache bis dahin verpönt waren: Schimpansen zeigen *Mitleid* mit Schwachen und Alten, spenden Unterlegenen *Trost*. Einzelne, meist weibliche Tiere betätigen sich als *Friedensstifter* der Gemeinschaft und vermitteln zwischen grollenden Gegnern, die es nicht schaffen, den ersten Schritt zu tun.

Ihre kollektive Auffassung von dem, was sich für die Mitglieder ihrer Gruppe gehört, setzen die Tiere mit *Sanktionen* durch. Wer vom Futter nichts abgibt, wer Nebenbuhler erbarmungslos verfolgt oder zu spät aus dem Freigehege ins Schlafhaus kommt und alle aufs Abendessen warten lässt, wird gemieden, bedroht, verprügelt.

Jüngst hat Frans de Waal einigen Kapuzineraffen entlockt, unter welchen Bedingungen sie zur *Kooperation* bereit sind; nur dann nämlich, wenn sie damit rechnen können, dafür von ihrem Partner anschließend mit Futter belohnt zu werden. Und er hat ermittelt, was sie sich bei ihrem ausgeprägten Sinn für *Fairness* und *Gerechtigkeit* auf keinen Fall bieten lassen: ungleiche Behandlung! Gurkenstücke als Arbeitslohn – sonst sehr willkommen – wirft ein Kapuzineraffe wütend weg, wenn er sieht, wie der menschliche Versuchsleiter einem anderen Probanden für die gleiche Leistung ein paar süße Weinbeeren reicht.

„Würden Außerirdische", so Frans de Waal, „auf unserem Planeten nach moralischem Verhalten suchen, wer weiß, ob der Mensch dabei wirklich am besten abschnitte." ☐

Auf die Frage, ob Tiere einen Sinn für Moral haben, antwortet GEO-Redakteurin **Uta Henschel,** die sich von Kindesbeinen an mit diesem Thema befasst, gern mit einer Gegenfrage: Können Hühner fliegen?

WIR SIND SO FREI

VON WOLFGANG MICHAL (TEXT) UND
DEBORAH SORG (ILLUSTRATIONEN)

Hirnforscher behaupten, unsere Entscheidungen seien schon festgelegt, bevor wir sie treffen. Diese kühne These hat eine hitzige Debatte ausgelöst. Denn wenn der Mensch nur eine Marionette seiner Gefühle ist, wird jede Verantwortung bedeutungslos. Müssen wir unser Menschenbild korrigieren? Nein. Manche Hirnforscher haben nicht richtig nachgedacht

Wenn Sie einem Neurobiologen begegnen, der allen Ernstes behauptet, es gebe keinen freien Willen, dann erzählen Sie ihm doch folgende Geschichte: Ein Mann geht in ein Restaurant. Der Kellner bringt ihm die Karte, und nach einem Meinungsaustausch über das Wetter fragt der Kellner: „Wünschen Sie Kalbfleisch oder Schweinefleisch?"

„Wissen Sie", sagt der Gast, „ich bin Neurobiologe. Ich glaube nicht an den freien Willen. Ich werde einfach warten und sehen, was ich bestelle."

Diese kleine Geschichte stammt von dem großen amerikanischen Sprachphilosophen John Searle. Sie macht auf ironische Weise darauf aufmerksam, dass auch derjenige, der die Möglichkeit des freien Willens in Abrede stellt, indem er sich weigert, eine Entscheidung zu treffen, seinen freien Willen ausübt – ob er will oder nicht.

Searles Geschichte verweist auf einen bizarren „Krieg", den Biologen und Philosophen seit einigen Jahren um Existenz oder Nicht-Existenz des freien Willens führen. Das Feuilleton der „FAZ" druckte eine 13-teilige Serie zum Thema „Hirnforschung und Willensfreiheit"; in Nürnberg provozierten die Veranstalter eines Symposiums ihre Zuhörer mit der Frage „Freier Wille – frommer Wunsch?"; und an der Frankfurter Universität stritten Experten über das Problem „Wird Ethik durch Hirnphysiologie überflüssig?"

Die Erbitterung und das Feuer, mit der die Debatte geführt wird, gehen über einen normalen Wissenschaftsdisput weit hinaus. Denn beim freien Willen handelt es sich nicht um eine Marginalie, sondern um den harten Kern menschlichen Selbstverständnisses. Der freie Wille ist die Grundlage der Aufklärung und Voraussetzung

jeder Ethik. Ohne die Verantwortung des Einzelnen für seine Handlungen gäbe es weder Gut noch Böse, weder Schuld noch Einsicht. Wir wären Automaten, und jede Tat und jedes Verbrechen ließe sich damit rechtfertigen, dass man nicht anders konnte; dass man – wie ein Roboter – von Anfang an programmiert war. Das Gehirn habe die Handlung ausgelöst, bevor das Bewusstsein eine kritische Haltung dazu entwickeln konnte.

BEGONNEN HAT DER „KRIEG" um den freien Willen bereits in den 1980er und 1990er Jahren mit dem ungeahnten Aufschwung der Neurowissenschaften. Gestützt auf neue bildgebende Verfahren wie die Magnetresonanztomographie und neuropsychologische Studien an Hirngeschädigten, förderten sie aufregende Neuigkeiten zutage, allen voran der US-Neurologe Antonio

R. Damasio. Der amerikanische Präsident widmete dem Faszinosum Gehirn eine eigene „Dekade", und die Forschungsgelder flossen seither so breit und kräftig wie der Rhein nach der Schneeschmelze. Aber im Überschwang ihrer neu gewonnenen Bedeutung und im Aufmerksamkeitssog der Medien verlor die Neurobiologie die Bodenhaftung. Sie wollte zur Leitwissenschaft für die gesamte Gesellschaft aufsteigen; ja, sie wollte die wahre Geistes-Wissenschaft werden und in der Nachfolge von Kopernikus, Darwin und Freud das alte Welt- und Menschenbild umstürzen und auf eine neue Grundlage stellen.

Dieser Neuro-Revolution wurde anfangs kaum Widerstand entgegengesetzt. Doch nach einer Zeit der Verunsicherung und der Hilflosigkeit, in der die traditionellen Geisteswissenschaften ihrer Kapitulation gefährlich nahe

schienen, bäumte sich die Philosophie, die den Anspruch hat, die Königsdisziplin der Wissenschaften zu sein, noch einmal auf und schoss aus allen Rohren zurück. Von Peter Bieri bis Jürgen Habermas konzentrierten sich die Philosophen darauf, die Annahmen der Neurowissenschaftler zu zerpflücken und als „Schwachsinn" oder „Kategorienfehler" zu entlarven.

Spekulation, die den Beweis schuldig bleibt, ist unseriös

Inzwischen haben die Philosophen ihr Pulver verschossen, eine gewaltige Rauchschwade hängt über dem Kampfplatz, die Kombattanten sind ermattet, das Publikum ist es ebenfalls. Jede Seite hat sich in ihre Stellungen zurückgezogen, pflegt ihre Verwundeten. Eine Gelegenheit, einen unvoreingenommenen Blick auf das Wesentliche zu werfen.

Was einem sofort auffällt, wenn man sich in die Auseinandersetzung um den freien Willen vertieft, ist die erstaunliche Tatsache, dass sich der Streit immer wieder auf die Interpretation eines einzigen Experiments bezieht, das vor mehr als 25 Jahren gemacht worden ist. Es stammt von dem amerikanischen Neurophysiologen Benjamin Libet.

Wenn plötzlich die Moral wegbricht

Phineas Gage galt bei seinen Kollegen als umgänglich und höflich. Bis zu dem Tag im Jahr 1848, als der Bahnarbeiter bei einem Sprengunfall im US-Bundesstaat Vermont lebensgefährlich verletzt wurde. Eine 112 Zentimeter lange Eisenstange schoss ihm durch den Kopf. Sie trat unterhalb des linken Auges ein und oberhalb der Stirn wieder aus. Gage überlebte und erholte sich schnell. Er verlor ein Auge, war ansonsten aber körperlich bald wieder wohlauf. Er konnte normal denken, rechnen und sprechen. Nur sein Wesen hatte sich dramatisch verändert. Aus dem zuvor kommenden Kollegen war ein rücksichtsloser Mensch geworden.

Mehr als 140 Jahre später untersuchten die Neurologen Hanna und Antonio Damasio vom Medical Center in Iowa City den Schädel von Gage. Mittels Computersimulation rekonstruierten sie den Unfallhergang. Dabei entdeckten sie, dass die Eisenstange das vordere Stirnhirn zerstört haben musste. Die Forscher schlossen daraus, dass dort, im präfrontalen Cortex, jenes Gehirnareal liegt, das für moralisches Denken und Handeln zuständig ist.

Unerklärliche Wutanfälle, kein Reue-Empfinden

Weitere Beispiele aus ihrer Praxis stützten die Vermutung: Wie der Fall eines Patienten, dem im Säuglingsalter ein Tumor im Frontalhirn entfernt worden war. Die Genesung war ohne Komplikationen verlaufen, die soziale Entwicklung des Kindes kam normal voran. Erste Auffälligkeiten traten mit neun Jahren auf: Der Junge hatte keine Freunde und bekam unerklärliche Wutanfälle. Später verwahrloste er, wusch sich nicht mehr, aß gefrorene Lebensmittel, begann zu stehlen. Er empfand keine Reue für seine Taten, denn er war unfähig, sich in andere Personen hineinzuversetzen.

Bildgebende Verfahren wie die Magnetresonanz- (MRT) und die Positronenemis-

sionstomographie (PET) zeigen den Ärzten, welche Hirnareale unter Stressbedingungen besonders stark oder besonders schwach durchblutet sind. In Kombination mit psychologischen Tests – etwa

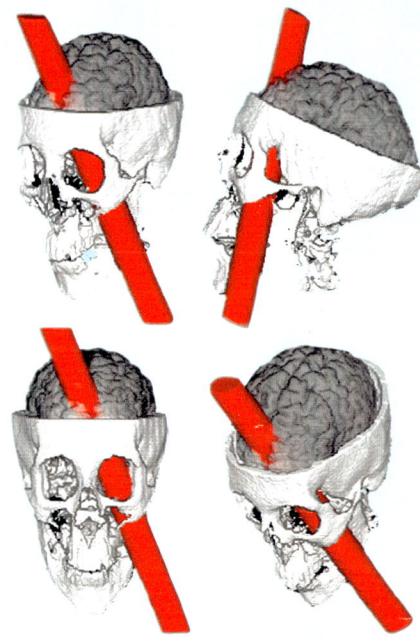

der Betrachtung von Bildern – ergeben diese Messungen immer detailliertere Karten des menschlichen Gehirns. So zeigte Damasio Patienten, die Hirnschäden im Bereich der so genannten Insula hatten, Fotos von traurigen, wütenden oder fröhlichen Gesichtern und stellte fest, dass diese die gezeigten Gefühle nicht richtig deuten konnten.

Aber lassen sich aus Verletzungen oder Verkümmerungen bestimmter Hirnareale wie des präfrontalen Cortex wirklich Rückschlüsse auf Sozialverhalten und Lebenslauf ziehen? Untersuchungen an Gewalttätern, die wegen Mordes, Totschlags oder Körperverletzung verurteilt worden waren, versuchten dies zu untermauern.

Der in Los Angeles lehrende Neuropsychologe Adrian Raine sowie Forscher der Georgetown University in Washington und der Universität Göteborg stießen bei ihren

Experimenten mit Strafgefangenen überdurchschnittlich häufig auf Durchblutungsstörungen im Stirnhirnbereich und auf ein deutlich verkleinertes „Moralzentrum". Die für die emotionale Bewertung der Umwelt und die Kontrolle der eigenen

Mit Hirn-Scans potenzielle Mörder aufspüren?

Aggression zuständigen Nervenverbindungen zum limbischen System funktionierten nur unzureichend oder gar nicht.

Auslöser der Schädigungen können physischer, aber auch psychischer Natur sein. So betont der Magdeburger Psychiater Bernhard Bogerts, dass nicht nur Unfallverletzungen, Infektionen oder Tumore bestimmte Hirnleistungen reduzieren, sondern auch frühkindliche Erfahrungen. Pointiert ausgedrückt: Unser Gehirn verkümmert oder schrumpft, wenn wir im Kindesalter permanent grausam und lieblos behandelt werden. Für Raine ist ein biologisch intaktes Stirnhirn die Voraussetzung, um überhaupt ein Gewissen bilden zu können.

Es mehren sich allerdings die Stimmen, die vor einer Überbewertung isolierter Befunde bei Straftätern warnen. Der Psychiater Steven Hyman vom National Institute of Mental Health fürchtet gar einen Rückfall in die obskure Phrenologie des 19. Jahrhunderts. Damals hatten Forscher mithilfe von Schädelmessungen die moralische Qualität ihrer Probanden „errechnet" und „geborene Verbrecher" an der Kopfform erkannt. Heute versuchen ihre Nachfolger, die politische Entwicklung Ulrike Meinhofs zur RAF-Terroristin aus dem Vorhandensein eines gutartigen Gefäßtumors an ihrer Hirnbasis abzuleiten. „Wir dürfen", sagt Hyman, „nicht die Phrenologen des 21. Jahrhunderts werden." Nicht jede anatomische Abweichung habe moralische Blindheit zur Folge. Und wer meine, mit Psychotests und Computertomographie könnten potenzielle Mörder aufgespürt und rechtzeitig dingfest gemacht werden, ebne den Weg zu totalitären Überwachungspraktiken.   *Michael Stang*

Libet, mittlerweile 89, legt Wert darauf, als „experimenteller" Neurophysiologe bezeichnet zu werden. Denn er entstammt der empirischen Schule Karl Poppers und John Eccles', in der gilt, dass nur ein sauber durchgeführtes und von jedermann nachprüfbares Experiment einen exakten Wissenschaftler auszeichnet. Nichts verachtet Libet mehr als Kollegen, die sich nicht der Mühe des Experiments unterziehen, sondern wild drauflos spekulieren und sich mit unbewiesenen Annahmen zu großen Wissenschaftlern aufplustern.

Wie sah Libets Experiment nun aus? Der Neurophysiologe setzte seine Versuchspersonen vor eine Scheibe, die – ähnlich dem Ziffernblatt einer Uhr – durch Striche in gleichmäßige Abschnitte unterteilt war. Auf den äußeren Rand der Scheibe ließ er mithilfe eines Kathodenstrahl-Oszilloskops einen roten Lichtfleck projizieren, der die Scheibe in genau 2,56 Sekunden einmal umrundete. Jede Strichmarkierung auf der Scheibe entsprach etwa 43 Millisekunden.

Anschließend wurden die Versuchspersonen, deren Gehirnströme mittels Elektroden auf der Kopfhaut gemessen wurden, gebeten, auf die Scheibe zu blicken und zu einem beliebigen Zeitpunkt einen freien Willensakt zu vollziehen, etwa den Finger zu heben oder das Handgelenk zu beugen. Im

mer wenn sie den Impuls zu dieser Bewegung verspürten, sollten sie sich die Position des Lichtflecks einprägen und später berichten. Da Libets Experiment die objektiven Messungen auf der Kopfhaut mit den subjektiven Wahrnehmungen seiner Versuchspersonen verknüpfte, eliminierte er durch weitere Kontrolltests jede nur denkbare Verzerrung der Ergebnisse. Seine Testfrage lautete: „Geht der bewusste Wille der Aktion des Gehirns voraus, oder folgt er ihr nach?"

DIE MESSERGEBNISSE waren verblüffend. Die Hirnströme verstärkten sich jeweils 350 bis 400 Millisekunden, bevor einer Versuchsperson der Wille, die Hand heben zu wollen, bewusst wurde. Diesen elektrischen Ausschlag im Messprotokoll bezeichnete Libet in Anlehnung an Hans Kornhuber als Bereitschaftspotenzial (BP). Er zog daraus die Schlussfolgerung: „Das Gehirn leitet zuerst den Willensprozess ein." Erst danach wird die Versuchsperson sich ihres Handlungsdranges bewusst. Libets Ergebnisse wurden von anderen Wissenschaftlern in den 1990er Jahren experimentell überprüft und bestätigt.

Festzuhalten ist: Die verstärkte neuronale Aktivität im Gehirn, die mit Elektroden gemessen wird, bezeichnet Libet neutral als „Aktion des Gehirns". Er überfrachtet seine Beobachtung nicht semantisch, wie dies manche sei

Wo Gut und Böse unterschieden werden

Vor über 60 Jahren entwickelten Neurochirurgen erste Funktionskarten der Großhirnrinde (Cortex). Heute kann mithilfe moderner Hirn-Scan-Technologien am lebenden Objekt demonstriert werden, wo bei komplexen Aufgabenlösungen – etwa moralischen Entscheidungen – neuronale Aktivität auftritt. Acht Hirnregionen, die mit der Verarbeitung moralischer Problemstellungen zu tun haben, wurden bislang identifiziert: So lösen Bilder von traurigen oder fremden Gesichtern in der *Amygdala* ❶ zunächst blitzschnelle Abwehr- oder Schreckreaktionen aus. Anschließend vergleicht die Großhirnrinde diese Eindrücke mit den im Gedächtnis gespeicherten Erfahrungen und leitet eine moralische Entscheidung ein. Beteiligt sind daran der *mittlere frontale Gyrus* ❷, das *hintere Cingulum*, *Präcuneus*, *retrosplenialer Cortex* ❸ und der *superiore temporale Sulcus* ❹. *Orbifrontaler und ventromedialer frontaler Cortex* ❺ er-

ner Interpreten tun, wenn sie behaupten, das im Gehirn aufgebaute BP sei identisch mit der folgenden Handlungsentscheidung. Libet sagt nur, es gibt eine Zunahme neuronaler Aktivität. Wofür diese steht – für einen aus dem Körper „aufsprudelnden" Impulswunsch oder eine autonome Vor-Entscheidung des Gehirns –, ist aus dem BP nicht zu ersehen.

Nun könnten Kritiker einwenden, das seien nur unbedeutende Feinheiten der Debatte. Im wesentlichen sei

Freier Wille bedeutet, dass man Nein sagen kann

mit Libets Experiment bewiesen, dass jene Neurowissenschaftler Recht hätten, die den freien Willen als Illusion bezeichnen. Das ist richtig – allerdings nur unter der Voraussetzung, dass man den zweiten Teil des Libetschen Experiments unter den Teppich kehrt oder als vernachlässigbar abqualifiziert. Genau das haben die deutschen Neurobiologen Gerhard Roth und Wolf Singer getan, die Benjamin Libet sonst gern als Kronzeugen für ihre Thesen aufrufen.

Libets Neugier machte nach seinem ersten Experiment nämlich nicht Halt. Er fragte sich: „Wenn der Willenspro-

zess unbewusst eingeleitet wird, gibt es dann überhaupt noch irgendeine Rolle für den bewussten Willen beim Vollzug einer Willenshandlung?" Und er stellte fest, dass der bewusste Wille etwa 150 Millisekunden vor der motorischen Handlung auftaucht. Genügend Zeit also, das Endergebnis des Willensprozesses zu beeinflussen.

UND GENAU HIER tritt das Libetsche „Veto" auf den Plan: Die Versuchspersonen sind in der Lage, die Ausführung des zunächst unbewusst eingeleiteten und dann zu Bewusstsein gekommenen Willens zu stoppen, „wenn die geplante Handlung als sozial inakzeptabel angesehen wird oder nicht im Einklang mit der eigenen Gesamtpersönlichkeit oder mit den eigenen Werten steht". Anders ausgedrückt: Ein Wunsch steigt auf, tritt ins Bewusstsein und wird abgewehrt. Diese Abwehrleistung, das Veto, ist nach Libet der Beweis für den freien Willen. Er „initiiert keinen Willensprozess; er kann jedoch das Resultat steuern, indem er den Willensprozess aktiv unterdrückt und die Handlung selbst abbricht oder indem er die Handlung ermöglicht (oder auslöst)". Nichts anderes besagt die kleine Geschichte von John Searle.

Die Veto-Rolle des freien Willens, so Libet, stimmt auch mit den verbreiteten religiösen und ethischen Mahnungen überein. „Die meisten der

Zehn Gebote geben die Anweisung, dass man etwas nicht tun soll." Der freie Wille des Menschen sei die Fähigkeit, zu instinktiven Wünschen Nein zu sagen.

Libet verteidigt also den freien Willen ausdrücklich. Diejenigen, die ihn lauthals für eine Illusion erklären, schreibt er in seinem neuen Buch „Mind Time", hätten bislang keinen Entwurf eines Experiments vorgeschlagen, um ihre Theorie zu prüfen. Es sei deshalb „töricht, auf der Grundlage einer unbewiesenen Theorie des Determinismus unser Selbstverständnis aufzugeben, dass wir eine gewisse Handlungsfreiheit haben und keine vorherbestimmten Roboter sind".

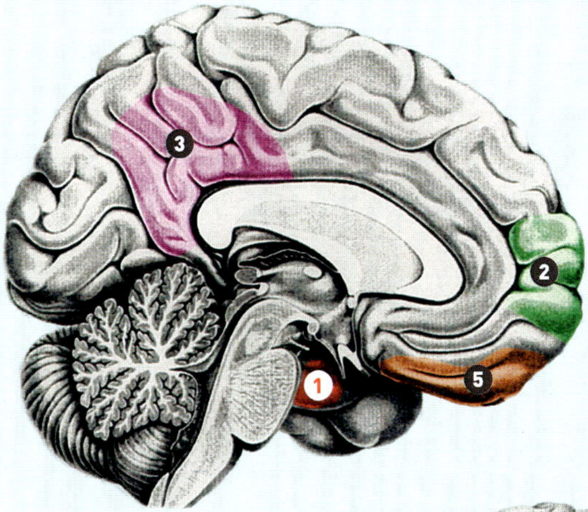

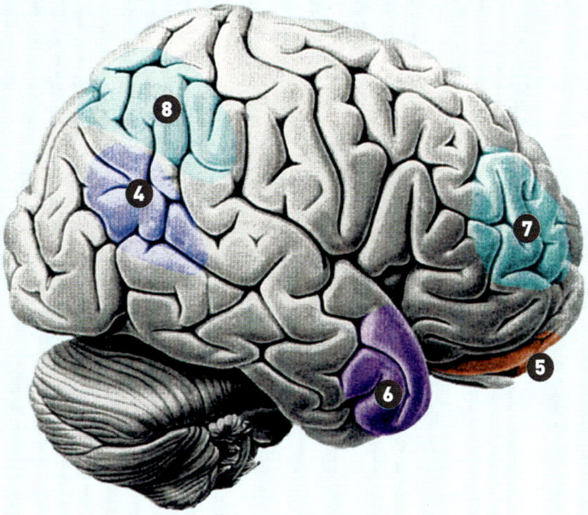

teralen präfrontalen Cortex ❼ und im **Parietallappen ❽** getroffen. Beide Areale beherbergen das Arbeitsgedächtnis und sind für weitere kognitive Aufgaben zuständig. *Jörg Melander*

kennen zornige Gesichter, Wörter mit positivem Kontext oder rufen traurige Erlebnisse in Erinnerung. Der **temporale Pol ❻** erkennt die seelisch-geistige Verfassung anderer Menschen und klärt einfache moralische Fälle. Entscheidungen, die mit weniger persönlicher Anteilnahme verbunden sind, werden im **dorsola-**

lung von Krankheiten wie Alzheimer, Parkinson und Depression zugute. Aber dem Missbrauch in Form von Gedächtnis- und Glückspillen, der Ausschaltung von Angstgefühlen oder der präventiven Stilllegung von Hirnregionen zur Verhinderung von Straftaten wären Tür und Tor geöffnet.

So weit muss es nicht kommen. Für eine Wiederbelebung des Konzepts vom freien Willen spricht, dass in den Reihen der deutschen Hirnforscher erste Anzeichen von Meuterei gegen die Bevormundung und Vereinnahmung durch Manifeste auszumachen sind. Prominente Neurobiologen wie Ernst Pöppel und Manfred Spitzer, die den freien Willen als unveräußerliches Kennzeichen des Menschseins betrachten, verwahren sich entschieden gegen das Imponiergehabe ihrer Fachkollegen. Es wird Zeit, dass Wissenschaftler, die ernst genommen werden wollen, ihre Behauptungen hieb- und stichfest beweisen – oder revidieren. □

Bleibt die Frage, warum die Wortführer der deutschen Neurobiologie, Gerhard Roth und Wolf Singer, trotz des von ihnen bislang schuldig gebliebenen Beweises derart zäh an ihrer These von der angeblichen Unfreiheit des Menschen festhalten. Haben sie Angst, die öffentliche Aufmerksamkeit und Forschungsgelder zu verlieren, wenn sie sich nicht mehr mit provokanten Behauptungen in den Vordergrund spielen können? Oder steht am Ende mehr auf dem Spiel als nur Standesdünkel und Anerkennungssucht einer jungen Wissenschaftsdisziplin?

Sollte die Neurobiologie die Meinung, der menschliche Wille sei ein entschlüsselbares Konzert physika-lisch-chemischer Reaktionen, im Wissenschaftsdisput durchsetzen können, wäre diese Erkenntnis – wie beim Genomprojekt – Gold wert. Denn die Reduzierbarkeit unserer Gefühle und Entscheidungen auf lenkbare Stoffwechselprozesse würde einen Riesenmarkt an Anwendungen eröffnen. Gefühle und Entscheidungen könnten – durch gezielte Eingriffe – operativ oder pharmakologisch herbeigeführt oder ausgelöscht werden. In dem im Oktober 2004 mit großem Getöse vorgestellten „Manifest über Gegenwart und Zukunft der Hirnforschung" suggerieren die unterzeichnenden elf Neurowissenschaftler zwar, ihre Forschung komme vor allem der Behand-

Wolfgang Michal, 51, lebt als freier Autor in der Nähe von Hamburg. Es war sein freier Wille, über den freien Willen zu schreiben.
Deborah Sorg, 35, studierte an der Folkwang-Schule Essen Illustration und Malerei. Die freie Illustratorin lebt in Düsseldorf und arbeitet unter anderem für „Brigitte", „Brigitte Young Miss" und „Handelsblatt".

HELFER IN DER
NOT

Irgendwann in ihrem Leben gab es den entscheidenden Wendepunkt: eine traumatische Erfahrung, anhaltende Unzufriedenheit im Beruf, das beschämende Gefühl, es tausendmal besser zu haben als die meisten. Die Journalistin Ulla Plog hat fünf Persönlichkeiten gefragt, weshalb sie sich für eine gute Sache engagieren

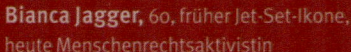
Bianca Jagger, 60, früher Jet-Set-Ikone,
heute Menschenrechtsaktivistin

»ES IST WICHTIG, AUGENZEUGE ZU SEIN«

Ich habe als Kind erfahren, was Ungerechtigkeit bedeutet. Denn ich bin nicht in Europa oder den USA geboren, sondern in Nicaragua, einem Land, das fast 50 Jahre lang unter einer brutalen Diktatur gelitten hat.

Mit 16 bekam ich ein Stipendium für ein Politikstudium in Paris. Mit 26 heiratete ich in St. Tropez Mick Jagger von den „Rolling Stones". Ich stand damals im Scheinwerferlicht der Weltpresse, und es war nicht leicht, meine politischen Ideen mit meinem Prominentenstatus zu vereinen.

Erst später habe ich gelernt, die gewaltige öffentliche Aufmerksamkeit mit meinem Kampf für die Menschenrechte zu verknüpfen. Entscheidend war ein Besuch in Honduras 1981. Ich hatte mich zum ersten Mal bereit erklärt, mit einer kleinen Delegation des US-Kongresses ein Flüchtlingslager zu besuchen. Bei unserer Ankunft rief jemand: „Kommt schnell, die Todesschwadronen sind da!" Eine Gruppe von Männern war in das Lager eingedrungen und hatte Flüchtlinge aus El Salvador in ihre Gewalt gebracht. Gerade banden sie ihnen die Daumen hinter dem Rücken zusammen. Sie wollten sie über die Grenze verschleppen. Hunderte von Menschen kamen damals bei solchen Entführungen um. Wir rannten durch ein ausgetrocknetes Flussbett hinter ihnen her, und alles, was wir hatten, waren unsere Kameras. Mit uns liefen die Mütter, die Frauen, die Kinder der gefangenen Männer. Als wir die Todesschwadronen fast eingeholt hatten, drehten sie sich um und richteten ihre Schnellfeuergewehre auf uns. In diesem Augenblick habe ich begriffen, wie wichtig die Anwesenheit ausländischer Augenzeugen ist. Das Schweigen schien endlos. Dann ließen sie ihre Gefangenen zurück und verschwanden.

Damals habe ich begonnen, in Kriegsgebieten Fakten über Grausamkeiten, Massaker und Vergewaltigungen zu sammeln und auf Kongressen und vor Parlamenten darüber zu berichten. Die Menschen sollen wissen, dass jemand da ist, der sich nicht einschüchtern lässt. Ich bin eine gläubige Katholikin. Ich glaube, dass ich einen Schutzengel habe.

»NIEMAND SOLLTE ZWEI HÄUSER HABEN ...«

Die Idee, das eigene Leben zu riskieren, um ein anderes zu retten, finden 400 000 Menschen bizarr. Ungefähr so viele haben im Internet über mich diskutiert. Sie fühlen sich herausgefordert durch etwas, das ich Vernunft nenne: Als Spender einer Niere gehe ich ein Risiko von 1 zu 4000 ein, während des Eingriffs zu sterben. Aber derjenige, der sie

bekommt, hat eine Chance von 1 zu 1, am Leben zu bleiben. Wieso ist mein Leben 4000-mal mehr wert als seines? Ein anderes Argument waren meine Kinder: Was, wenn eines von ihnen meine Niere brauchen würde?

Man sagt, Nächstenliebe beginnt zu Hause. Aber ich glaube, oft endet sie auch zu Hause. Ich meine: Wenn du etwas Gutes tun willst, darfst du

nicht konventionell sein. Wir neigen dazu, nur für uns selbst zu sorgen oder für die Familie. Der einzige Weg, über sich hinauszuwachsen, ist, exzentrisch zu sein.

Manche glauben, dass ich mich für einen besseren Menschen halte. Sie sagen, wenn du schon Geld gibst, solltest du nicht auch noch deine Niere spenden. Aber man kann niemals genug tun. Ich habe mich am Morgen vor der Operation aus dem Haus geschlichen, weil meine Frau dagegen war. Meine Philosophie ist: Wenn du etwas besitzt, das ein anderer dringender braucht als du, gib es ihm. Niemand sollte zwei Häuser haben, solange es Obdachlose gibt.

Meine Mutter erzählte, wenn Schnee lag, sei ich manchmal nur mit einem Stiefel von der Schule nach Hause gekommen, den anderen hatte ich weggegeben. Ich erinnere mich nicht daran, aber ich weiß, ich wollte immer jemand sein, der anderen etwas gibt.

In meinem ersten Job war ich Lehrer für sozial und emotional gestörte Kinder im Ghetto. Dann habe ich am College unterrichtet. Ich wollte das Besondere in jedem einzelnen Studenten entdecken. Sie liebten meine Theorien über den Dichter John Milton, aber das genügte mir auf Dauer nicht. Also habe ich angefangen, Immobilien zu kaufen und zu verkaufen. Ich hatte keine Wahl. Es ist der einzige Weg, viel Geld zu machen. Dass ich die Millionen von Anfang an nur verdienen wollte, um sie zu spenden, hat mich im Dschungelkampf motiviert. Ich behielt unser Haus, legte etwas Geld für die Ausbildung meiner vier Kinder und das tägliche Leben zurück, und spendete, gemeinsam mit meiner Frau, 45 Millionen Dollar für medizinische Forschung, die auch der Dritten Welt zugute kommen soll. Wenn man einen wohltätigen Impuls hat, muss man sofort handeln, denn die Selbstsucht kann jeden Augenblick zurückkommen.

Zell Kravinsky, 49, früher Lehrer in New York, dann Immobilienmakler, jetzt Stifter und Organspender

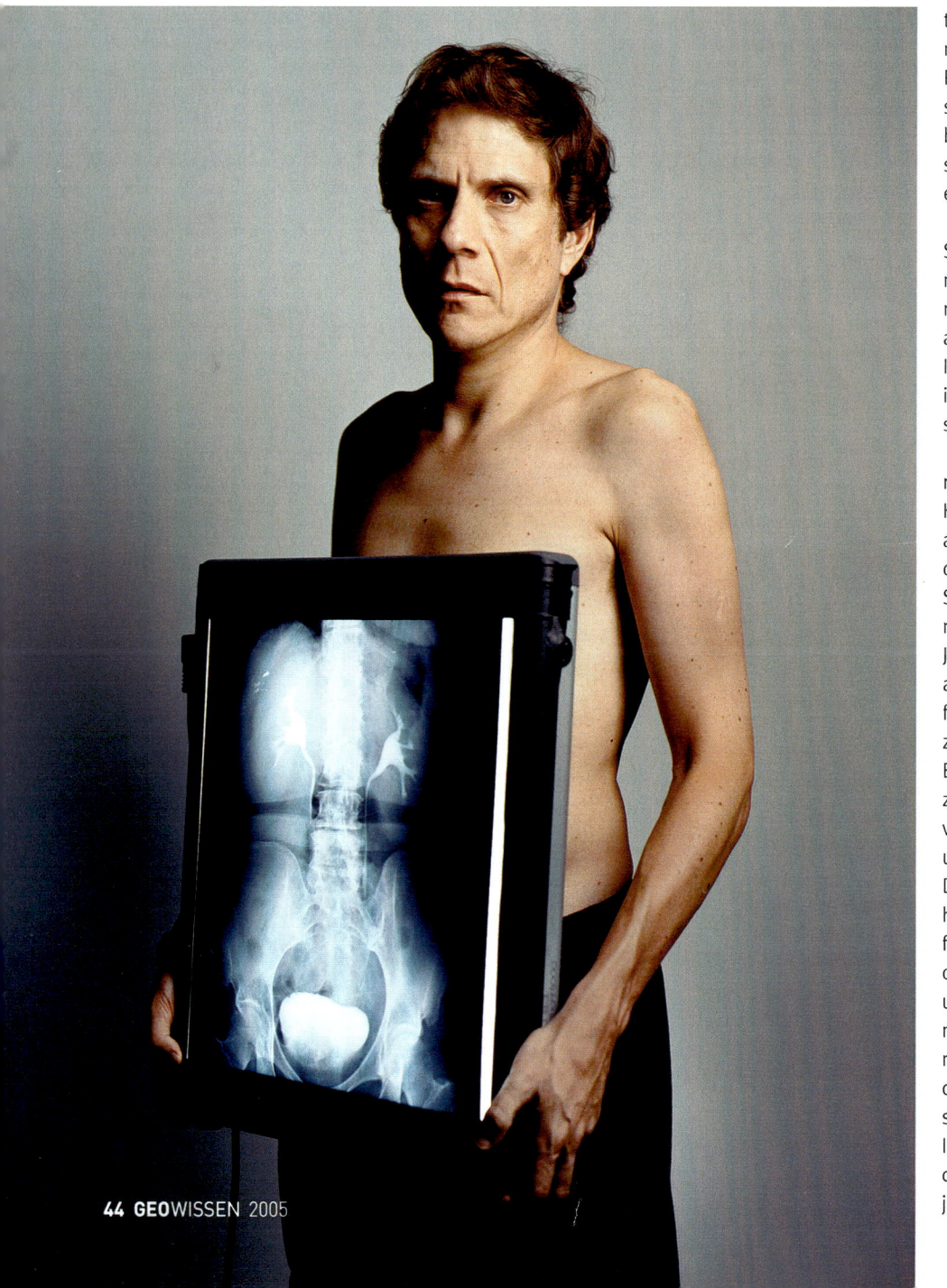

Peter Eigen, 66, früher Weltbank-Direktor, heute Korruptionsbekämpfer

»WIR SAGEN NICHT: BESTECHUNG IST SÜNDE«

Ich war 25 Jahre bei der Weltbank, und ich war dort ein guter Soldat. Lange Zeit habe ich brav alles mitgemacht. Als ich aber immer häufiger erleben musste, wie unsere Bemühungen bei der Armutsbekämpfung durch korrupte Eliten zunichte gemacht wurden, habe ich mit einigen Experten Gegenmaßnahmen entworfen. Sofort erhielt ich ein Verbot der Rechtsabteilung. Als ich in meiner Freizeit weitermachte, bekam ich ein Memorandum des Weltbank-Präsidenten: „Solange du hier Direktor bist, darfst du das nicht."

Ich war damals zuständig für Ostafrika, hatte ein Büro mit 120 Angestellten, ein Domizil mit Park und Tennisplatz und den Status eines Senior-Botschafters. Meine Frau, eine Ärztin, ging jeden Morgen um sieben aus dem Haus, um in den Slumkliniken von Nairobi zu arbeiten. Sie wusste, was falsch lief, und spürte meinen inneren Zwiespalt. Sie sagte: „Mach, was du wirklich wichtig findest!" Ich kündigte und gründete Transparency International, eine Organisation, die weltweit die Korruption bekämpft. Denn Korruption ist die Wurzel von Verarmung und wirtschaftlicher Zerrüttung. Das hat man lange verdrängt.

Ich erinnere mich noch, wie ein Professor für Wirtschaftsethik sagte, wenn man außerhalb des jüdisch-christlichen Bereichs Geschäfte machen wolle, sei Bestechung so etwas wie Respekt vor fremden Kulturen. Damit hat die deutsche Wirtschaft ihr Gewissen beruhigt. Aber die Idee, dass es kulturell geboten sei, Präsidenten und Ministern große Summen auf Schweizer Konten zu überweisen, damit sie unsinnige Großprojekte in die Wüste setzen, ist vollkommen absurd.

Bei Transparency argumentieren wir nicht moralisch. Wir sagen nicht: Bestechung ist Sünde. Wir sagen: Wenn eure Kinder eine gute Erziehung bekommen sollen, dann ist es schädlich, wenn der Erziehungsminister Geld in seine Taschen steckt und miserable Schulbücher anschafft.

Roméo Dallaire, 58, früher Drei-Sterne-General der kanadischen Armee, heute Konfliktforscher und Friedensstifter

»IHR DÜRFT MIR NICHT APPLAUDIEREN!«

Ich war nur anderthalb Jahre in Ruanda. 1994 hatte ich dort die Blauhelm-Soldaten der Vereinten Nationen kommandiert, aber ich konnte den Völkermord der Hutu an den Tutsi nicht verhindern. Während die Welt wegsah, wurden in einem dreimonatigen Blutrausch 800 000 Menschen umgebracht.

Was ich damals erlebt habe, kommt als Erinnerung immer wieder in mir hoch. Durch einen Geruch, durch ein Geräusch, manchmal einfach so. Eines Tages wollte ich mit meiner Familie in die Ferien fahren. Am Straßenrand waren Baumstämme gestapelt. Die Stämme waren braun, aber die Schnittstellen schimmerten weiß. Ich drehte mich zu meiner Frau und sagte: „Ich bin wieder auf der Landstraße in Ruanda." Ich sah die Leichen entlang der Straße: aufeinander geschichtete, braune Körper – und die trockene weiße Haut der Schädel. Ich musste weinen.

Niemand kann ermessen, wie es ist, wenn deine Seele ermordet wird. Ich habe jahrelang kaum schlafen können. Mehrere Male habe ich versucht, mich umzubringen. Am schlimmsten waren die Bilder der Vergewaltigungen. Wir fanden Mädchen und Frauen, die weggeführt, missbraucht und dann verstümmelt worden waren. Sie waren sehr jung, in diesem Alter ist das Aids-Risiko für die Vergewaltiger geringer. Oft riefen uns Menschen an und baten um Schutz. Aber noch während ich ihnen sagte, ich könne niemanden schicken, hörte ich Schüsse am anderen Ende der Leitung und Schreie.

Sechs Jahre nach dem Genozid stellte mich der Chef der Nationalen Verteidigung vor die Wahl, Ruanda zu vergessen oder aus der kanadischen Armee auszuscheiden. Ich sagte: „Ruanda wird immer da sein." Aber plötzlich schien es mir möglich, die Bürde in etwas Positives zu verwandeln – weiterzuleben, um das Interesse der Welt an Ruanda wach zu halten. Und wie so oft, wenn du bereit bist für eine andere Welt, kommt etwas Unvermutetes auf dich zu: Ich war noch in Uniform, als ich in der Zeitung las, dass Kanada eine Konferenz über Kindersoldaten organisierte. Ich schied aus der Armee aus und begann mit der Arbeit. Ich habe nie mehr zurückgeschaut.

Mein Job ist es, Gewehre, die von neunjährigen Jungen und Mädchen leicht bedient werden können, vom Markt zu drängen und die Kinder aus den Kämpfen herauszuholen. Ich arbeite mit Nicht-Regierungs-Organisationen (NGOs) und mit der kanadischen Regierung zusammen, aber ich spreche auch mit Rebellenführern. Ich sage ihnen: Diese Kinder sind als Kämpfer nicht sehr effizient, du solltest sie loswerden. Ich versuche, meine Argumente zu verbessern. Aber es ist schwierig.

In den letzten Monaten habe ich Vorträge gehalten, ein Buch geschrieben und viele positive Reaktionen erfahren. Aber das macht mich eher traurig. Ich sage meinen Zuhörern dann: „Hört zu, ich habe versagt. Ich habe die UN nicht davon überzeugen können, in Ruanda einzugreifen. Ihr dürft mir nicht applaudieren."

Geheilt bin ich nicht. Aber meine jetzige Arbeit lindert das Gefühl der Schuld. Sie hat mir das Leben zurückgegeben. Sie ermöglicht mir, in einem fundamentalen Sinn wieder zu existieren – zu sprechen, zu diskutieren, zu lachen.

»WIE LANGE HABE ICH GLÜCK?«

Ich erinnere mich genau an den Moment in Mogadischu: Als Cutterin eines Fernsehteams war ich ständig in Bereitschaft. Wenn ich mal Luft holen wollte, musste ich aufs Hoteldach steigen. Von dort sah ich direkt in ein Flüchtlingslager. Erbärmlich dünne Menschen hausten da in Zelten, die aus Fetzen zusammengesetzt waren. In regelmäßigen Abständen trugen sie ihre Toten hinaus. Ich dachte, meine Arbeit ist wichtig, aber lieber würde ich da unten stehen und Essen verteilen. Später saß ich als Redakteurin eines Fernsehmagazins am Schreibtisch und konstruierte Geschichten, bei denen man wusste, was rauskommen sollte. Mit der Schlüsselszene aus Somalia im Kopf habe ich mich gefragt: Ist es das, was du willst? Ich war nicht zufrieden. Ich war irgendwo hineingeboren worden und hatte alles: ein Land, in dem niemand verhungert; eine Familie, die mir alle Möglichkeiten eröffnet. Aus diesem Gefühl der Dankbarkeit wollte ich etwas für andere tun.

Warum ausgerechnet Minenräumung? Es ist eine demütige Tätigkeit. Man muss die Balance herstellen zwischen panischer Angst und der Überzeugung: Mir kann nichts passieren. Dazwischen liegt hohe Konzentration. Sie ist die Rettung. Beim Anblick einer Wiese signalisiert das Gehirn ja nicht automatisch „Gefahr". Ich muss sie mir dadurch bewusst machen, dass ich mir Unfallbilder in den Kopf hole, wenn ich ins Minenfeld gehe. Ich weiß, wie es aussieht, wenn einem Menschen ein Bein zerfetzt wird. Ich rufe mir auch die Bilder von meiner Familie in den Kopf und von meinem Freund in Genf, der sagt: „Du weißt, dass hier jemand auf dich wartet." Also, Kopf einschalten, die Mine aufspüren, den Zünder rausdrehen und sie sprengen. Ungefähr 50 Quadratmeter schaffe ich pro Tag. Und jedes Mal frage ich mich: Wie lange habe ich Glück? Wo ist die Mine, auf der mein Name steht?

Ich habe vor allem im Kosovo und in Afghanistan Minen geräumt. Ich weiß, dass ich die Welt nicht retten kann. Aber ich gebe den Menschen wenigstens ein Stück Land zurück. Ich habe die Chance, etwas zu tun, das ich als sinnvoll empfinde. Es geht mir gut dabei.

Vera Bohle, 35, früher Journalistin, später Minenräumerin in Afghanistan

Vorbild: Günther Jauch

Wenn die Deutschen einen moralischen Wunsch frei hätten, dann wäre dies: Mehr Anstand, bitte!

Das ergab eine Umfrage des Meinungsforschungsinstituts Allensbach im Auftrag von GEO WISSEN

INFO-GRAFIKEN: FLORIAN PÖHL

Was uns freut: Hilfsbereitschaft, Ehrlichkeit, Mitgefühl

Die Alltagsmoral der Deutschen scheint weitgehend intakt zu sein. Entgegen der oft geäußerten Vermutung, niemand mehr sei hierzulande bereit, sich couragiert für andere einzusetzen, würden nur sehr wenige Deutsche (1 %) einem angegriffenen Fremden keinerlei Hilfe leisten.

Persönlich einschreiten würden dagegen 33 Prozent der Westdeutschen und 25 Prozent der Ostdeutschen. Das entspricht in etwa der Erwartung derjenigen, die sich in Not befinden. 32 Prozent der Westdeut-

Sie sehen, wie jemand auf offener Straße zusammengeschlagen wird. Was tun Sie?

Hilfe holen	41 %
einschreiten	31 %
um Hilfe rufen	29 %
weitergehen	1 %

Mehrfachangaben möglich

Sie werden auf einer belebten Straße zusammengeschlagen. Kommen Ihnen Passanten zu Hilfe?

Hilfe ist unwahrscheinlich	52 %
wahrscheinlich wird mir geholfen	31 %

Differenz zu 100 Prozent:
unentschieden oder keine Angabe

In einem Geschäft werden Ihnen einige Euro zu viel Wechselgeld herausgegeben. Was tun Sie?

auf Irrtum aufmerksam machen	66 %
Geld behalten	19 %

Differenz zu 100 Prozent:
unentschieden oder keine Angabe

Sie verlieren Ihr Portemonnaie mit 200 Euro. Was glauben Sie: Erhalten Sie beides zurück?

ja	10 %
nein	76 %

Differenz zu 100 Prozent:
unentschieden oder keine Angabe

schen und 27 Prozent der Ostdeutschen glauben, dass ihnen ihre Mitmenschen im Notfall zu Hilfe kommen. Am geringsten ist das Vertrauen in die Zivilcourage anderer bei Männern (27 %) und bei über 60-Jährigen (24 %).

Völlig konträr urteilen die Deutschen in Geldangelegenheiten. Während 66 Prozent der Befragten angeben, sie würden zu viel herausgegebenes Wechselgeld auf jeden Fall zurückerstatten, ist das Vertrauen in die Ehrlichkeit der anderen erheblich geringer: Nur zehn Prozent glauben, dass sie eine verlorene Geldbörse vom „ehrlichen Finder" wiederbekommen. Bei den Männern fällt dieser Anteil auf acht, bei den Ostdeutschen sogar auf vier Prozent. Frauen denken ein ganzes Stück morali-

scher. 71 Prozent würden zu viel gezahltes Wechselgeld zurückgeben, und zwölf Prozent vertrauen darauf, dass man ihnen die verlorene Brieftasche wieder aushändigt.

Nuanciert ist die Haltung zum Thema Mundraub. Das Stehlen einer Tafel Schokolade durch einen Obdachlosen nehmen viele eher gleichgültig zur Kenntnis: 40 Prozent würden darüber hinwegsehen. Den Täter ansprechen, also moralisch Position beziehen, würden immerhin 34 Prozent: die einen (16 %), um ihn vom Diebstahl

Ein Obdachloser stiehlt im Laden eine Tafel Schokolade. Wie verhalten Sie sich?

einfach weitergehen	40 %
Geld geben	18 %
im Gespräch davon abbringen	16 %
Ladenpersonal informieren	10 %

Differenz zu 100 Prozent:
unentschieden oder keine Angabe

abzubringen, die anderen (18 %), um ihm das Geld für den Kauf der Schokolade zu schenken. Am deutlichsten ausgeprägt ist die Bereitschaft zum Geldgeben bei den über 60-Jährigen (23 %) sowie bei den Ostdeutschen (21 %). Rigide reagieren dagegen vor allem Jüngere und Männer. 16 Prozent der 16- bis 29-Jährigen und 14 Prozent der Männer würden das Ladenpersonal einschalten, während dies nur sieben Prozent der Frauen übers Herz brächten. Ein Fall von weiblicher Fürsorgemoral?

Was uns aufregt: penetranter Sex, schlechtes Benehmen, TV-Shows

Tolerant geben sich die Deutschen in sexuellen Fragen, die Westdeutschen mehr noch als die Ostdeutschen. Prostitution, Homosexualität oder Selbstbefriedigung lösen nur bei wenigen Empörung und Abscheu aus; selbst Pornografie, Seitensprung, Gruppensex und Partnertausch werden von der Mehrheit der Deutschen nicht mehr als verwerflich eingestuft. Die Ablehnung gewisser Sexualpraktiken und

gibt es eine signifikante Ausnahme: Homosexualität finden Frauen weniger anstößig (15 %) als Männer (21 %).

Ins Auge fällt, dass sich die Sexualmoral der jüngeren Generation derjenigen der Großeltern anzunähern scheint. Während sich die 30- bis 44-Jährigen sexuell am tolerantesten geben, dicht gefolgt von der 68er- und Nach-68er-Generation der heute 45- bis 59-Jährigen, sind bei den Jungen wieder größere Vorbehalte festzustellen. Überdurchschnittlich hohe Ablehnungswerte finden sich beim Partnertausch (46 %) und bei Sadomaso-Praktiken (56 %). Die Ablehnung des Seitensprungs ist bei

Was finden Sie bei der Sexualität verwerflich?

	Gesamt	Alter der Befragten in Jahren 16–29	30–44	45–59	60 und älter
Sadomaso-Praktiken	53%	56%	44%	54%	59%
Sex in der Öffentlichkeit	52%	49%	47%	50%	60%
Partnertausch	43%	46%	40%	35%	50%
Gruppensex	39%	35%	34%	34%	49%
Seitensprung	36%	42%	36%	33%	34%
Pornografie	35%	33%	28%	34%	44%
Prostitution	24%	27%	21%	18%	31%
Homosexualität	18%	20%	14%	14%	22%
Selbstbefriedigung	11%	10%	5%	10%	17%
nichts davon	12%	14%	21%	11%	4%

Verhaltensweisen ist in den neuen Bundesländern größer als im Westen der Republik – mit Ausnahme des Seitensprungs! Den finden Westdeutsche verabscheuungswürdiger (37 %) als ihre Landsleute im Osten (33 %). Besonders stark differieren Ost- und Westdeutsche in der Ablehnung von Sadomaso-Praktiken (Osten 65 %, Westen 50 %), Gruppensex (50 %/36 %) und Prostitution (36 %/22 %). Männer äußern in der Regel mehr Verständnis für die genannten Neigungen als Frauen. Auch hier

den unter 30-Jährigen sogar vehementer (42 %) als in den übrigen Altersgruppen.

Dennoch unterscheiden sich die Jungen in einem Punkt erheblich von älteren Zeitgenossen. Sie haben keine Probleme, Auskunft über Intimes zu geben. Während sich 32 Prozent der über 60-Jährigen weigerten, die vorgelegten Fragen zu beantworten, taten dies nur sieben Prozent der unter 30-Jährigen.

Bei der Beurteilung von Fernsehsendungen zeigen die Deutschen erfreuliche Geschmackssicherheit. Den höchsten Zustimmungswert erhält die „Tagesschau". 80 Prozent der Befragten meinen, die Nachrichtensendung der ARD verletze – trotz zunehmender Berichterstattung über Attentate, Unfälle, Katastrophen – nie die Grenzen des guten Geschmacks. Den Gegenpol bildet die RTL-Dschungelshow. Fast die Hälfte der Zuschauer finden diese Sendung geschmacklos. Nahezu unumstritten ist Günther Jauchs Quizshow „Wer wird Millionär?". Hier sagen 72 Prozent,

Was halten Sie von dem Vorschlag, an allen deutschen Schulen Benimm-Unterricht einzuführen?

ein guter Vorschlag
63%

das ist Sache der Eltern
31%

Differenz zu 100 Prozent: unentschieden oder keine Angabe

Wie sehr werden in diesen Fernsehsendungen die Grenzen des guten Geschmacks verletzt?

selten häufig
nie % immer

Ich bin ein Star – Holt mich hier raus (RTL)
29 / 49 / 10 / 10 %
Bekanntheitsgrad: 70 Prozent

Big Brother (RTL 2)
30 / 42 / 9 / 12 %
Bekanntheitsgrad: 66 Prozent

The Swan – Endlich schön (Pro Sieben)
21 / 26 / 32 / 16 %
Bekanntheitsgrad: 38 Prozent

Frauentausch (RTL 2)
27 / 34 / 14 / 20 %
Bekanntheitsgrad: 44 Prozent

Big Boss (RTL)
33 / 21 / 26 / 10 %
Bekanntheitsgrad: 42 Prozent

Richterin Barbara Salesch (Sat 1)
38 / 24 / 26 / 5 %
Bekanntheitsgrad: 66 Prozent

Gute Zeiten, schlechte Zeiten (RTL)
39 / 19 / 27 / 8 %
Bekanntheitsgrad: 64 Prozent

Lindenstraße (ARD)
42 / 13 / 36 / 4 %
Bekanntheitsgrad: 77 Prozent

Fliege – Die Talkshow (ARD)
47 / 35 / 9 / 3 %
Bekanntheitsgrad: 68 Prozent

Tagesschau (ARD)
80 / 8 / 5 / 5 %
Bekanntheitsgrad: 98 Prozent

Tatort (ARD)
49 / 39 / 6 / 3 %
Bekanntheitsgrad: 93 Prozent

Scheibenwischer (ARD)
45 / 43 / 7 / 2 %
Bekanntheitsgrad: 56 Prozent

Wer wird Millionär? (RTL)
72 / 17 / 5 / 2 %
Bekanntheitsgrad: 92 Prozent

Differenz zu 100 Prozent: „weiß nicht"

Das Institut für Demoskopie Allensbach befragte repräsentativ 2096 Personen im gesamten Bundesgebiet (Befragungszeitraum: 6. bis 18. 1. 2005)

die Show sei in jeder Hinsicht tadellos, nur zwei Prozent erkennen fortdauernde Geschmacklosigkeiten. Am stärksten polarisiert die Sendung „Frauentausch". Während 54 Prozent diese Spielshow für unsäglich halten, erklären 41 Prozent sie für ethisch nahezu unbedenklich.

Für gutes Benehmen als Unterrichtsfach sprechen sich 70 Prozent der 45- bis 59-Jährigen und 72 Prozent der über 60-Jährigen aus, während die unter 30-Jährigen die Benimm-Erziehung lieber den Eltern überlassen (44 %).

Was uns ärgert: Schwarzarbeit, Korruption, Politikermoral

Das Verhältnis der Deutschen zur Politik bleibt gespannt. Vor allem der Finanzminister sollte dies zur Kenntnis nehmen. Schwarzarbeit, also Steuerhinterziehung, ist bei vielen Deutschen nicht nur ein Kavaliersdelikt (23 %), sondern eine Art Bürgernotwehr gegen einen allzu fordernden Staat (37 %). Gerade die im Berufsleben stehen-

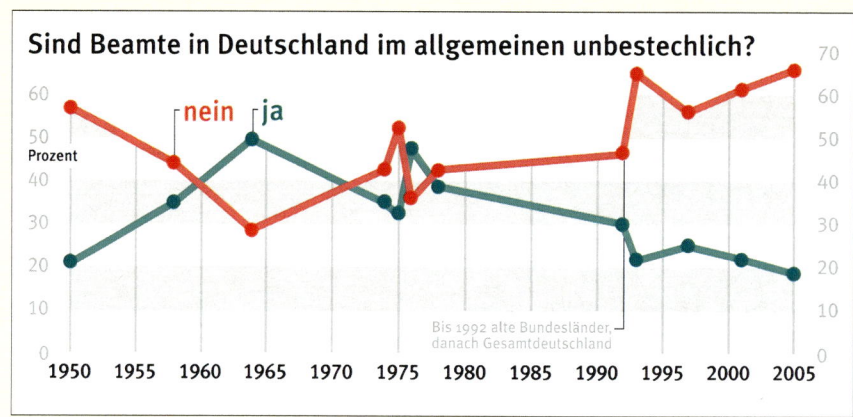

Sind Beamte in Deutschland im allgemeinen unbestechlich?

nein ja

Prozent

Bis 1992 alte Bundesländer, danach Gesamtdeutschland

1950 1955 1960 1965 1970 1975 1980 1985 1990 1995 2000 2005

Wie beurteilen Sie Schwarzarbeit?

Bürgernotwehr, um Steuern zu sparen — 37 %

eine Straftat — 25 %

nicht so schlimm — 23 %

Differenz zu 100 Prozent: unentschieden oder keine Angabe

---

den mittleren Jahrgänge der 30- bis 44-Jährigen (40 %) und der 45- bis 59-Jährigen (42 %) sehen das so. Bei den unter 30-Jährigen betrachten nur 17 Prozent Schwarzarbeit als Straftat – allen Gesetzesverschärfungen zum Trotz.

Dass deutsche Staatsbeamte unbestechlich seien, glauben nur noch 19 Prozent der Bevölkerung. Zwei Drittel (66 %) halten Unbestechlichkeit für eine Illusion. Hier spielen die zahlreichen Korruptionsaffären der vergangenen Jahre sicher eine Rolle. Denn so schlecht wie im Januar 2005 haben die

Deutschen ihre Beamten noch nie beurteilt. Die beste Wertung datiert aus einer Befragung der Westdeutschen im Jahr 1964. Damals sagten 49 Prozent, deutsche Beamte seien im allgemeinen unbestechlich und unbeeinflussbar. Seither sinkt der Wert in Wellen immer weiter ab. In Ostdeutschland liegt das Vertrauen in die Unbestechlichkeit der Staatsdiener inzwischen bei 14 Prozent.

Bei der Beurteilung der Korruption in anderen Ländern zeigen sich allerdings auch Unkenntnis und Vorurteile. So stufen die Deutschen Russland, Italien und Polen als besonders korruptionsanfällig ein, während die Rangliste der Organisation „Transparency International" Kenia und Venezuela vor diesen Staaten sieht. Allein bei Finnland stimmen die Einschätzungen überein. Auffallend ist, dass die Jahrgänge, die sich mitten im Berufsleben befinden, generell mehr Korruption im Ausland vermuten als die Jungen und die Alten.

Die politische Vertrauenswürdigkeit der amtierenden Staats- und Regierungschefs beurteilen die Deutschen parallel zu den po-

---

In welchen dieser ausgewählten Länder ist Ihrer Ansicht nach Bestechlichkeit weit verbreitet?

Rangfolge laut Umfrage		Rangfolge dieser Länder laut „Transparency International"-Untersuchung
1	Russland	3
2	Italien	9
3	Polen	8
4	Türkei	5
5	Deutschland	11
6	China	7
7	USA	10
8	Venezuela	2
9	Indien	4
10	Kenia	1
11	Saudi-Arabien	6
12	Finnland	12

Für wie vertrauenswürdig halten Sie diese Staatsmänner?

Jacques Chirac ■ 0,65
Gerhard Schröder ▌ 0,3
−2,5 ■■■ Tony Blair
−3,2 ■■■■ Wladimir Putin
−6,2 ■■■■■ George W. Bush
−6,25 ■■■■■ Silvio Berlusconi

+10 = sehr vertrauenswürdig
−10 = nicht vertrauenswürdig

---

litischen Lagern während des Irak-Krieges. Während die Befürworter George W. Bush, Tony Blair und Silvio Berlusconi durch die Bank negativ bewertet wurden, ragen die Gegner Gerhard Schröder und Jacques Chirac als einzige Staatsmänner positiv heraus. Am überraschendsten ist, dass Italiens Ministerpräsident Berlusconi noch hinter US-Präsident Bush und Russlands Präsident Putin rangiert. Auf einer Bewertungsskala von +10 bis −10 erhielt der Italiener die mit Abstand wenigsten positiven Wertungen. □

DIE DINGE DES LEBENS

Die Bioethik ist Anfang der 1970er Jahre entstanden, als die traditionelle Medizinethik, die sich im wesentlichen mit dem Arzt-Patient-Verhältnis beschäftigte, die neuen medizinisch-technischen Entwicklungen nicht mehr ausreichend erfasste. Ins Blickfeld gerieten nun – neben der Abtreibungsfrage – Probleme der Reproduktions- und Transplantationsmedizin, der Pflege kranker Menschen und der Sterbehilfe. Bioethiker diskutieren über Biobanken und Biopatente, über Robotermedizin und Psychopharmaka. Wie ist all dies zu bewerten? Was kann man ethisch verantworten? In keinem anderen gesellschaftlichen Bereich sind die Fragestellungen so radikal und so kompliziert zugleich. Hier geht es um Leben und Tod und Menschenwürde – und meist entscheiden die Umstände des Einzelfalls. Die Bioethik ist deshalb in den Augen vieler Wissenschaftler zum Vorreiter des Fortschritts geworden: ohne Infragestellung überkommener Werte keine Entwicklung zeitgemäßer Normen. Kein Wunder, dass die Bioethik die Gemüter erhitzt wie kein anderer Bereich der Moral. Ihre Kritiker halten sie für das Einfallstor der Barbarei, ihre Verfechter für die Brücke in eine menschenwürdige Zukunft.

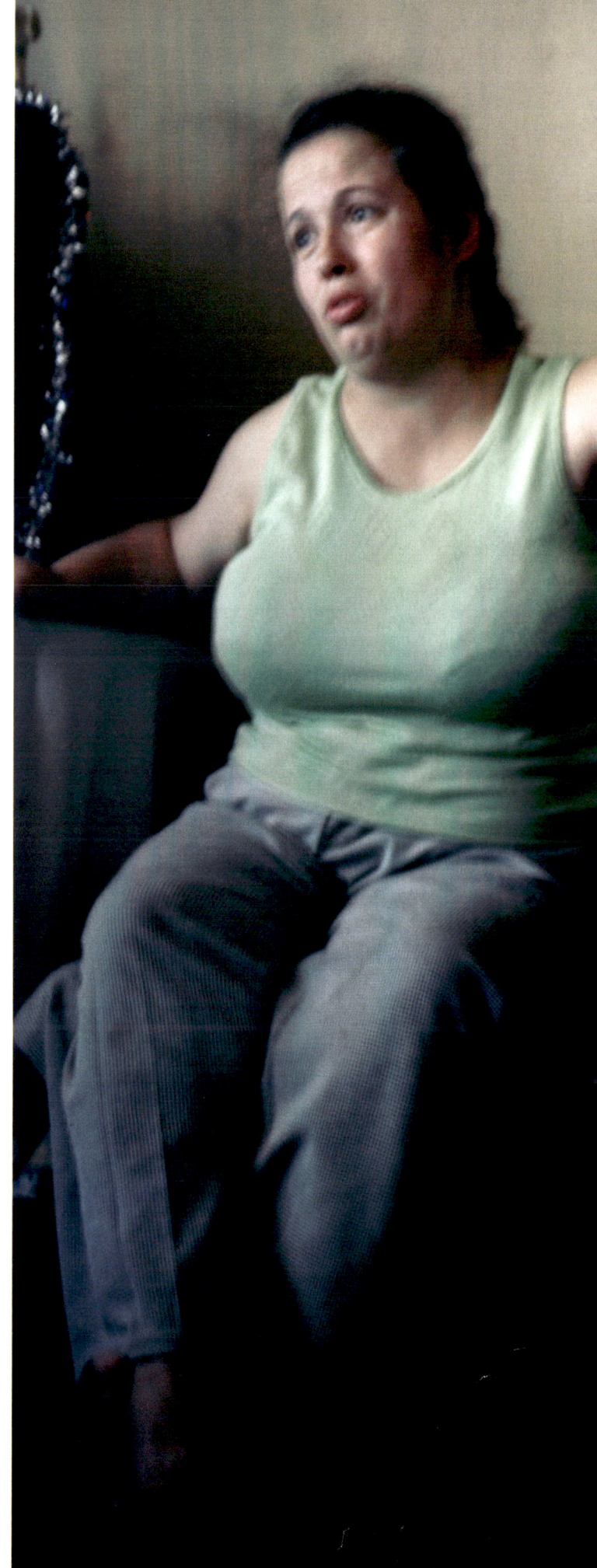

Die Globalisierung macht vor der Moral nicht Halt. Wem die Gesetze im eigenen Land zu streng sind, der geht eben ins Ausland – um eine befruchtete Eizelle zu empfangen, um ein fremdes Organ zu erhalten, um aus dem Leben zu scheiden. Kommt es zu einem weltweiten Moral-Dumping?

GESCHÄFTE
MACHEN MIT DEM
LEBEN

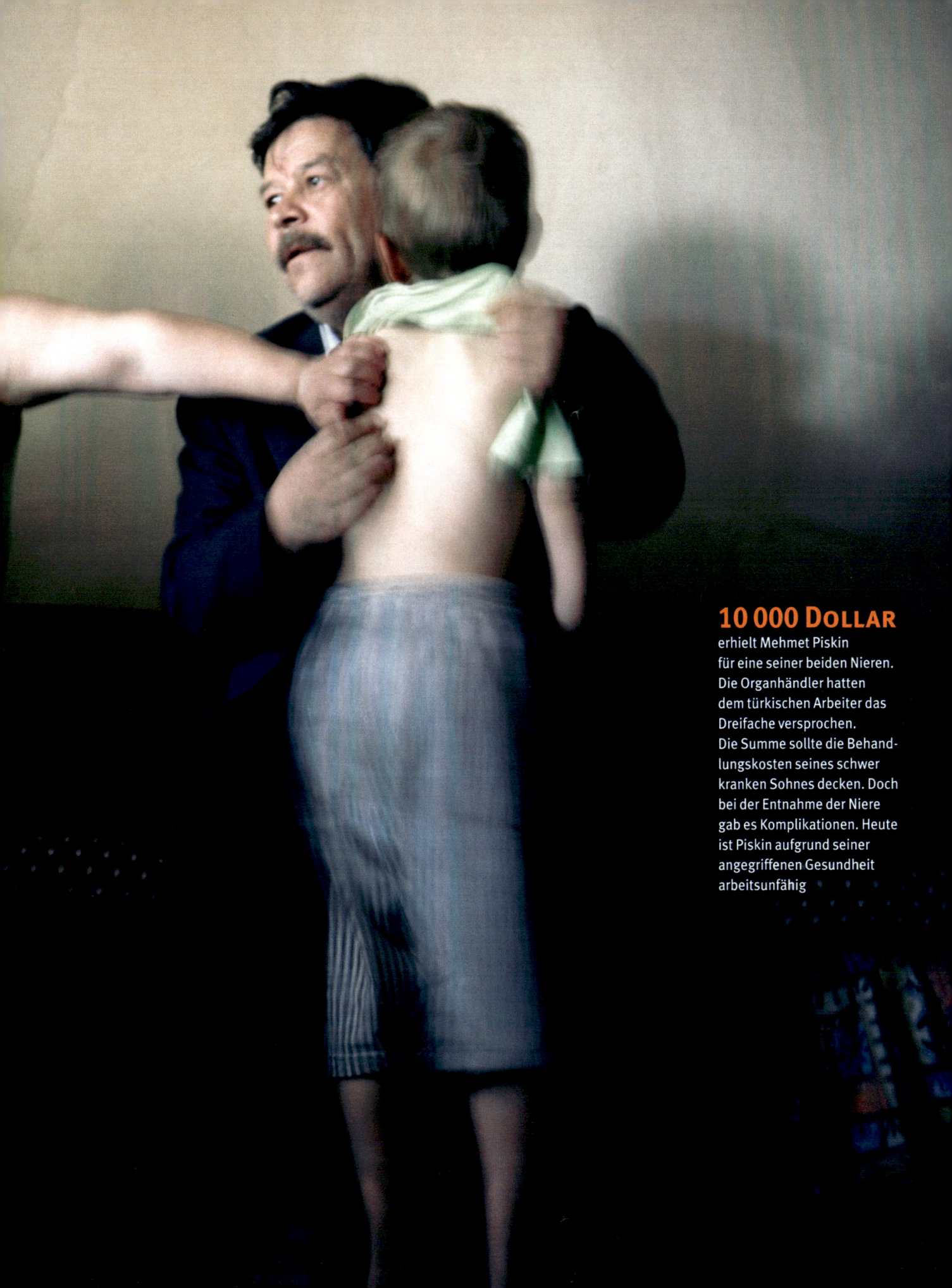

10 000 Dollar
erhielt Mehmet Piskin
für eine seiner beiden Nieren.
Die Organhändler hatten
dem türkischen Arbeiter das
Dreifache versprochen.
Die Summe sollte die Behand-
lungskosten seines schwer
kranken Sohnes decken. Doch
bei der Entnahme der Niere
gab es Komplikationen. Heute
ist Piskin aufgrund seiner
angegriffenen Gesundheit
arbeitsunfähig

VON MARTINA KELLER (TEXT) UND
STEFANIE PETERS (ILLUSTRATIONEN)

Tina Lohkamp* hat ihr zweites Kind bekommen, als sie fast schon in den Wechseljahren war – mit 47. Auf natürlichem Weg hat es nicht mehr geklappt, selbst eine Hormonstimulation half nicht. „Dabei habe ich gedacht, ich hätte unendlich viel Zeit", sagt die attraktive 50-Jährige, die stets ein zweites Kind wollte. Allerdings passte es nicht in ihre Lebenspläne. Als sie und ihr zweiter Mann zu verhüten auf-

Präimplantationsdiagnostik (PID)

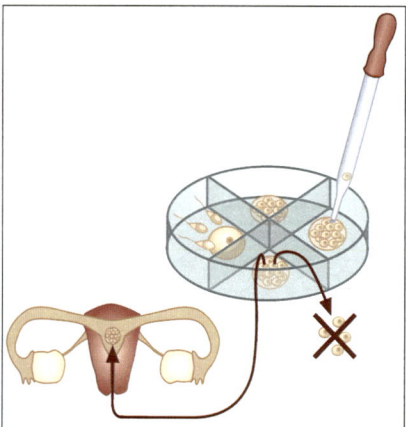

Wird praktiziert in:
Australien, Belgien, China, Dänemark, Frankreich, Griechenland, Großbritannien, Indien, Israel, den Niederlanden, Schweden, Spanien, Südkorea, den USA

hörten, war sie Mitte 30. Dass sie nicht sofort schwanger wurde, machte ihr keine Sorgen; schließlich war sie als junge Frau problemlos Mutter geworden. Das Kind würde schon irgendwann kommen. Erst mit Mitte 40 wurde sie unruhig und ließ sich von ihrer Frauenärztin untersuchen. Ergebnis: Sie produzierte nicht mehr genug Hormone – ihre biologische Uhr war abgelaufen.

„Dass es nicht mehr funktionierte, fand ich sehr traurig", erinnert sie sich. Sie begann, im Internet zu forschen, und erfuhr von der Möglichkeit der Eizellspende. Aus dem Samen des Mannes und der Eizelle einer Spenderin werden dabei im Reagenzglas Embryonen erzeugt, die der unfruchtbaren Frau eingepflanzt werden. Die Sache

hatte bloß einen Haken: In Deutschland ist das Verfahren verboten, auch wegen der Risiken für die Spenderin.

Interessierte Paare wissen sich zu helfen. Sie gehen ins Ausland, wo die Prozedur erlaubt ist. Über ein Forum von Betroffenen stieß Tina Lohkamp auf den Gynäkologen Peter Hermann, der mit der Unfruchtbarkeitsklinik Instituto Valenciano de Infertilidad (IVI) in Spanien kooperiert. Dann ging alles sehr schnell. Beim ersten Besuch des Paares in Valencia hinterließ ihr Mann in der Klinik sein Sperma. Damit standen die Lohkamps auf der Warteliste. Bald war eine passende Spenderin gefunden. Nicht mal zwei Monate nach dem ersten Kontakt buchte Tina Lohkamp einen weiteren Flug, um sich zwei Embryonen einpflanzen zu lassen. Drei Wochen später ergab der Hormontest: Sie war schwanger.

VIELE PAARE machen es wie die Lohkamps. Was ihnen der deutsche Gesetzgeber verwehrt, holen sie sich im Ausland. Rund ein Dutzend Kliniken in Europa bieten die Eizellspende an, neben Spanien sind Belgien, Tschechien, Polen und Griechenland Ziele der deutschen Kunden. In Valencia stellen die Deutschen mit 300 Paaren im Jahr die stärkste ausländische Klientel und werden vom Personal in ihrer Landes-

Therapeutisches Klonen

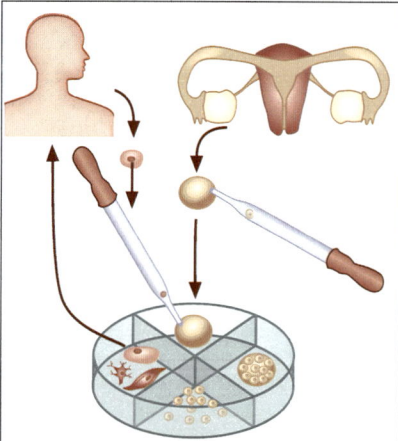

Ist erlaubt/demnächst erlaubt in:
Belgien, China, Großbritannien, Indien, Israel, Japan, Schweden, Singapur, Südkorea, den USA

sprache betreut. Zwei Drittel der deutschen Paare kommen wegen der Eizellspende. Die Behandlung kostet rund 8000 Euro, Medikamente nicht mitgerechnet. Etwa 80 Paare nehmen die so genannte Präimplantationsdiagnostik in Anspruch, bei der Embryonen auf Erbschäden untersucht und defekte Exemplare aussortiert werden. Auch das ist in Deutschland verboten, weil Embryonen vom ersten Tag der Befruchtung an gesetzlich geschützt sind. Da Deutschland aber inzwischen von Ländern umgeben ist, die den wenige

Eizellspende

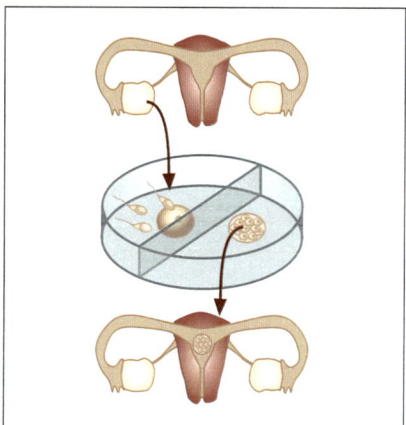

Wird praktiziert in:
Australien, Belgien, China, Dänemark, Frankreich, Griechenland, Großbritannien, Israel, Italien, den Niederlanden, Polen, Spanien, Südkorea, Tschechien, den USA

Tage alten Embryo nicht als menschliches Leben betrachten, sondern als Zellhaufen, fordern deutsche Reproduktionsmediziner und ihre Kunden die Angleichung der Normen.

DIE GLOBALISIERUNGSDEBATTE macht vor der Moral nicht Halt. Wenn Gesetze im eigenen Land zu streng erscheinen, weichen Ärzte, Forscher und Patienten eben ins Ausland aus, wo die Regelungen weniger rigide sind. Das gilt auch für die Sterbehilfe, wenngleich dem medizinischen Tourismus auf diesem Gebiet natürliche Grenzen gesetzt sind: Viele Schwerstkranke sind nicht mehr in der Lage, eine weite Reise auf sich zu nehmen. Dennoch verhalf die Schweizer Organisation

„Dignitas" in den vergangenen drei Jahren 159 Bundesbürgern zum Tod durch den Giftbecher. Etwa dem Parkinson-Patienten Ernst-Karl Aschmoneit aus dem schleswig-holsteinischen Mölln. „Ich will kein Pflegefall werden, deshalb müssen wir das jetzt durchziehen", sagte er einem Reporter des „Handelsblatts" an seinem Todestag, dem 13. Januar 2003. Im Rollstuhl hatte er den Flug von Hamburg nach Zürich hinter sich gebracht, wo ihn der Generalsekretär von Dignitas, Ludwig A. Minelli, in Empfang nahm.

Am Nachmittag desselben Tages begleitete Minelli den 81-Jährigen in das Züricher Dignitas-Apartment, in dem sich schon Dutzende Menschen das Leben genommen haben. Ein letztes Mal fragte er ihn, ob er wirklich den Freitod wolle. Als der Alte bejahte, verabschiedete sich Minelli, und Aschmoneit trank in Gegenwart von zwei anderen Dignitas-Mitarbeitern das in Wasser gelöste Natrium-Pentobarbital. Ein Arzt hatte ihm das Mittel ganz legal verschrieben. Ernst-Karl Aschmoneit starb um 18.54 Uhr. Wie üblich prüften Züricher Kripobeamte, ein Untersuchungsrichter und ein Gerichtsmediziner den Fall, um Gesetzesverstöße auszuschließen. Strafbar macht sich in der Schweiz nur, wer „aus selbstsüchtigen Beweggründen" beim Selbstmord hilft. 360 Dignitas-Fälle mündeten bislang in kein einziges Strafverfahren. Der mit dem Sterbetourismus verbundene Untersuchungsaufwand trug den Züricher Behörden allerdings Kosten ein – 2003 lagen sie bei 273 000 Franken, wie die Schweizer penibel berechneten.

Befürworter der aktiven Sterbehilfe argumentieren meist mit dem Recht auf Selbstbestimmung. Kein Land geht darin weiter als die Niederlande. Als erster Staat der Welt erklärten sie die aktive Sterbehilfe 2002 für gesetzmäßig und legalisierten eine jahrzehntelange Praxis. Belgien zog nach; auch dort ist Euthanasie (griech., „leichter Tod") mittlerweile erlaubt. Selbst die parlamentarische Versammlung des Europarates beschäftigte sich 2004 mit dem Thema.

In Deutschland indessen stoßen Sterbehilfe-Initiativen auf heftigen Widerstand; nicht allein bei den Kirchen. Mediziner fürchten den Missbrauch der ärztlichen Lizenz zum Töten – auch aufgrund von Berichten aus den Niederlanden. Zwar sinken die Sterbehilfezahlen dort offiziell, doch manche Ärzte entziehen sich der Kontrolle: Nach Schätzung der Regierung töteten sie 2003 rund 1000 Menschen, ohne die zuständigen Stellen zu informieren, wie es das Gesetz verlangt. Überdies hatten viele Patienten keine

Aktive Sterbehilfe

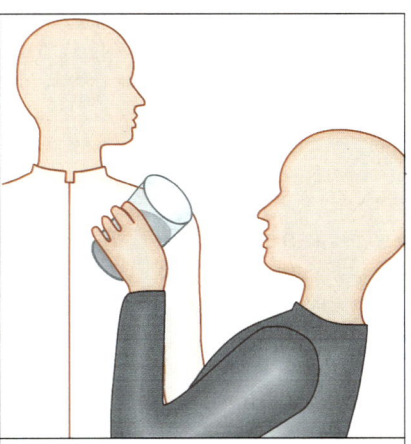

Ist erlaubt in:
Belgien, den Niederlanden; in der Schweiz verboten, aber als Hilfe zur Selbsttötung erlaubt

Willenserklärung hinterlassen. Andere waren nicht sterbenskrank: Der lebensüberdrüssige Ex-Politiker Edward Brongersma erhielt 1998 den Todestrank – ohne dass sein Arzt dafür bestraft worden wäre.

ANDERS ALS ZU BEGINN und gegen Ende des Lebens gelten in Deutschland in der Transplantationsmedizin keine strengeren Regeln als vielerorts. So wurden nach Aussage des israelischen Krankenkassenmanagers Alfred Rosenfeld beispielsweise am Universitätsklinikum Essen sieben im Ausland gekaufte Nieren binnen zwei Jahren in israelische Patienten verpflanzt. Schlagzeilen machte 2001 der Fall eines Moldawiers, der seinem angeblichen Onkel aus Israel ein Organ spenden

wollte. In Essen lehnten die Psychosomatiker die Transplantation aufgrund von Ungereimtheiten ab. Daraufhin operierte der Essener Chefchirurg Christoph Broelsch gemeinsam mit seinem Kollegen Johannes Scheele in Jena. Die Familie des israelischen Patienten zahlte dem Organvermittler mehrere 100 000 Dollar, der moldawische Nierenspender erhielt davon weniger als ein Zehntel. Die Essener Staatsanwaltschaft ermittelte gegen Spender, Empfänger und Vermittler, stellte das Verfahren jedoch im Sommer 2004 ein.

Strafverfolgung bei Auslandstaten ist besonders schwierig. Aus eben diesem Grund reisen Dialysepatienten in ferne Länder, um Organe zu kaufen. Mediziner helfen ihnen dabei, verurteilt wurde noch kein einziger. Wenn deutsche Chirurgen im Ausland transplantieren, wissen nur sie selbst, ob sie dem deutschen Recht gemäß handeln. Der frühere Münchner Chefarzt Walter Land verschwand im Mai 2003 samt einem kompletten Operationsteam für 16 Tage in den Vereinigten Arabischen Emiraten. Bei der Rückkehr aus Abu Dhabi stellte sich heraus: Land hatte einem Mitglied der Präsidentenfamilie die Niere eines gesunden jungen Mannes eingepflanzt. Land selbst war zu keiner Stellungnahme bereit. Aus seinem Umfeld hieß es, er habe sich persönlich davon überzeugt, dass der Spender ein Verwandter des prominenten Empfängers war. In Deutschland hätte das nicht gereicht. Eine gesetzlich vorgeschriebene Kommission prüft bei jeder Lebendspende, ob Anhaltspunkte für Organhandel vorliegen.

Für den mittlerweile emeritierten Arzt hatte der unangemeldete Ausflug kaum Konsequenzen. Die Universität München leitete ein Disziplinarverfahren ein, das bis heute nicht abgeschlossen ist.

WESENTLICH STRENGER beurteilen deutsche Juristen den grenzüberschreitenden Handel mit embryonalen Stammzellen. Stammzellen werden als Heilmittel der Zukunft betrachtet, weil sie angeblich jede Art von Gewebeersatz liefern können. In Deutschland gelten für die Forschung so strenge Normen, dass Wissenschaftler schon mit einem Bein im Gefängnis stehen, wenn sie mit Kollegen im Ausland auch nur kooperieren. Die Deutsche Forschungsgemeinschaft beauftragte gleich zwei namhafte Strafrechtler, um die komplizierte Rechtslage zu klären.

Der Tierarzt Miodrag Stojkovic etwa, noch bis Oktober 2002 an der Universität München und heute im englischen Newcastle tätig, würde für seine dortigen Experimente in Deutschland mit bis zu fünf Jahren Haft bestraft. Stojkovic gehört zur ersten britischen Forschergruppe, die von der Aufsichtsbehörde HFEA die Erlaubnis zum so genannten therapeutischen Klonen bekommen hat. Aus der Hautzelle einer Diabetes-Patientin und einer gespendeten Eizelle soll ein Embryo entstehen – ein Klon der Frau. Dieser Klon wird zerstört, um embryonale Stammzellen aus ihm zu gewinnen, die man wiederum so programmieren will, dass sie Insulin produzieren. Diese Zellen

Reproduktives Klonen

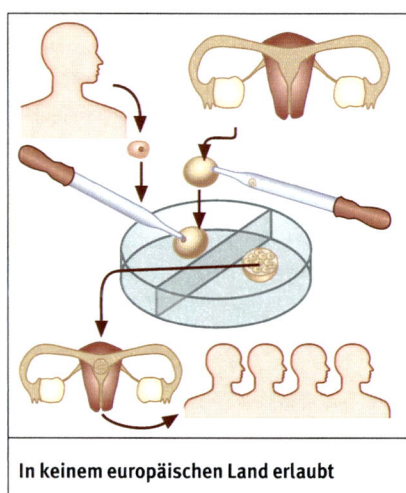

In keinem europäischen Land erlaubt

könnte man dann der Patientin einpflanzen. So weit die Theorie. Selbst Stammzellforscher halten es für möglich, dass nie etwas daraus wird.

Dass Stojkovic auffallend häufig in deutschen Medien zitiert wird, hat weniger mit seiner Beteiligung an dem umstrittenen Klonexperiment zu tun. Vielmehr gilt sein Weggang aus Mün-

Leihmutterschaft

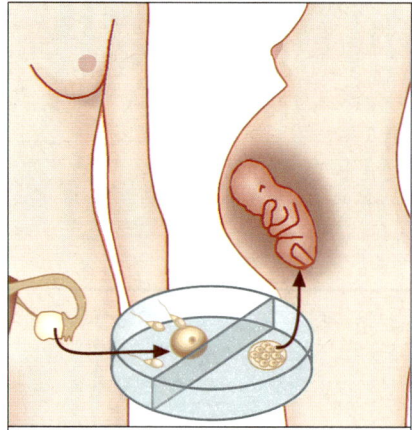

Wird praktiziert in:
Australien, Belgien, Griechenland, Großbritannien, Indien, Israel, den Niederlanden und den USA

chen als Beleg für die These, dass Stammzellforscher Deutschland den Rücken kehren. Das Berliner Max-Delbrück-Centrum beschwört diese Gefahr in einer vom Forschungsministerium geförderten Studie: Aufgrund restriktiver Bedingungen werde die Hälfte der deutschen Stammzellforscher innerhalb der nächsten fünf Jahre ins Ausland abwandern. „Exodus zu den Embryonen" titelte „Der Spiegel" – und verwies auf fünf im Ausland forschende Nachwuchskräfte, allen voran Stojkovic. Prominente Gegenbeispiele gibt es allerdings auch: Oliver Brüstle kehrte aus den USA zurück und wurde mit einer Stiftungsprofessur bedacht. Hans Schöler, der internationale Anerkennung fand, weil er aus embryonalen Stammzellen der Maus Eizellen entwickelte, wechselte 2004, nach fünf Jahren in den USA, zum Max-Planck-Institut für molekulare Biomedizin in Münster.

Schöler fühlt sich nicht eingeschränkt durch die deutschen Gesetze. Er lobt die Arbeitsbedingungen an seinem Institut und versichert, amerikanische Kollegen würden ihn um die langfristige Finanzierung seiner Projekte beneiden. Eben erst hat er einen Antrag an das Robert-Koch-Institut (RKI) gestellt. Die Genehmigungsbehörde soll ihm die Arbeit mit importierten menschlichen Stammzellen erlauben. Zwar stehen Embryonen hierzulande

unter strengem Schutz, doch dem Drängen der Wissenschaft hat der Bundestag 2002 ein Stück weit entsprochen. Das Stammzellimportgesetz erlaubt die Einführung von Zellen, die vor dem Neujahrstag 2002 gewonnen wurden – mit der Stichtagsregelung will man jeden Anreiz vermeiden, weitere Embryonen für die Forschung zu vernichten.

DAS FREIZÜGIGE AUSLAND lockt deutsche Wissenschaftler weniger stark als angenommen. Nicht einmal Stammzellpionier Otmar Wiestler hält es für tragisch, dass Deutschland das therapeutische Klonen nicht mitentwickeln wird. „Ich glaube nicht, dass wir dadurch ins Hintertreffen geraten", sagte er der „Stuttgarter Zeitung". Und wenn das Ausland doch eines Tages Therapien entwickelt? Hat man dann Heilungschancen der Moral geopfert? Die Hamburger Molekularbiologin Regine Kollek, stellvertretende Vorsitzende des Nationalen Ethikrates, hält es ebenso gut für möglich, dass sich die Diskus-

Organhandel

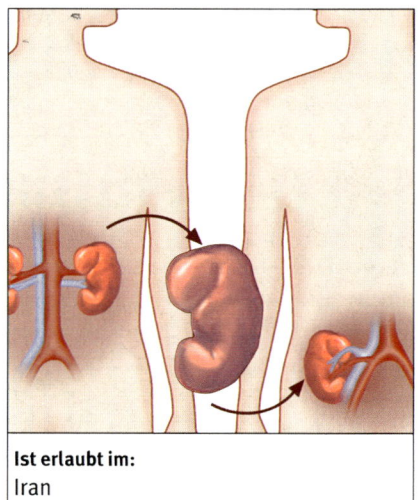

Ist erlaubt im:
Iran

sion in ein paar Jahren erledigt hat: „Vielleicht sind die Erfolge mit körpereigenen, nicht aus Embryonen gewonnenen Stammzellen dann bereits so offensichtlich, dass man auf diesem Wege weiterforscht." Warum, so Kolleks Gegenfrage, sollte man die Moral einer ungewissen therapeutischen Perspektive opfern?

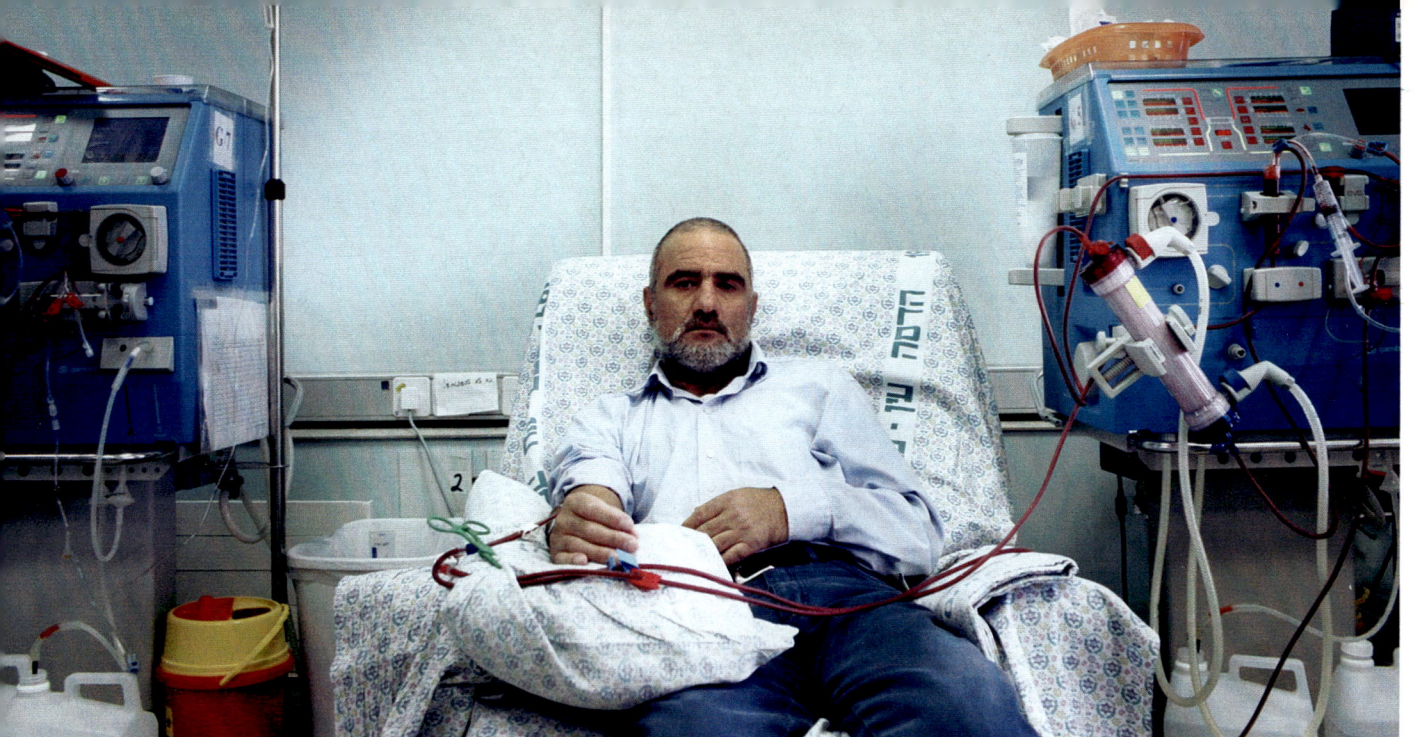

145 000 DOLLAR

bezahlte der Israeli Moshe Tati für seine neue Niere. Kollegen hatten Geld für ihn gesammelt, er selbst hatte einen Kredit aufgenommen. Er war froh, nach vier Jahren Dialyse einen Operationstermin erhalten zu haben. Doch das neue Organ versagte, und unmittelbar nach dem Eingriff erlitt er einen Herzinfarkt. Nun wartet er auf eine zweite Chance

Nicht nur deutsche Experten sehen die Embryonenforschung skeptisch. Selbst in den USA gibt es widerstreitende Lager: Die Bush-Regierung lehnt staatliche Förderung für die embryonale Stammzellforschung ab – Kalifornien aber wird in den kommenden zehn Jahren jährlich 300 Millionen Dollar in sie investieren.

Für die Hamburger Politikwissenschaftlerin Ingrid Schneider ist keineswegs erwiesen, dass der Trend in der Bioethik in Richtung Liberalisierung geht. Kaum eine Hand voll Staaten hat die aktive Sterbehilfe erlaubt. Die Kommerzialisierung der Organspende wird zwar seit einem Vierteljahrhundert diskutiert, doch staatliche Praxis ist sie nur in einem einzigen Land der Welt, dem Iran. Die Fortpflanzungsmedizin hat eine gut organisierte Lobby, aber es gibt auch das Beispiel Italien, wo lange Zeit alles erlaubt war, nun aber strenge Regeln gelten. Ein weltweites Verbot für reproduktives und therapeutisches Klonen ist gescheitert, dennoch stehen viele Länder der Entwicklung in der Stammzellforschung abwartend gegenüber. Vor kurzem erst hat Kanada ein Gesetz beschlossen, das therapeutisches Klonen untersagt. Andere Staaten fangen gerade an, über die Stammzellforschung zu diskutieren, und es ist noch offen, welchen Weg sie einschlagen.

WAS MORALISCH IST und was nicht, entscheiden die Länder gemäß ihren Traditionen und ihrer Geschichte. Speziell zwischen Israel und Deutschland könnten die Gegensätze kaum größer sein. Embryonenforschung gilt in Israel als unproblematisch, weil die befruchtete Eizelle nach jüdischem Glauben noch kein menschliches Wesen ist. Eizellspende und Leihmutterschaft sind erlaubt. Wie überhaupt der Staat fast jede Technik fördert, die der Fortpflanzung dient, weil Unfruchtbarkeit als Tragödie gilt. Selbst das weltweit geächtete Menschenklonen wird nicht prinzipiell abgelehnt; Israel hat lediglich ein fünfjähriges Moratorium

beschlossen. Die Wiener Politologin Barbara Prainsack nennt als Gründe der israelischen Freizügigkeit die wissenschaftsfreundliche Tradition im Zionismus und die politische Bedrohungssituation des Landes. Alle Mittel, Leben zu erhalten und zu verlängern, seien willkommen, Gentests nahezu gesellschaftliche Pflicht – was die israelische Publizistin Tamara Traubman zu der sarkastischen Frage veranlasste: „Heute sind also die Deutschen die Moralisten und wir die Nazis?"

Moralexport nach Israel wäre in diesem Fall wohl die schlechteste Lösung. Bioethiker setzen stattdessen auf weltweite Vereinbarungen. Die bislang unverbindliche Ächtung des Menschenklonens seitens der Uno könnte ein Einstieg sein. Eine Übereinkunft beim Forschungsklonen ist weniger wahrscheinlich, doch die Länder geraten durch die Uno unter Druck, die Embryonenforschung zu regulieren. „Die Wissenschaftler", so Ingrid Schneider, „dürfen nicht allein entscheiden." ☐

Martina Keller, 45, freie Wissenschaftsjournalistin aus Hamburg, glaubt nicht, dass die tief verwurzelten ethischen Standards der Menschheit so leicht beseitigt werden können. Sie setzt auf die Einsicht von Ethikräten, Abgeordneten und Forschern.

WOHIN MIT
MUTTER ?

Wenn Eltern im hohen Alter zu Hause nicht mehr allein zurechtkommen, stehen ihre Kinder vor einem Dilemma: Altenheim oder häusliche Pflege? GEO-Reporter Christian Jungblut hat sich nach einem Heimplatz für seine 85-jährige Mutter umgesehen und beschreibt die zwiespältigen Gefühle, die ihn dabei begleiteten

Ende der Faschingsfeier im DRK-Altenzentrum Roderbruch in Hannover. Das Heim konzentriert sich auf die Betreuung von Demenzkranken

K narrend schließt sich die Krankenhaustür hinter uns. Unschlüssig stehe ich mit meiner Mutter auf dem Parkplatz. Sie klammert sich an meinen Arm. Wohin mit ihr?

Sie war mehrere Male gestürzt und hatte sich den Oberarm gebrochen. Nach dem Einsetzen eines Herzschrittmachers ist sie als geheilt entlassen worden. Im Krankenhaus kann sie nicht bleiben. Und sie kann auch nicht in ihr kleines Haus, wo sie seit dem Tod unseres Vaters allein lebt. Sie ist unfähig, sich selbst zu versorgen. Ohne Hilfe kann sie sich nicht mehr ankleiden. Also, wohin mit ihr?

„Sie müssen sich auf betreutes Wohnen einstellen", war ihr von einem der Ärzte gesagt worden. „Das heißt doch wohl Altersheim", hatte sie mir darauf-

Mutter blickt immer verzagter: »Meinst du nicht, dass es zu Hause doch irgendwie geht?«

hin zugeraunt und den Arzt mit einem erzürnten Blick bedacht.

Jetzt ist es nicht mehr wegzureden. Sie schweigt. Ihre Miene ist wie eingefroren.

„Was jetzt?", frage ich.

„Ich möchte nach Hause …"

„Und wie stellst du dir das vor?", fahre ich sie an.

„Weiß ich auch nicht."

Irgendwie habe ich diese Situation kommen sehen. Meine Ratlosigkeit verwandelt sich in Ärger über sie.

Wären wir doch bloß der Anregung meines jüngeren Bruders gefolgt. Der wollte für unsere Eltern einen Platz in einem besonders guten Altersheim reservieren, als beide noch in den 60ern und einigermaßen gesund waren. Doch weder meine Eltern noch die übrigen Geschwister wollten sich damals – und auch später nicht – mit Gebrechlichkeit und Hilfsbedürftigkeit beschäftigen. Altern war ein Tabu, an das man besser nicht rührte. Besonders meine Mutter wich dem Gedanken aus. „Ich werde früh sterben", sagte sie immer und verwies auf ihr „schlech-

tes Herz". Über 80 ist sie damit geworden und geistig hellwach geblieben.

Also, wohin mit ihr? Warum leben wir nicht in einer Großfamilie? Da hätte sie – von allen behütet – das Altern gut aushalten können. Aber meine Geschwister und ich haben zu kleine Wohnungen. Natürlich ginge es, wenn man sich einschränken würde, aber ein Ehekrieg wäre programmiert. Schon deshalb würde meine Mutter es nicht wollen. Und dass wir sie täglich in ihrem Haus versorgen, ist nicht möglich, da wir alle berufstätig sind.

Es versöhnt mich keineswegs, dass ich mit diesem Problem nicht allein stehe, dass sich auch andere mit schlechten Gefühlen quälen. Das Bundesfamilienministerium schätzt die Zahl der Menschen, die in Altenheimen leben, auf derzeit 600 000. Und schon in wenigen Jahren könnte sich ihre Zahl verdoppeln. Denn allein die Pflegebedürftigen werden, nach einer Berechnung des Statistischen Bundesamtes, bis zum Jahr 2020 um 40 Prozent auf 2,83 Millionen zunehmen. Der Weg ins Altersheim ist zu einer Massenwanderung geworden. Trotzdem fällt es mir schwer, meine Mutter dorthin abzuschieben. Dass ich mich dieser Situation so ausgeliefert fühle, macht mich wütend.

„Lupine", sage ich. Mir fällt ein Altersheim ein, das ein Nachbar mal erwähnt hat. Es ist gar nicht weit entfernt. „Da fahren wir jetzt hin", befehle ich. Meine Mutter sinkt in sich zusammen und starrt auf das Pflaster. Für einen Moment weide ich mich an ihrer Verzweiflung. Das ist die Strafe dafür, dass sie die Vorstöße meines Bruders abgeblockt hat.

DAS HEIM hat auch innen die Farbe von Lupinen. Aber was für ein kaltes Blau! Als ich die Leiterin frage, ob wir die Anlage ansehen dürfen und ob meine Mutter aufgenommen werden

könne, antwortet sie: „Beides ist möglich. Sie müssen sich nur schnell entscheiden." Meine Mutter weicht kaum merklich zurück: „Das kann doch nicht gut sein, wenn sofort etwas frei ist!"

Die Flure der Lupine sind mit Linoleum ausgelegt und vermitteln das Gefühl von Krankenhaus. Es riecht nach Bohnerwachs und Urin. Ich versuche, den Geruch zu ignorieren. Einige der Türen zu den Zimmern stehen offen und geben den Blick auf braune Stahlrohrbetten frei. Hier und da hocken eine Frau oder ein Mann regungslos an einem Tisch. Am Ende des Flurs sitzt eine Gruppe zusammen – aus der Ferne eine harmonische Szene. Aber die Männer und Frauen reden nicht miteinander. Sie starren uns an, als kämen wir von einem fremden Stern. Nebenan, in einem kleinen Speiseraum, ist einer Frau der Kopf auf die Tischplatte gesunken. Sie rührt sich nicht. Nur einen Schritt entfernt lehnen zwei Pfleger am Küchentresen und unterhalten sich. „Hast du die Frau und die Pfleger gesehen?", fragt meine Mutter. „Nein", lüge ich.

Ein gutes Heim, schreibt die Münchner „Beschwerdestelle für Probleme in der Altenpflege", erkenne man unter anderem daran, dass die Bewohner außerhalb der Mahlzeiten keine Lätzchen umhaben und der Jahreszeit entsprechend gekleidet sind; dass keine Essensreste am Boden liegen und die Gehwagen sauber sind. Nach diesen Kriterien ist die Lupine ein gutes Heim. Doch auch hier müssen alte Menschen im Fließbandtempo abgefertigt werden.

Die Pflegerin Anne Ludwig schildert ihre Arbeit in einem Leserbrief an das „Hamburger Abendblatt" so: „Wenn ich nach einem ,Guten Morgen' in das Bad der Patientin eile, deren Waschutensilien herrichte und, während sie langsam aufsteht, in der Küche den Kaffee aufsetze, dann um die Ecke schaue und der alten Dame beim Verlassen des Bettes helfe, obwohl sie die Leistung nicht gekauft hat, dann braucht sie meine Zuwendung, wodurch ich vier Minuten

TANZTEE, MÄNNERMANGEL GARANTIERT

verliere. Ich hole sie wieder auf, indem ich an diesem Tag ihren Rücken nicht gründlich wasche. Ich höre im Hintergrund die Kaffeemaschine brodeln. Die Frau bittet um Hilfe beim Ankleiden, weil ihr die Hände so zittern. Ich habe nur noch fünf von 20 Minuten. Das Frühstück ist nicht fertig, ihre Haare sind nicht gekämmt, das Bett ist nicht gerichtet. Es bleibt nur noch die Sekunde für den Händedruck."

Meine Mutter blickt immer verzagter. Wir gehen zum Ausgang zurück.

»Was schulden wir Geschwister unserer Mutter? Ich bin gereizt. Eigentlich müsste ich arbeiten«

Dann grüßen wir die freundliche Leiterin und treten ins Freie.

Was eigentlich schulde ich meiner Mutter? Was schulden wir Geschwister ihr? Vor nicht allzu langer Zeit war zwischen uns eine Diskussion darüber entbrannt. Sie endete mit gegenseitigen Beschimpfungen. Auslöser war eine schwere Grippe, die meine Mutter niedergestreckt hatte. Nachdem ich mich bereits mehrere Tage um sie gekümmert hatte, verlangte ich von meinen Geschwistern, mich zu entlasten, und kam schließlich mit der Moralkeule: „Jetzt könnt ihr die Zuwendung, die wir erhalten haben, teilweise zurückgeben!"

Meine Mutter hatte uns Kindern immer beigestanden und auf vieles verzichtet, damit wir uns wohlfühlten. Daran erinnerte ich meine Geschwister. Doch mir flogen Vorwürfe um die Ohren, die von einem wütenden „Wir sind nicht deine Befehlsempfänger!" bis zu dem kuriosen Ausruf reichten: „Ich habe niemanden gebeten, geboren zu werden, also schulde ich auch niemandem etwas."

Wir waren überfordert. Denn wir mussten plötzlich mit einer fundamentalen Veränderung fertig werden: Unsere Mutter hatte sich von der Starken, Sorgenden in eine Hilflose, Schwache verwandelt.

Wie Statistiken, Berichte von Sozialarbeitern und Gerichtsprotokolle zei-

gen, begleichen Kinder oft alte Rechnungen mit ihren Eltern, wenn diese zu Pflegefällen werden. Der Bruder eines Freundes lehnte es strikt ab, sich um seine hinfällige Mutter zu kümmern, mit der Begründung: „Sie hat mich damals ins Internat gesteckt." Wenn ein Kind einen Mangel an Zuwendung verspürt, sagen Psychologen, wird es den Eltern im Alter auch keine Zuwendung gewähren. In extremen Fällen wird dann ein Vater zu Tode gequält, indem die Tochter ihm das Trinkwasser verweigert; oder ein Sohn entzieht der Mutter die Medikamente.

„Meinst du nicht, dass es zu Hause doch irgendwie geht?", fragt meine Mutter.

„Bitte …!", antworte ich entnervt. Ich bin gereizt, weil ich eigentlich arbeiten müsste. Weil mir keiner hilft. Weil mir die wohlfeilen Rezepte für solche Situationen in den Ohren klingen: „Sie muss lernen, sich in solche Situationen zu fügen. Sie muss lernen, dass ihre Kinder nicht jederzeit verfügbar sind."

Was muss sie lernen? Meine Mutter ist erwachsen. Sie ist mündig. Sie hat mich großgezogen und zu dem gemacht, was ich heute bin. Sie ist kein kleines Kind. Und selbst wenn sie dement, also geistig verwirrt wäre, müsste ich das letzte bisschen ihres Wollens respektieren – auch wenn es mit einem Risiko verbunden wäre.

Immer wieder stelle ich mir vor, wie meine Mutter zu Hause diese furchtbare Kellertreppe hinunterfällt. Die ist steil und aus Beton. Meine Mutter verwahrt dort unten Kartoffeln und andere Dinge des täglichen Bedarfs. Eigentlich könnte sie alles auch oben lagern. Aber sie lässt es unten. Ein paar Mal schon wollte ich einfach die Kellertür zunageln. Aber darf ich es, um sie vor sich selbst zu schützen?

Ich bin auch gereizt, weil meine Mutter nicht – wie die Mutter einer

Kollegin – vorgesorgt hat. Die hatte sich frühzeitig in einem Stift angemeldet, in dem bereits gute Bekannte wohnten. Und eine Freundin meiner Mutter hat sich in ein Wohnprojekt eingekauft, in dem Junge und Alte gemeinsam wohnen. Es gäbe viele Möglichkeiten. Doch meiner Mutter waren sie nicht recht, weil sie ihre gewohnte Umgebung nicht aufgeben wollte.

„Also, was jetzt?" Meine Gedanken drehen sich im Kreis. Wir sitzen schon eine ganze Weile im Wagen auf dem Parkplatz der Lupine.

„Wollen wir nicht essen gehen? Dann fällt uns vielleicht etwas ein", schlägt meine Mutter vor.

„Du hast Nerven", sage ich und haue verärgert aufs Lenkrad. „Wir müssen *jetzt* eine Lösung finden."

„Du willst immer alles überstürzen", sagt sie.

Mir fällt das Augustinum ein. Dort wäre sie versorgt und könnte gleichzeitig ihre Unabhängigkeit wahren. Mein Bruder hatte es einmal erwähnt und als „Seniorenresidenz" bezeichnet. Als ich mich darüber lustig machte – „Altersheim bleibt Altersheim" –, schüttelte er nur abfällig den Kopf. Das Augustinum wird wie ein Apartmenthotel geführt und liegt ganz in der Nähe des Hauses meiner Mutter.

„Da will ich nicht hin", sagt sie. „Das ist mir zu vornehm."

Als wir schließlich doch eine Führung durch das Augustinum machen, bemerkt sie spitz: „Hier sieht man überhaupt niemanden." Ich schweige. „Das wirkt etwas verödet", setzt sie nach, während wir durch die mit geschmackvollem Teppichboden ausgelegten Korridore gehen. Sie führen zu einem hellen Zimmer, in dem „Gäste" ihre eigenen Möbel aufstellen können.

IN DIESEM SENIORENHOTEL müsste ich nicht befürchten, dass meine Mutter in einen „Pflegenotstand" gerät, wie ihn Zeitungen wieder und wieder beschreiben: Unterernährung und Austrocknung aufgrund von Vernachlässigung, Organschäden durch Über-

FÜR GYMNASTIK FEHLT OFT DIE LUST

SPIELEN WIE IM KINDERGARTEN

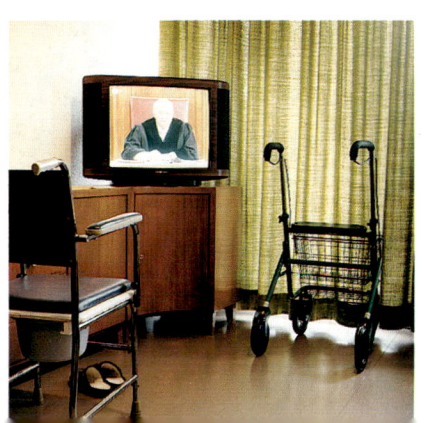

dosierung von Beruhigungsmitteln, Entzündungen und Beeinträchtigungen der Lebensqualität durch selten gewechselte, unförmige Windeln, die mehr als drei Liter fassen.

Nicht immer sind solche Missstände das Resultat von Zeitdruck, Gedankenlosigkeit oder Zorn über die jammernden Alten. Sie entstehen auch im besten Willen zu helfen. Manchmal stecken Pflegerinnen eine Frau in eine Zwangsjacke, damit sie sich nicht verletzen kann. Oder sie wird über eine Magensonde ernährt, weil sie zu wenig isst. Meine Mutter würde sich gegen eine solche Behandlung wehren. Aber wie lange könnte sie es noch?

Wir stehen schließlich im Speiseraum, im Dachgeschoss des Augustinums. „Wirklich sehr schön", sagt meine Mutter. Doch ich nehme auch ihren ablehnenden Unterton wahr.

Alte Menschen werden oft schwermütig oder bringen sich um, aus Angst vor dem Altersheim, wie eine Untersuchung der Berliner Universitätsklinik Charité kürzlich offen legte. Sie waren aus dem Leben geschieden, weil sie „befürchtet hatten, entmündigt und entrechtet zu werden".

„Wir möchten, dass unsere Gäste in Würde altern", sagt der Angestellte des Augustinums. Er sagt es nun schon zum sechsten Mal. Meine Mutter runzelt die Stirn. Sie möchte eigentlich gar nicht altern. Und wenn, dann auf keinen Fall mit diesem Würde-Gesäusel. Schon früher hatte sie gespottet, wenn jemand sagte, er wolle „alt und würdig" werden.

Mir scheint das Augustinum die beste Lösung zu sein. Knapp 2000 Euro würde ein Apartment kosten, von den zusätzlichen Pflegekosten übernimmt die Krankenkasse rund 1000 Euro in Pflegestufe I. Wenn meine Mutter ihr Häuschen verkaufen würde, wäre das finanzierbar. Doch zurzeit sei kein Zimmer frei, hören wir. Und außerdem könne sich nur jemand einmieten, der noch nicht pflegebedürftig ist. Meine Mutter lächelt und ist plötzlich zum Plaudern aufgelegt.

Schon drei Uhr. Eigentlich hätte ich jetzt einen Termin. Wie viel Platz darf die Sorge um das Wohl der Mutter einnehmen, frage ich mich. Wie weit muss ich eigene Bedürfnisse zurückstellen?

Wenige Tage zuvor bin ich auf eine Internetseite gestoßen, auf der eine gerade pensionierte Frau mit dem Chat-Namen Moka darlegte, dass ihre über 80-jährigen Eltern nur jammern und sie völlig in Beschlag nehmen. „Was tun mit alten Eltern?" lautete die Überschrift. Eine Nuxel antwortete: „Keine Mutter hat das Recht, permanent zu fordern, nur weil sie so viel für das Kind getan hat." Und ein Poldi warf in die Runde: „Habt ihr eure Kinder gezeugt, um später einmal Pflegepersonal zu haben?"

Die Diskussion bewegte sich zwischen Selbstbehauptung und Selbstaufgabe. Ein Charlie berichtete, wie eine Nachbarin zuerst ihren Vater, dann ihre Mutter und anschließend ihren kranken Ehemann pflegte. „Als alle drei gestorben waren, dauerte es noch sechs Wochen, und sie war ebenfalls tot." Eine Gudrun setzte dagegen, sie habe mit ihrer schwerkranken Mutter noch viele Ausflüge unternommen. „Ich weiß heute nicht mehr, wie ich das alles geschafft habe. Aber ich bin dankbar, dass meine Kraft ausreichte, bis sie ganz friedlich in meinem Arm eingeschlafen ist."

Ich könnte so etwas nicht. Also greife ich sofort den Hinweis des Augustinum-Angestellten auf, dass es auch die Möglichkeit einer Kurzzeitpflege gebe. „Das ist wie Schnupperurlaub", sage ich zu meiner Mutter. „Und obendrein wirst du wieder fit gemacht – das ist praktisch ein bezahlter Kuraufenthalt."

IM FUCHS-DOMIZIL am Hirschpark ist tatsächlich noch ein Plätzchen frei. Das Foyer des Hauses verströmt die Atmosphäre eines belebten Hotels.

Meine Mutter liebt Gesellschaft. Doch im ersten Stock bekommt meine Laune einen Dämpfer: überall Greise, die herumtapern, sich in Rollstühlen schieben lassen oder apathisch um einen Couchtisch sitzen.

„Ist doch angenehm hier", flunkere ich.

Die Augenbrauen meiner Mutter ziehen sich zusammen.

„Hier bleibe ich nicht!"

„Bitte!", flehe ich. „Nur ein paar Tage!"

»Unsere Gäste sollen in Würde altern«, sagt der Heimleiter. »Gesäusel!«, sagt meine Mutter

Kurz darauf steht sie starr neben dem ihr zugeteilten Bett. Die Zimmernachbarin stiert sie an, als wäre meine Mutter eine Diebin, und rafft ihre Sachen zusammen. Ich komme mir wie ein Unhold vor und stehle mich hinaus.

Nur zwei Stunden später meldet sich meine Mutter am Telefon. Am Klang höre ich, dass ich mir unnötig Sorgen gemacht habe. Ihre Stimme vibriert vor Lebenskraft. „Christian", sagt sie, „ich hab es dort nicht ausgehalten. Dein Bruder ist gekommen. Jetzt sitzen wir hier in der ‚Linde' und trinken erst mal einen Sherry."

Heute, zwei Jahre nach unserer Suche, lebt meine Mutter noch immer im eigenen Haus. Sie ist noch mehrere Male gestürzt und hat sich jedes Mal dabei verletzt. Doch in Depression oder Apathie ist sie nicht verfallen.

Wie es mit ihr weitergehen soll, wissen wir nicht. □

Der Hamburger Autor **Christian Jungblut**, 61, schreibt seit mehr als 25 Jahren Reportagen für GEO. Hätte ihn der Journalismus nicht so fasziniert, wäre er wohl zur See gefahren. Der in Prenzlau geborene Fotograf **Frank Schinski**, 29, arbeitete als Maurer, bevor er sich der Fotografie zuwandte. Mit seinem „Altenheimprojekt" gewann er 2002 den „Kodak Nachwuchsförderpreis".

ETHIK-TEST SUSANNE FISCHER (TEXT) UND JONNY HANNAH (ILLUSTRATIONEN)

Wie würden Sie entscheiden?

In den Grundfragen des Lebens wird es immer schwerer, Gut und Böse voneinander zu trennen. Oft kann nur vorläufig bestimmt werden, wo die Grenze des Erlaubten liegt. Im folgenden präsentieren wir Ihnen fünf medizinische Streitfälle und deren jeweilige Lösung. Wenn Sie zum gleichen Ergebnis kommen, befinden Sie sich auf der Höhe der Zeit

1. Dem Brasilianer Alberty José da Silva erscheint es als die Chance seines Lebens: 6000 Dollar! Ein Vermögen für den 38-jährigen Tagelöhner aus Recife, der mit zehn Menschen eine Slumbaracke bewohnt. Der Mann, eines von 23 Kindern einer Prostituierten, verdient, wenn er Glück hat, ein, zwei Dollar am Tag. Als er von dem Angebot hört, eine Niere zu verkaufen, überlegt er nicht lange. Die Niere ist für eine 48-jährige Amerikanerin bestimmt, der die Ärzte gesagt haben, ohne Spenderniere werde sie bald sterben. Seit 15 Jahren geht sie zur Dialyse, seit sieben Jahren wartet sie auf eine Spenderniere. Als ihr Mann von einer israelischen Firma hört, die weltweit Lebendorganspenden vermittelt, meldet er seine Frau an. Er zahlt rund 60 000 Dollar, seine Frau und da Silva fliegen nach Durban, Südafrika, wo in einer modernen Klinik die Transplantation stattfindet.

Sollen Menschen ihre Organe für ein angemessenes Honorar spenden dürfen oder nicht?

2. Charlie Whitaker, drei Jahre alt, leidet an Diamond-Blackfan-Anämie, einer seltenen chronischen Blutarmut. Weil sein Knochenmark zu wenig rote Blutzellen produziert, muss er nächtelang Bluttransfusionen und ständige Injektionen ertragen. Seine Lebenserwartung ist gering. Nur eine Knochenmark- oder Blutstammzellenspende könnte ihn heilen. In der Familie gibt es aber keinen geeigneten Spender. Auch um das zu ändern, wünschen sich Charlies Eltern ein zweites Kind. Allerdings nicht auf natürlichem Weg, da die Chance auf genetische Kompatibilität mit dem Bruder nur 25 Prozent betrüge. Die Whitakers planen eine In-vitro-Fertilisation (IVF). Die Ärzte sollen aus mehreren im Reagenzglas gezeugten Embryonen für die Schwangerschaft einen wählen, der als Spender für den Bruder geeignet ist. Nach der Geburt könnten Stammzellen aus der Nabelschnur helfen, Charlie zu heilen.

Ist es ethisch vertretbar, ein Kind als Retter für ein anderes zu zeugen?

3. Bernd Müller, 54, ist starker Raucher und leidet unter Durchblutungsstörungen in den Beinen. Operativ werden ihm die verengten Arterien durch körpereigene Venen ersetzt. Zwei Wochen nach dem Eingriff sieht der Anästhesist Dr. Schmidt, der Müller für diese Operation narkotisiert hatte, den Patienten wieder – rauchend. Als der Arzt ihn ermahnt, giftet Müller zurück, das sei seine Sache; der Arzt sei Dienstleister und habe ihm gar nichts zu sagen. Im Kollegenkreis und in Internet-Foren fordert Dr. Schmidt seither vehement, medizinische Leistungen „an die Eigenverantwortung der Menschen" zu koppeln. Es sei unmoralisch, für uneinsichtige Patienten wie Müller die Allgemeinheit in Form der Krankenversicherung bezahlen zu lassen.

Müssen Krankenkassen auch dann für medizinische Leistungen aufkommen, wenn Patienten ärztliche Anweisungen nicht befolgen?

4. Nachdem ihre Tochter mit schwersten Fehlbildungen zur Welt gekommen war, verklagte das Ehepaar Albrecht die Frauenärztin, die die Schwangere betreut hatte, auf Unterhaltersatz und Schmerzensgeld. Die Ärztin habe schuldhaft die Fehlbildung nicht erkannt und den Eltern damit die Möglichkeit einer Abtreibung genommen. Hätte sie von der starken Behinderung gewusst, hätte sie das Kind nicht bekommen, sagt Frau Albrecht, die nach der Geburt an schweren Depressionen litt und von den Ärzten als latent selbstmordgefährdet eingestuft wurde.

Dürfen Eltern Schadenersatz verlangen, wenn Ärzte Fehlbildungen eines Kindes – und damit die Chance zu einer Abtreibung – nicht erkannt haben?

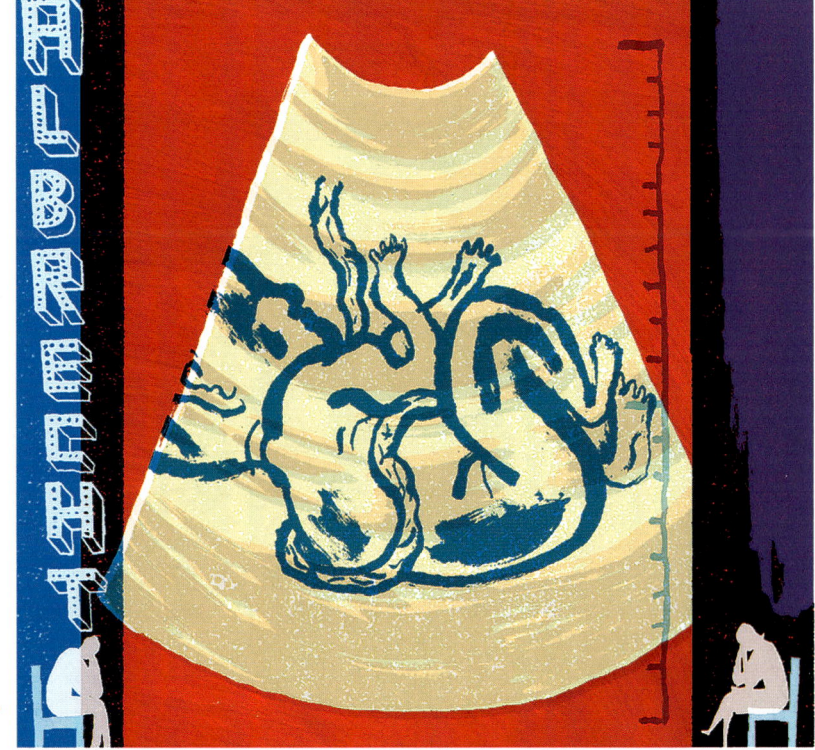

5. Ohne die moderne Medizin, schrieb „Die Zeit" im August 2004, wäre Thomas nur wenige Tage alt geworden. Schwerer Sauerstoffmangel während der Geburt hatte sein Gehirn und seine Nieren irreversibel geschädigt. Blutwäschen gleich nach der Geburt hielten ihn am Leben. Er bekam zwei Spendernieren, lebte drei Jahre im Krankenhaus, lernte weder sprechen noch laufen. Die leiblichen Eltern verloren jede Hoffnung, Pflegeeltern nahmen das Kind zu sich. Nachdem auch die Spendernieren versagten, musste Thomas ständig zur Dialyse. Bei einer erneuten Nierenoperation starb ein Teil der Speiseröhre ab, Thomas musste fortan mit einer Sonde ernährt werden. Mehrmals gab der Körper auf, brach der Kreislauf zusammen. Thomas wurde jedes Mal wiederbelebt. Die Ärzte raten den Pflegeeltern, beim nächsten Mal auf die Wiederbelebung zu verzichten, um dem Jungen weitere Qualen zu ersparen.

Sollte man in Notsituationen bei schwerstbehinderten Kindern auf lebensverlängernde Maßnahmen verzichten?

TEST-AUFLÖSUNG

1. **Sollen Menschen ihre Organe für ein angemessenes Honorar spenden dürfen oder nicht?**

Auf den ersten Blick mag der Nieren-Deal wie ein für alle Beteiligten vorteilhaftes Geschäft wirken: Ein Leben wird gerettet, ein Tagelöhner aus der absoluten Armut geholt. Außerdem war es da Silvas freier Wille, eine Niere zu spenden. Ist, was er mit seinem Körper anstellt, nicht Privatsache? Nein! Der Handel verstößt gleich gegen zwei Prinzipien der Medizin:

• den Grundsatz der Schädigungsvermeidung („primum nil nocere"). Die Entnahme einer Niere ist ein schwerer Eingriff, der mit beträchtlichen Gesundheitsrisiken für den Spender verbunden ist;

• das Ethos der Nichtkommerzialisierung des menschlichen Körpers. Eine Legalisierung des Lebendorganhandels birgt die Gefahr, die Körper der Armen zum Ersatzteillager für die Gesundheit der Reichen zu machen.

192 Staaten haben die Grundsätze der WHO zur Vermeidung kommerziellen Organhandels unterzeichnet, allerdings werden diese Regeln vielerorts ignoriert. **In Deutschland sind Lebendorganspenden nur zwischen Verwandten ersten und zweiten Grades sowie bei engen persönlichen Beziehungen zulässig.** Jede Bezahlung ist verboten. Um sich abzusichern, ließen sich im Fall da Silva die Organhändler von ihm unterschreiben, die Empfängerin sei seine Cousine. Trotzdem wurden die südafrikanischen Ärzte verhaftet. Auch da Silva droht in seiner Heimat Brasilien eine Anklage.

2. **Ist es ethisch vertretbar, ein Kind als Retter für ein anderes zu zeugen?**

Ja, sagen Sie, denn bei der künstlichen Befruchtung werde immer aus mehreren Embryonen einer ausgewählt – warum dann nicht einer, dessen Nabelschnurblut seinen Bruder retten könne? Schließlich werde der Embryo nicht manipuliert, sondern nur auf größtmögliche genetische Übereinstimmung mit dem Bruder untersucht. In Deutschland stünden Sie mit dieser „Ethik des Heilens" außerhalb des Gesetzes. **Hier ist die Präimplantationsdiagnostik (PID), also die Untersuchung eines IVF-Embryos auf genetische Eigenschaften vor dem Einsetzen in die Gebärmutter, verboten.** Nein, sagen Sie, eine zweckgerichtete Zeugung ist ethisch nicht vertretbar? In diesem Fall hätten Sie an Ihrer Seite:

• die christlichen Kirchen, für die menschliches Leben im Moment der Verschmelzung von Eizelle und Samen beginnt; Embryonen zu verwerfen sei deshalb Mord;

• jene Ethiker, für die es nicht hinnehmbar ist, einen Menschen als „Ersatzteillager" zu betrachten;

• die Selektionsgegner, die aus Angst vor dem „Designer-Baby" jede Form der Selektion ablehnen, denn wer heute Embryonen nach ihrer Eignung als Spender aussuche, werde morgen nicht vor Kriterien wie Gesundheit, Intelligenz oder Schönheit zurückschrecken.

Charlie Whitaker ist Engländer. Weil die PID zur Auswahl geeigneter Spender dort bis vor kurzem ebenfalls noch verboten war, wichen seine Eltern in die USA aus – wo ihnen Fortpflanzungsmediziner zur Geburt von Jamie verhalfen. Dessen Nabelschnurblut hat Charlie inzwischen nach Auskunft der Ärzte so gut wie geheilt.

3. Müssen Krankenkassen auch dann für medizinische Leistungen aufkommen, wenn Patienten ärztliche Anweisungen nicht befolgen?

Die gerechte Ressourcenverteilung im Gesundheitswesen gehört zu den großen ethischen Herausforderungen unserer Zeit. Der stete medizinische Fortschritt lässt die Schere zwischen „machbar" und „bezahlbar" immer weiter auseinander klaffen. Doch nach welchen Kriterien sollen Leistungen begrenzt werden? Spontan wird mancher Dr. Schmidt Recht geben: Bei ohnehin knappen Mitteln erscheint es fragwürdig, dass die Krankenkasse eine Operation finanzieren soll, deren Nutzen der Patient gleich wieder zunichte macht. **Doch taugt Wohlverhalten in einem demokratischen Sozialstaat nicht als Maßstab,** denn das setzte zum einen eine inakzeptable Kon-

trolle voraus, zum anderen eine verbindliche Definition wünschenswerten Verhaltens: Wie viel Alkohol darf ich trinken? Wie viel Übergewicht und sportliche Enthaltsamkeit werden geduldet, ohne dass ich mein Recht auf medizinische Versorgung verwirke?

Ganz abwegig ist Dr. Schmidts Idee aber nicht: Angesichts der Knappheit von Spenderorganen hängt zum Beispiel die Position auf der Warteliste unter anderem davon ab, wer durch strikte Befolgung der ärztlichen Vorschriften für die Operation die größten Erfolgsaussichten bietet.

4. Dürfen Eltern Schadenersatz verlangen, wenn Ärzte Fehlbildungen eines Kindes – und damit die Chance zu einer Abtreibung – nicht erkannt haben?

Die Technik zur Früherkennung fötaler Fehlbildung, die Pränataldiagnostik (PND), wird immer ausgefeilter. Umstritten war sie seit ihrer Einführung, da ein pathologischer Befund fast unweigerlich die Frage des Schwangerschaftsabbruchs aufwirft. Ursprünglich nur für Paare mit hohem erblichen Risiko von Missbildungen gedacht, ist die PND heute bei älteren Schwangeren fast schon Routine. Krankheiten und Behinderungen können in frühem Stadium im Mutterleib erkannt werden, nötigen aber den Eltern Entscheidungen ab, die früher allein vom „Schicksal" bestimmt wurden. Die Interessen der Eltern stehen plötzlich gegen das Wohl des Kindes – mit nicht zu unterschätzenden Folgen für alle Beteiligten, wie der geschilderte Fall zeigt. Man stelle sich vor, die Tochter der Albrechts würde eines Tages erfahren, dass ihre Eltern ihre Geburt als „Schaden" empfanden, den sie lieber vermieden hätten. Dennoch gaben alle Instanzen bis hinauf zum Bundesgerichtshof der Klage der Eltern statt und verurteilten die Ärztin zur Zahlung von rund 10 000 Euro Schmerzensgeld.

Da ein Schwangerschaftsabbruch wegen Gefährdung der seelischen Gesundheit der Mutter zulässig gewesen wäre, hätte die Ärztin die Eltern in einer für diese verständlichen Sprache über die Behinderung aufklären müssen und dabei weder verharmlosen noch übertreiben dürfen.

Allerdings betonten die Richter, nicht das Kind sei als Schaden anzusehen, sondern die Unterhaltsbelastung.

5. Sollte man in Notsituationen bei schwerstbehinderten Kindern auf lebensverlängernde Maßnahmen verzichten?

Ob und welche lebensverlängernden oder wiederbelebenden Maßnahmen Ärzte an der Grenze zwischen Leben und Tod ergreifen sollen, kann ein Erwachsener in einer Patientenverfügung festlegen. Doch selbst dann werden die Maschinen oft nicht abgestellt. Ein Vorbehalt der Ärzte: Viele Patientenverfügungen seien nicht eindeutig oder veraltet. Bisweilen steht auch Unkenntnis der Rechtslage hinter der Weigerung: **Verboten ist in Deutschland nur die aktive, nicht aber die passive Sterbehilfe, also der Abbruch einer Behandlung, sofern dies vom Patienten gewünscht wird.** Die Ethikkommission des Bundestages will den vorab festgelegten Patientenwillen allerdings nur gelten lassen, wenn „das Grundleiden irreversibel ist und trotz medizinischer Behandlung nach ärztlicher Erkenntnis zum Tode führen wird".

Was aber tun bei Kindern oder Neugeborenen, die sich weder selbst äußern noch ihren Willen schriftlich festlegen können? Kinder haben den höchsten Mitleidsbonus. Bei ihnen wird am ehesten „alles Machbare" versucht, weil sie theoretisch noch das ganze Leben vor sich haben. **Für die Ärzte sind die Grenzen zwischen Helfen und Quälen oft schwer zu ziehen, weil Eltern das Leben eines Kindes oft um jeden Preis erhalten wollen.**

Thomas' Pflegeeltern waren vom Lebenswillen des Jungen überzeugt. Sie drängten die Ärzte, weiter alles medizinisch Mögliche zu versuchen. Kurz vor seinem achten Geburtstag ist Thomas an multiplem Organversagen gestorben. ☐

Susanne Fischer, 36, freie Journalistin aus Hamburg, veröffentlichte zuletzt gemeinsam mit Christoph Reuter den Reportagenband „Café Bagdad", in dem sie über ihre Erfahrungen in der besetzten irakischen Hauptstadt berichtet.

Der in Schottland geborene Illustrator **Jonny Hannah,** 34 – hier im Selbstporträt –, zeichnet seit 1998 für britische Verlage, unter anderem für Penguin und Bloomsbury Books und die Zeitung „The Independent".

3

Erziehungsethik

AUS FEHLERN LERNEN

Seit den 1990er Jahren werden Kinder auf eine ganz neue Weise entdeckt: als wertvolle, den Wirtschaftsstandort Deutschland sichernde Wesen, die möglichst früh aus ihrer Unmündigkeit herausgeführt werden müssen. Der Nachwuchs soll sein Weltwissen zielstrebig und effizient erweitern. Immer neue Lerntheorien und Hirnforschungsergebnisse unterstützen diesen Trend. Doch aufgeschreckt von alarmierenden Fehlentwicklungen – „Das aggressive Kind", „Das verwöhnte Kind", „Das übergewichtige Kind", „Das computervernarrte Kind" –, gerät das, was „richtige" Erziehung ist, wieder ins Blickfeld. Warum werden Kinder so, wie sie sind? Wie entwickeln sie Anstand und Moral? Was können Schule und Elternhaus tun, um die Kinder wohlgerüstet ins Erwachsenenleben zu entlassen? In der Erziehungsethik geht es darum, wie Werte und Tugenden gelernt – und wie sie gelehrt werden.

DU, DU – DAS DARFST DU NICHT!

Kinder werden als Egoisten geboren. Erst mit der Zeit entdecken sie, dass andere Menschen Interessen verfolgen, die von den eigenen abweichen. Dann sind Enttäuschung und Streit unausweichlich. Doch genau diese Konflikte sorgen dafür, dass sich eine moralische Identität entwickelt

Nichts verraten! Ob in Deutschland oder, wie auf diesem Foto, bei irakischen Mädchen: Die Feinjustierung der Moral erfolgt bei Kindern auch unter ihresgleichen

VON ALEXANDRA RIGOS

Dora ist zehn Monate alt, und zu ihren breit gefächerten Interessen zählt eine Vorliebe für Tasteninstrumente. Ihr Forscherdrang gilt Geräten, mit denen auch Erwachsene hantieren: Telefone und Fernbedienungen.

Und schon wieder greift Dora zum Handy. „Neinneinnein!", ruft die Mutter, schließlich hat die Kleine bereits etliche „Ferngespräche" mit Anrufbeantwortern geführt.

Dora hält inne. Sie dreht sich um. Ihr ebenmäßiges Kindergesicht verzieht sich zu einer Fratze, der Mund stößt Wutgeheul aus.

Doch allem Gebrüll zum Trotz: Dora ist auf gutem Wege, sich zu einer moralischen Persönlichkeit zu entwickeln. Denn die Fähigkeit, Regeln zu erkennen – etwa die, dass Handys tabu

dem sie beispielsweise einem weinenden Altersgenossen den eigenen Schnuller in den Mund stopfen.

Wie aus solchen elementaren Verhaltensweisen Moral entsteht – also Sinn für Gerechtigkeit und Solidarität –, beschäftigt Entwicklungspsychologen seit Jahrzehnten. Pioniere wie der Schweizer Jean Piaget und der US-Amerikaner Lawrence Kohlberg bemühten sich, die moralische Entwicklung von Kindern in Stufenmodelle zu fassen (siehe Seite 76). Beide betonen die enge Verflechtung von moralischem und kognitivem Fortschritt im kindlichen Denken.

„Soziales und moralisches Handeln", sagt Kohlberg, „setzt die Existenz eines Selbst voraus, und zwar eines Selbst in einer aus anderen Menschen zusammengesetzten Welt, die

deren noch unscharf. Erst mit vier Jahren machen Kinder einen intellektuellen Sprung nach vorn: Auf einmal können sie zwischen Schein und Sein unterscheiden; sie beherrschen die Kunst der Lüge; und sie wissen, dass im Kopf anderer Menschen andere Gedanken und Beweggründe kreisen als in ihrem eigenen.

DIESEN FORTSCHRITT verdeutlicht eines der berühmtesten Experimente der Entwicklungspsychologie: Man nehme zwei Kinder, zwei Dosen und einen Keks, den man in eines der Behältnisse legt. Nun schickt man das eine Kind aus dem Zimmer, versteckt den Keks in der anderen Dose und fragt das zweite Kind, wo sein Freund die Leckerei wohl suchen wird. Dreijährige setzen in der Regel voraus, dass andere über die gleichen Informationen verfügen wie sie selbst. Sie tippen also auf das Behältnis, in das der Keks gelegt wurde. Erst Vierjährige begreifen, dass der Spielgefährte in der falschen Dose nachschauen wird – und zeigen nicht selten einen Anflug von Schadenfreude.

Haben Kinder diesen Entwicklungsschritt gemeistert, sind sie auch reif genug, ihre Ansichten und Motive neugierigen Wissenschaftlern anzuvertrauen. In zahllosen Studien konfrontierten Psychologen Kinder mit verzwickten Geschichten und ethischen Dilemmata, um herauszufinden, wie weit das moralische Denken in verschiedenen Altersstufen gediehen ist. Zwar fallen die Ergebnisse – abhängig von der Fragestellung – mitunter widersprüchlich aus, doch kristallisieren sich trotzdem gewisse Stadien der Tugendhaftigkeit heraus. So legte Gertrud Nunner-Winkler vom Münchner Max-Planck-Institut für Kognitions- und Neurowissenschaften ihren jungen Probanden eine Bildergeschichte vor, in der ein Kind einem anderen heimlich die gebrannten Mandeln wegnimmt.

Schon unter Vierjährigen beurteilten so gut wie alle die Tat als falsch:

Mit vier Jahren entdecken Kinder den Unterschied zwischen Schein und Sein: Sie lernen zu lügen

sind und „Nein" so viel bedeutet wie „Lass das sein!" –, ist eine grundlegende Bedingung moralischen Handelns. Natürlich ist Doras Gehirn noch nicht reif genug, eine solche Regel bewusst zu verstehen. Wie ein Pawlowscher Hund lernt sie durch Wiederholung, dass auf einen Reiz stets eine bestimmte Reaktion erfolgt.

Dass in Dora auch eine zweite wichtige Voraussetzung für Moral angelegt ist, hat sie schon im Alter von zwei Monaten unter Beweis gestellt. Als während einer Mutter-Kind-Gymnastikstunde einige fremde Babys zu weinen begannen, stimmte Dora, eben noch quietschvergnügt, in das Heulkonzert mit ein. Und schrie auch noch, als sich die anderen Säuglinge längst wieder beruhigt hatten. Jede Mutter kennt und fürchtet dieses Phänomen. Gleichwohl ist es die erste, noch rudimentäre Erscheinungsform einer Regung, ohne die menschliches Miteinander undenkbar wäre: Mitgefühl oder Empathie. Etwas später, im Alter von ungefähr einem Jahr, versuchen Kleinkinder bereits, andere zu trösten – in-

sich wiederum als Selbst verstehen." Dazu ist Dora freilich nicht imstande, denn sie betrachtet sich noch nicht als „Ich". Nur wer die eigenen Empfindungen kennt, vermag auch die Belange anderer zu verstehen. Klassischerweise gestehen Psychologen Kindern erst dann ein Bewusstsein ihrer selbst zu, wenn sich die Kleinen einen Farbfleck von der Nase wischen, den sie an ihrem Spiegelbild erspähen. Diesen Test bestehen Kinder gewöhnlich im Alter von anderthalb bis zwei Jahren. Gleichzeitig beginnen sie, Worte wie „ich" und „mein" zu gebrauchen.

Auf die Entdeckung des Ich folgt alsbald ein Schock: Andere Menschen besitzen ebenfalls ein Ich, und sie verfolgen Interessen, die denen des Kindes häufig entgegenstehen! Jetzt sind die Voraussetzungen für moralisches Verhalten im Sinne Lawrence Kohlbergs gegeben.

Allerdings lernen die Kleinen erst nach und nach, die Dinge aus einem fremden Blickwinkel zu betrachten. Bei Zwei- oder Dreijährigen ist die Grenze zwischen dem Ich und den an-

□ Junge
□ Mädchen

□ gesund
□ tot
□ Waise
□ HIV-positiv

BATES

Foto di Marco Delogu

In der Dritten Welt stirbt jede Minute eine Frau an Komplikationen bei der Schwangerschaft oder Geburt. Auf die versprochenen Gelder für Hilfsmaßnahmen warten wir immer noch.

In Deutschland können Frauen sich bei einer Schwangerschaft darauf verlassen, dass es ein funktionierendes Gesundheitssystem mit professioneller Schwangerschaftsvorsorge und Geburtshilfe gibt. In Entwicklungsländern ist das nicht so: Nur die Hälfte aller Geburten wird fachgerecht betreut. Tritt ein Notfall ein, ist das nächste Krankenhaus oft zu weit entfernt.

Deutsche Stiftung
WELTBEVÖLKERUNG

HELFEN SIE MIT, DIE BUNDESREGIERUNG AN IHR VERSPRECHEN ZU ERINNERN. GEHEN SIE AUF DIE WEBSITE WWW.HILFEKLICK.DE UND SCHICKEN SIE EINEN APPEL AN IHREN ABGEORDNETEN IM BUNDESTAG.

www.hilfeklick.de

2004

Countdown 2015
SEXUAL & REPRODUCTIVE HEALTH
& RIGHTS FOR ALL

Diese Anzeige wurde mit Unterstützung der Europäischen Union hergestellt. Für den Inhalt dieser Anzeige ist allein die Deutsche Stiftung Weltbevölkerung verantwortlich; der Inhalt kann in keiner Weise als Standpunkt der Europäischen Union angesehen werden.

Die Gedenktafel vor dem Direktorat des Meißener Gymnasiums erinnert an die Geschichtslehrerin Sigrun Leuteritz. Die 44-Jährige war am 9. November 1999 von einem ihrer Schüler während des Unterrichts erstochen worden

Wie lehrt man Fairness, Toleranz, Zivilcourage, wenn Schüler ihre Umwelt als unmoralisch empfinden? Wenn gar ein Amoklauf alles infrage stellt? Reicht eine Ethikstunde pro Woche dann aus – wie am Franziskaneum in Meißen? Oder braucht es ein Konzept, das den gesamten Schulalltag erfasst?

EINE FRAGE VON
LEBEN
UND TOD

Wie eine feste Burg ragt
die 1907 eingeweihte
Schule aus der Altstadt
von Meißen – ein ange-
sehenes, traditionsreiches
Gymnasium. Und plötz-
lich Tatort für einen Mord.
Schulleiter Dietmar Liesch:
»Das war hier eine
heile Welt. Und die soll
es wieder werden«

VON URSULA OTT (TEXT) UND ENNO KAPITZA (FOTOS)

Es geht um Leben und Tod im Klassenraum W31. Fünf Schüler sitzen über der Anklageschrift aus einem Mauerschützen-Prozess. Die Fakten sind klar. Zwei Grenzsoldaten der DDR haben am 1. Dezember 1984 auf einen jungen Republikflüchtling geschossen. Sie hätten, sagen sie zu ihrer Verteidigung, nur den Schießbefehl ausgeführt. Aus Angst vor dem berüchtigten Militärgefängnis in Schwedt. ´

„Erarbeite eine Gewissensentscheidung" steht an der Tafel. Die Klasse 10/7 hat Ethik an diesem Morgen. Es ist 8.35 Uhr und noch sehr früh für die großen Fragen des Lebens. Darf man einen Menschen töten? Darf man an einem Vergewaltiger Rache üben? Darf man schwer Kranken Sterbehilfe leisten? Das sind die Fälle, an denen die Schüler heute das Gewissensmodell von Sigmund Freud anwenden sollen. Mit Es und Ich und Über-Ich.

Das Es, man sieht es deutlich, würde jetzt lieber noch schlafen. Draußen ist es winterlich trüb. Viele sind schon um fünf Uhr aufgestanden, um mit dem Bus von weither ins Gymnasium nach Meißen zu fahren. Zwei Mädchen kuscheln sich in ihre weißen Flauschpullover und träumen sich in wärmere Gefilde. Sie haben Billigflug-Preise aus dem Internet ausgedruckt. Die andern gruseln sich an Details der Prozessakten. Die Grenzer hatten ihr Gewehr auf „Dauerfeuer" gestellt und den angeschossenen DDR-Flüchtling einfach liegen lassen. „Total krass", findet das eine Schülerin. „Dass der Stalin das angeordnet hat!" – „Du Obst", spottet ihr Nachbar, „der Stalin war doch schon tot damals."

Es ist neun Uhr, und Marco, 16, soll gleich ein Resümee liefern. „Schreib irgendwas auf", drängt die Gruppe, „schreib wenigstens erstens, zweitens, drittens." Und Marco bringt das moralische Dilemma des Mauerschützen-Falls auf den schlichten Nenner: „Entweder dem sein Leben ist am Arsch oder meins."

In der nächsten Ethikstunde trägt Marco das Ergebnis der Gruppenarbeit vor. Er schreibt die Werte Gehorsam und Treue an die Tafel, aber auch Verantwortung, Menschlichkeit, Schutz des Lebens. Drei Schüler sagen, sie hätten nicht geschossen, einer sagt, er hätte. Und einer kann sich nicht entscheiden. „Ich als Mensch", sagt Marco vor der Klasse, „ich hätte auf andere nicht geschossen."

„Ich als Mensch!" – Dass er das gesagt hat! Dafür könnte sie ihn umarmen. Richtig begeistert ist Heidrun Pfeifer mal wieder von ihren Schülern. Schon als Kleinkind hat sie Puppen auf kleine Stühle gesetzt und mit ihnen Schule gespielt. Immer wollte sie Lehrerin werden, und am allerliebsten am Franziskaneum, dem angesehenen, fast hundert Jahre alten Gymnasium, das sich wie eine Kathedrale über Altstadt und Elbufer erhebt.

WENN DIE 6o-JÄHRIGE mit den kurzen Haaren und dem flotten Hosenanzug entschlossenen Schrittes die langen, penibel aufgeräumten Flure entlanggeht, vorbei an Vitrinen, in denen in Schönschrift die „Bestenlisten" der letzten Sportwettkämpfe hängen, wird sie von allen Seiten gegrüßt. Das will etwas heißen bei 1000 Schülern, denn längst nicht alle haben bei Frau Pfeifer Unterricht. „Denen würd ich Schwanzfedern machen", sagt sie in breitestem Sächsisch, „wenn die mich

»Ich bin von Grund auf Optimistin«: Ethiklehrerin Heidrun Pfeifer

nicht grüßen würden!" Aber zu drohen braucht sie nicht. Man nimmt ihr sofort ab, wenn sie sagt: „Das ist meine Schule. Ich liebe meine Schüler. Ich bin von Grund auf Optimistin."

Ziemlich gute Voraussetzungen, um ausgerechnet in Meißen das Fach Ethik zu unterrichten. An einem Ort, der sich kollektiv verschaukelt fühlt. An dem man keine Gaststätte betreten kann, ohne dass der Wirt gleich jammert, dass alle in den Westen abhauen. An dem die Bahnhofsvorsteherin nicht etwa sagt, es gibt keine Koffer-Schließfächer, sondern: „Die haben sie uns auch weggenommen!" Wo die Lokalzeitung mit der Meldung aufmacht, dass es am Frankfurter Flughafen zwei neue Lounges gibt – „für First-Class-Kunden mit dickem Portemonnaie, während hier Hartz IV die Runde macht".

„Was is'n das für ein Staat?", fragt ein Schüler dann. „Der es zulässt, dass die Unternehmen Rekordgewinne machen, während meine Schwester kein Bafög kriegt, obwohl mein Vater arbeitslos ist?"

Was ist denn das für ein Staat?

Das soll die Lehrerin Pfeifer ihren Schülern erst einmal erklären. Zumal dieser Staat doch „ein Glücksfall" für sie ist. Zumindest sah es nach der Wende so aus. Vorher war sie Russischlehrerin gewesen, und Russisch war in der DDR das am meisten verhasste Fach. „Mich haben sie trotzdem reingelassen ins Klassenzimmer", sagt Frau Pfeifer. „Darauf bin ich stolz."

Mit dem Fach Ethik, das 1992 in Sachsen neu eingeführt wird, fängt für Heidrun Pfeifer ein zweites Lehrerinnen-Dasein an. Sie geht noch einmal zur Universität und macht als 52-Jährige einen sehr guten Abschluss. Wie eine Jägerin und Sammlerin schneidet sie Zeitungsartikel aus, bringt Ken Folletts Buch „Der dritte Zwilling" mit in den Unterricht, schleppt ihre Schüler in den Kinofilm „Muxmäuschenstill" und lässt sie danach Plädoyers pro und contra Selbstjustiz formulieren. Sie geht mit ihnen zum Amtsgericht, wo es einen lebensklugen, humorvollen Richter gibt – damit sie

Erarbeite eine Gewissens-
entscheidung! Heidrun
Pfeifers 10. Klasse setzt
sich mit moralischen
Zwickmühlen auseinander.
Was soll eine Angestellte
tun, die von Sicherheits-
mängeln in ihrer Firma
erfährt? Sind die Interessen
des Chefs wichtiger als
die der Gesellschaft?

Ein Fall von verhinderter Republikflucht: Die Schüler sollen abwägen, wie sie als DDR-Grenzsoldaten gehandelt hätten. Karl (Bildmitte) und seine Mitschüler überlegen, wie sie ihre Ergebnisse am besten vor der Klasse präsentieren

sehen, was Gerechtigkeit sein kann. In ihrer großen Tasche trägt sie immer frischen Stoff in die Schule, gerade gefunden und gelesen. „Das Schweineherz pumpt horizontal" heißt ein Artikel der „Frankfurter Rundschau" über Transplantationen von Tierorganen auf den Menschen – sofort wird das Thema auf den Lehrplan gesetzt. Bei den sibirischen Tschuktschen, liest sie, bringt man die Alten um, wenn sie pflegebedürftig werden – das muss sie sofort genauer wissen. Und sie nutzt eine Nordlandreise für einen Museumsbesuch. Die neue Reisefreiheit, die neue Pressefreiheit, die neue Lust am Diskutieren, alles fließt ein in dieses Fach Ethik, von dem Heidrun Pfeifer sagt: „Es ist quasi für mich erfunden worden."

SO HAT DER 9. NOVEMBER 1989 aus der ehemaligen Russischlehrerin nicht nur eine leidenschaftliche Ethiklehrerin, sondern auch eine engagierte Bundesbürgerin gemacht. Bis zu jenem 9. November 1999 – auf den Tag genau zehn Jahre nach der Wende. Seither fragt sich die notorisch optimistische Lehrerin Pfeifer bisweilen: Was ist das bloß für ein Staat?

Als sie am 9. November 1999 aus ihrer Klasse kommt, tritt ihr eine Kollegin entgegen: „Schick die Kinder zurück ins Zimmer! Es ist etwas ganz Furchtbares passiert." Sie sieht rot-

Auf Hochglanz poliert: das Treppenhaus des Franziskaneums

weiße Absperrbänder, hört Polizeisirenen, glaubt zunächst an einen Bombenalarm. Es ist schlimmer. Ein 15-jähriger Schüler hat die 44-jährige Geschichtslehrerin Sigrun Leuteritz mit 22 Messerstichen getötet.

Die folgenden Tage und Wochen vergehen wie in Trance. Lehrerinnen brechen zusammen, Schülerinnen sitzen weinend in der Garderobe. Wochenlang ist kein richtiger Unterricht möglich. Trauma-Spezialisten kümmern sich um Schüler, Eltern und Lehrer. Der Kultusminister kommt nach Meißen und fragt betroffen: „Was brauchen Sie? Was wollen Sie?" Mehr Lehrer werden versprochen, mehr Zeit, sich um die Schüler zu kümmern: Zeit zum Zuhören.

Doch die Bundesbürgerin Pfeifer verliert nach diesem 9. November mindestens drei ihrer Illusionen. Die über die Medien sowieso. Jene freien Medien, denen sie so viel verdankt an Ideen und Unterrichtsstoff – von denen fühlt sie sich nun verfolgt. Von einem Kran aus filmt RTL in das Fenster ihrer Klasse im ersten Stock. Fernsehteams schleichen sich durch den Hintereingang auf den Friedhof zur Trauerfeier und stürzen am offenen Grab mit dem Mikrofon auf sie zu. „Gehetzt wie ein Tier" fühlt sich die Lehrerin.

Auch der Glaube an den Rechtsstaat „ist bei mir seither bis ins Mark erschüttert". Der Prozess gegen den

Ethiklehrbuch: Tipps von Kant und Aristoteles

Attentäter läuft unter Ausschluss der Öffentlichkeit, er bekommt siebeneinhalb Jahre Jugendhaft. Warum so wenig? Und was ist eigentlich passiert? Stimmt es, dass es sich um eine Mutprobe gehandelt hat, um eine Wette? Stimmt es, dass ihn die Lehrerin vorher runtergeputzt hatte?

Die Richterin, die sie an die Schule bestellen, um endlich Klarheit zu bekommen, sagt nur diesen einen Satz: „Die Lehrer sollten sich mal überlegen, welchen Anteil sie an der Schuld haben." Aber was sollen sie überlegen, wenn sie nichts erfahren? „Seit damals", sagt Heidrun Pfeifer, „bin ich

mit keiner Ethikklasse mehr bei Gericht gewesen."

Am größten ist die Enttäuschung über die Politik. Alles nur leere Versprechungen. Kein Lehrplan wird entrümpelt, keine Stunde zusätzlich eingeplant, um mit den Schülern über deren Probleme reden zu können. Alltag kehrt ein, eine Porzellantafel im Treppenhaus erinnert an die tote Lehrerin. Ab und zu stellt jemand ein paar Nelken davor. Am Todestag zünden alle auf dem Friedhof eine Kerze an.

DANN – DREI JAHRE DANACH – passiert der furchtbare Amoklauf in Erfurt. Es ist wie eine Wiederholung. Das Trauma, gerade bearbeitet, bricht bei vielen Lehrern wieder auf, einige können nicht mehr unterrichten. Gemeinsam schreiben sie einen Brief an die Erfurter Kollegen. Wieder reist der Minister an, wieder gibt es Versprechungen, wieder passiert nichts.

Und so muss diese eine Ethikstunde in der Woche auffangen, was das System Schule als Ganzes verbockt. Wie ein „seelischer Müllablageplatz", sagt Heidrun Pfeifer. Zwar sieht der Lehrplan vor, die Fragen von Leben und Tod zu behandeln. Aber wenn dabei eine Schülerin anfängt zu weinen, erfährt die Lehrerin eher zufällig, dass die Mutter des Mädchens gerade gestorben ist.

„Wir wissen ganz wenig voneinander", sagen die Schüler. Auch über den Jungen, der die Lehrerin erstochen hat, wissen sie fast nichts. Aber jeder kennt Geschichten von Schülern, die an der Schule verzweifeln. Die den Leistungsdruck nicht aushalten, die keine Perspektive mehr sehen. Lisas Freundin erhängte sich, drei Stunden, nachdem sie eine Ermahnung vom Direktor bekommen hatte. Dirk findet das ganze Schulsystem „krank", weil es Schüler viel früher aussortiere als in der ehemaligen DDR: „Hier fällt man so schnell durch den Rost." Und Laura hat in der Schülerzeitung ein Gedicht mit dem Titel „Einsamkeit" geschrieben: „Ich drehe mich im Kreis, alles dreht sich um mich herum. Mir wird schwindelig. Aber keiner ist da – ich bin allein, ganz allein."

Gewissensinstanz »Über-Ich«: Stefan erklärt vor der Klasse, zu welchen Schlussfolgerungen seine Arbeitsgruppe gekommen ist

„Entspannungsfach" nennt Lisa die Ethikstunde, und sie meint das alles andere als abschätzig. „In allen Fächern gibt es so viel Stoff – in Ethik erfährt man endlich mal, wie es den anderen geht. Da sagen auch die was, die sonst nie den Mund aufmachen." Aber reicht eine Ethikstunde aus? Und kann Moral überhaupt sinnvoll unterrichtet werden in einer Umgebung, die Schüler als unmoralisch empfinden?

„Das ist zumindest problematisch", sagt Wolfgang Edelstein, Mitbegründer des Berliner Max-Planck-Instituts für Bildungsforschung und viele Jahre Lehrer an der Odenwaldschule in Heppenheim. „Moralische Erziehung ist ein Entwicklungsprozess, der durch Unterricht und die Lebenswelt der Schule gefördert werden muss." So wie die Schulen heute aussehen, sei das Fach Ethik aber nichts als „die Salvierung des Systems". Er kenne viele Heidrun Pfeifers, Glücksfälle von engagierten Lehrern, echte Idealisten. „Aber Sie können die Kultur nicht mit einigen wenigen Artisten erhalten, sondern nur mit vielen guten Bühnenarbeitern." Und diese, die Lehrer, würden in Deutschland gedrillt aufs „Sortieren und Entwerten". Da helfe keine Ethikstunde. „Wenn Sie einem Patienten alle 14 Tage eine Therapiestunde bezahlen, dann verlängern Sie nur die Krankheit." Eine ethisch wirksame

Schule müsse sich insgesamt als „Verantwortungsgemeinschaft" erweisen.

Möglich wär's schon. In England und in den USA setzte bereits in den 1970er Jahren eine Debatte darüber ein, ob man Werte wie Rücksichtnahme und Fürsorge überhaupt als abstrakten Stoff vermitteln kann. „Behaviour is caught – not taught", schrieb der Oxford-Pädagoge Peter McPhail: Ethisches Verhalten werde erworben, nicht erlernt. Er entwickelte ein Konzept mit dem Namen „Lifeline", das ganze Schulen in Orte verwandelt, an denen Lehrer und Schüler menschlicher miteinander umgehen. In Deutschland hinterließ das Konzept kaum Spuren.

So ist es kein Zufall, dass eine Amerikanerin ein ganz ähnliches Konzept an die Montessori-Schule ins hessische Hofheim brachte. Die engagierte Mutter, die eine kranke Lehrerin als Aushilfe vertrat, war entsetzt über die Aggressivität im Klassenzimmer. Und gewann die Lehrer der Schule für das kanadische Präventionsprogramm „Peaceful School". Inzwischen sind die Hofheimer schon bei „Lions-Quest" angelangt, dem Folgeprogramm für die älteren Jahrgänge, das der Bielefelder Soziologie-Professor Klaus Hurrelmann auf deutsche Verhältnisse übertragen hat. Es befasst sich mit grundlegenden Fragen: Wie können Schüler verhindern, dass Klassenkameraden gemobbt und ausgegrenzt werden? Wie entwickeln sich Schüler zu eigenverantwortlichen Menschen? Fragen, die nicht in einer speziellen Stunde behandelt werden, sondern von allen Lehrern in allen Klassen.

EINE „ETHIKSTUNDE" wie in Meißen existiert in Hofheim nicht. Aber jeden Freitag gibt es zwei Stunden „Wochenrückblick", in denen es um dieselben großen Fragen geht wie in Sachsen: Wie verhalte ich mich richtig? Wie entscheide ich mich in einem moralischen Dilemma? Du wirst zu einer Geburtstagsparty eingeladen – aber nur unter der Bedingung, dass du es deinem besten Freund nicht verrätst. Was tust du? Lehrerin Ulrike Molter-Nawrath

verteilt „Entscheidungskärtchen". Sechs Fragen sollen den Schülern helfen, das Richtige zu tun. „Ist meine Entscheidung verletzend für mich oder für andere?", steht da. Oder: „Wäre ich selbst sauer, wenn jemand mit mir so verfährt?"

Aber noch etwas ist anders an der Montessori-Schule in Hofheim. Mit einfachen Mitteln können die Lehrer erfahren, wie es um ihre Schüler steht. Diese tragen in ihre „Wochenpläne" nicht nur ein, was sie gelernt haben; sie zeichnen auch häufig kleine Smileys dazu, mit dem Mundwinkel nach oben oder nach unten. Daneben steht schon mal: „War heute neben der Kappe, hatte so Kopfweh." An der kleinen Schule kennt jeder jeden, man weiß um familiäre Probleme, um Scheidungen, ist vernetzt mit Lerntherapeuten und Psychologen. Und das Wichtigste: Hier kann keiner scheitern. Die Schule ist eine integrierte Gesamtschule, keiner kann sitzen bleiben oder in die Hauptschule absteigen. Bis zur 8. Klasse werden noch nicht mal Noten verteilt.

Für so viel Toleranz hat Heidrun Pfeifer wenig Sympathie. „Unsere Schüler wollen benotet werden", sagt sie, „die wollen auch ihre Grenzen kennen." Aber um eines beneidet sie die hessischen Kollegen: um die Zeit, die zur Verfügung steht. „Jeder", sagt sie, „hat ja seine eigene Persönlichkeit und seine eigenen Probleme. Darauf würde ich gern mehr eingehen." □

Autorin **Ursula Ott**, 41, vorn in der Mitte, und Fotograf **Enno Kapitza**, 36, vorn links, verbrachten mehrere Tage mit der Klasse 10/7 des Franziskaneums. Beeindruckt waren sie von den höflichen Umgangsformen der Schüler. Irritiert hat sie dagegen der melancholische Satz: „Wenn das hier alles keine Zukunft hat, können wir nur eines tun: wenigstens nett zueinander sein."

WIE MAN KONFLIKTE REGELT

Mit der Idee der Aufklärung verknüpft sind die Versuche zu einer Verrechtlichung der Moral. Von den Staatsphilosophen Thomas Hobbes und John Locke über Immanuel Kant bis zu John Rawls, der Gerechtigkeit als Fairness definierte, prägen Vertragsideen, Abstimmungsprozesse und Regelwerke die politische Moralphilosophie. Das Recht, heißt es bei Ernst Bloch, ist die Mathematik der Ethik, die Ethik ist die Idee des Rechts. In „Law and Order", im Strafrecht vor allem, definiert die Gesellschaft ihr Gerechtigkeitsempfinden. In „Law and Order" verbirgt sich aber auch der mögliche Missbrauch von Macht: durch Willkür, Korruption und „gerechten Krieg". Im Spannungsfeld von Sicherheitsverlangen und Freiheitswunsch, Staatsräson und Menschenrecht, Kooperation und Konflikt entstehen die moralischen Fragen der Politik- und Rechtsethik. Wie kann eine Gesellschaft „angemessen", das heißt unter Wahrung der eigenen Werte, auf die Herausforderung des Terrorismus reagieren? Überall dort, wo politisch über Leben und Tod entschieden wird, in Krisenstäben und Ethikkommissionen, sind Juristen deshalb zahlreich vertreten. Deren langwierige Prozeduren, aber auch die Kompliziertheit der Güterabwägungs- und Abstimmungsverfahren im demokratischen Rechtsstaat rufen die großen Vereinfacher auf den Plan, die zurückwollen zur alten Einteilung in gut und böse, richtig und falsch.

Eine Demütigung kann einen Menschen in seinen Grundfesten erschüttern. Er will nicht leben damit und sinnt auf Vergeltung. Kränkungen, sagen die Psychoanalytiker, sind die Wurzeln der Rachsucht. Ob trotzige Kleinkinder, Querulanten oder Selbstmordattentäter – sie unterscheiden sich nur in der Wahl der Waffen

BLIND VOR WUT

VON WOLFGANG SCHMIDBAUER

Am 26. November 2004 sprengt sich in dem friedlichen niederbayerischen Dorf Hutthurm der 22-jährige Johann L. in die Luft. Er sieht keine Chance mehr, dem Gentest zu entgehen, mit dem die Fahnder nach einem namenlosen Rächer suchen. Acht Monate lang hatte Johann L. die bayerischen Behörden mit Briefbomben in Atem gehalten. Das Motiv für seine Anschläge blieb bis zuletzt im Dunkeln.

Rache ist eine unheimliche Emotion. Sie erhebt sich – wie eine Stichflamme – aus scheinbar nichtigem Anlass. Oder wuchert im Verborgenen, bis nach ausdauernder Jagd ein Opfer kaltblütig zur Strecke gebracht ist. Forscher haben herausgefunden, dass Rache ein Belohnungszentrum im Gehirn aktiviert; dass Rache selbst dann noch

Bei einem Selbstmord-
attentat am 12. August 2001
in der Nähe von Haifa
verwundete der 28-jährige
Palästinenser Mohammed
Nasser 20 Menschen. Wie
viele andere Täter auch, ließ
er sich kurz vor seinem
Tod fotografieren. Die Bilder
sollen das Andenken an
die »Märtyrer des Heiligen
Krieges« wach halten

genossen wird, wenn sie dem Täter Nachteile einbringt.

Johann L. war ein kontaktgestörter Außenseiter ohne berufliche Zukunft. Er hatte die Mutter durch einen Unfall früh verloren und lebte abgekapselt in einer von Rachefantasien geprägten Welt. Aufgrund seines Alters und der geringen Schäden, die er mit seinen „Knallbriefen" anrichtete, hätte Johann L. mit einem milden Urteil rechnen können. Aber so denkt die Rache nicht. Sie ist radikal und lässt nicht mit sich verhandeln.

Issa Abu Aram, ein Vertreter der palästinensischen Behörde, die Selbstmordattentaten vorbeugen soll, führt die Beweggründe seiner Landsleute auf drei Motive zurück: „Erniedrigung, Erniedrigung und abermals Erniedri-

Selbst Babys »rächen« sich an ihrer Mutter

gung!" Berüchtigt sind etwa die Demütigungen, die Palästinenser an israelischen Kontrollposten erfahren. Frauen müssen sich dort hin und wieder nackt ausziehen. Eine glaubte danach, diese Schmach nur durch ein Selbstmordattentat tilgen zu können. Es ist ein Teufelskreis: Die israelischen Soldaten rächen sich durch Schikanen an dem Volk, das die Attentäter hervorbringt; die Schikanierten denken an Rache für die Erniedrigung ihres Volkes.

Rachegefühle werden ausgelöst, wenn uns Unrecht geschieht. Wir erleben eine Verletzung durch andere, die wir weder ertragen noch verleugnen können. Rache hängt mit inneren Werten zusammen, die man früher Ehre oder Stolz

oder „Gesicht" nannte und heute unter dem psychoanalytischen Begriff Narzissmus erforscht.

DIE RADIKALITÄT und Herzlosigkeit der Rache wurzeln darin, dass ein Mensch in seinen seelischen Grundfesten erschüttert wurde. Er hat etwas verloren oder nicht gewonnen, das für sein inneres Gleichgewicht unentbehrlich scheint. Er kann sich nicht vorstellen, mit dieser Kränkung weiterzuleben. Er muss sie auslöschen, sie aufheben, die Zeit rückgängig machen. Da er das in der Realität nicht kann, muss er wenigstens ein Symbol vernichten, das für seine Kränkung steht.

Der Grieche Herostratos fühlte sich gekränkt, weil er keinen Ruhm in seiner Heimatstadt Ephesus erworben hatte. Also beschloss er, eines der Weltwunder der Antike, den Tempel der Artemis, in Brand zu stecken und lieber den Tod zu erleiden, als ruhmlos zu bleiben.

Wenn ich die treulose Geliebte erschlage, ist es so, als ob ich sie nie kennen gelernt hätte: ganz oder gar nicht! Entweder ist die Ehre rein, der Stolz ungebrochen, oder das Leben wertlos. In solchen Alternativen bewegt sich die Rache. Wir betreten die seelische Welt des primitiven Narzissmus. Wer gedacht hat, dass der zivilisatorische Fortschritt die Rache kraftlos machen würde, sieht sich getäuscht. Denn ihre Dynamik wurzelt in einem Dilemma der menschlichen Entwicklung. Die Natur hat, um die überlebensnotwendige Bindung zwischen Kind und Eltern zu stärken, eine hochbrisante Reaktion auf die Enttäuschung von Erwartungen geschaffen.

Wenn ein Baby schreit, kommt die Mutter und stillt es. Wenn sie nicht

kommt, steigert sich das Schreien zu einem Wutgebrüll. Kommt die Mutter zu spät, kann es sein, dass ihr das Baby in die Brust beißt oder die Brust verweigert. Es „rächt" sich für die Versagung.

Sinn dieser Aktion ist es, der Mutter zu verdeutlichen, dass sie sich nicht verspäten darf. Das Kind setzt ein Zeichen, das die Mutter davon abhalten soll, es abermals zu verletzen. Wenn die Mutter das versteht, wird die Entwicklung gut verlaufen; wenn sie aber mit Gegenkränkungen reagiert, wenn sie absichtlich zu spät kommt oder die Brust verweigert, weil das Baby gebissen hat, entsteht ein Teufelskreis. „Die Brust ist böse; sie gibt mir nichts; ich muss sie mit den Zähnen festhalten" ist die eine Position; „das Kind ist böse; es beißt; ich gebe ihm die Brust nicht" die Gegenposition.

Es erscheint auf den ersten Blick einfach, einen Ausweg aus diesem Dilemma zu finden: Das Baby beißt nicht mehr, die Mutter kommt rechtzeitig. Aber wer fängt an? Das Beispiel ist nur vordergründig harmlos. In der Behandlung zerstrittener Paare gibt es ähnliche Probleme. „Ich würde nüchtern nach Hause kommen und freundlich mit dir reden, wenn du öfter mit mir schlafen würdest", sagt der Mann. „Ich würde öfter mit dir schlafen, wenn du nüchtern nach Hause kommen und freundlich mit mir reden würdest", sagt die Frau. Auch hier kennt jeder den Ausweg — auch hier stellt sich die knifflige Frage: Wer beschreitet ihn als Erster?

Der Selbstmordterror, die bedrohlichste soziale Veränderung der Gegenwart, zeigt eine unheimliche Verwandtschaft mit diesen narzisstischen Störungen. Wenn ein trotziger Dreijähriger, dessen Mutter partout nicht

Ayat Ahkras war erst 18, als sie sich vor einem Jerusalemer Supermarkt in die Luft sprengte. Sie lebte in einem Flüchtlingscamp nahe Bethlehem

29. MÄRZ 2002: 3 TOTE, 20 VERLETZTE

tut, was er will, Zünder und Dynamitstange bedienen könnte, würde er die Familie in die Luft sprengen. Kann die Mutter ihn beruhigen, ist er zehn Minuten später wieder der süßeste Engel.

Unter den Bedingungen, die unsere Psyche prägen, ist das kein Problem. Eltern erkennen normalerweise, wie wichtig es für Kinder ist, ihren Willen, ihre Autonomie zu entwickeln. Und Kinder lernen, die überlegene Kraft und die Erfahrung der Eltern zu achten. Explosivstoffe und andere Mordwerkzeuge sind in unserem seelischen Haushalt nicht vorgesehen.

Der Vergleich zwischen einem trotzigen Dreijährigen und einem Terroristen löst möglicherweise Unbehagen aus. Er hilft aber, die Bedeutung der Umwelt und der Gegenkräfte besser

Rache ist süß. Sie wirkt wie eine Droge

zu verstehen. Nach unserem psychoanalytischen Modell ist ja nicht der Racheimpuls entscheidend für das Ausmaß der terroristischen Zerstörung, sondern die Verfügbarkeit technischer Mittel und der Mangel an bremsenden Gegenkräften.

Dies erklärt, weshalb es unter extrem entwürdigenden Lebensumständen, unterstützt durch fanatische Propaganda, zu einer „normalen" Fantasie palästinensischer Kinder geworden ist, sich in die Luft zu jagen. Dynamit ist reichlich vorhanden und eine moralische Verurteilung durch die palästinensische Gesellschaft nicht zu erwarten.

Ja, Selbstmordattentate sind geradezu verlockend, weil sie es ermöglichen,

die eigene Kränkungsqual mit einem Schlag zu beenden und auch noch belohnt zu werden. Narzisstische Bedürfnisse nach schnellen Lösungen und traditionelle Vorstellungen vom herrlichen Leben im Paradies verschmelzen in der „erlösenden" Tat. So verstärkt eine archaische Religion mit ihren Lehren von Martyrium und Selbstopfer die narzisstische Wut – anstatt sie zu dämpfen und ihr Grenzen zu setzen.

Aber auch in westlichen Konsumgesellschaften ist Rache wieder salonfähig geworden. Viele Hollywoodfilme stilisieren den Racheengel zur Identifikationsfigur. In „Blue Steel" übergibt die Polizistin den Verbrecher, den sie gestellt hat, nicht der Justiz, sondern erledigt ihn triumphierend mit einigen wohlgezielten Schüssen. In „Ein Mann sieht rot" oder „Kill Bill" beginnen unbescholtene Bürger oder Opfer brutaler Verbrechen blutige Rachefeldzüge. Mit der Pumpgun ziehen die Ego-Shooter eine Spur der Verwüstung.

Die Gefühle der Rächer ähneln denen moderner Konsumenten: Kaufe jetzt, zahle später; räche dich jetzt, denke später darüber nach. Die moderne Rache löst Aggressionsstaus unmittelbar; sofortige Wunscherfüllung ist ihr oberstes Gebot. Das unterscheidet sie von der Sitte, Beleidigungen in einem geregelten Duell zu rächen. Ging es in Duellen vor allem darum, einen klassenspezifischen Ehrbegriff formvollendet zu verteidigen, trifft moderne Rache wahllos alle, die narzisstische Ansprüche nicht erfüllen. Da kann es vorkommen, dass ein frustrierter Anleger Amok läuft und – wie vor Jahren in den USA geschehen – die Angestellten der Broker-Firma erschießt, die er für seine Verluste verantwortlich macht. Disziplinierte

Konfliktlösungen sind „umständlich" und langwierig. Rechtsstaatliche Methoden, Unrecht zu ahnden, werden verachtet. In allen Hollywoodfilmen, die das Rachethema auswalzen, sind Polizei und Justiz entweder unfähig oder korrupt.

SCHON DIE LITERATUR des 19. Jahrhunderts griff das Rachethema unermüdlich auf, ein Zeichen dafür, dass die noch junge Idee des Rechtsstaats zwiespältige Gefühle auslöste. Karl May thematisierte in seinen Orient-Romanen Blutrache und „mohammedanische" Rachsucht und idealisierte die Pflicht des Christen, auf jede Rache zu verzichten. Alexandre Dumas beschrieb in „Der Graf von Monte Christo" die Entwicklung des naiven, harmlosen Seemanns Edmond Dantès. Unschuldig verurteilt, seiner Ehre und seiner Braut beraubt, wandelt er sich durch lange Kerkerhaft und plötzlichen Reichtum zum Dämon, der seine Rache am Ende mehr genießt als seine neu gefundene Liebe. Es ist nicht zu übersehen, wie sehr sich in das Urteil der populären Romanciers über die moralische Fragwürdigkeit und die selbstzerstörerischen Kräfte der Rache Faszination mischt, denn Rache ist süß. Sie wirkt wie eine Droge.

Dass selbst Staaten, die von Rechts wegen gegen Rachegelüste immun sein müssten, zu Rächern werden können, denen demokratische Sicherungen durchbrennen, zeigen die gezielten Anschläge israelischer Militärs nach palästinensischen Selbstmordattentaten ebenso wie manche Reaktion der USA nach dem 11. September 2001: Auge um Auge, Zahn um Zahn.

Was können wir gegen die Rache tun? Es gibt in allen Menschen, in allen

Mohannad Salahat,
22, zündete einen am
Körper versteckten
Sprengstoffgürtel vor
einem Nachtlokal
im Vergnügungsvier-
tel von Tel Aviv

30. MÄRZ 2002: 1 TOTER, 32 VERLETZTE

zwischenmenschlichen Beziehungen Gegenkräfte, die uns helfen, narzisstische Wut zu zügeln. Sie beruhen auf dem Prinzip der Empathie, der Einfühlung in andere: Wenn sich ein Ge-

Gekränkte sollten nicht noch einmal gekränkt werden

kränkter respektiert und in seiner Verletzung wahrgenommen fühlt, kann er sich besser von ihr distanzieren und darauf verzichten, durch Gewalt seine Verletzung zu demonstrieren.

Der Weg dahin ist in einem von Feindbildern zerrissenen Land wie Palästina natürlich steiniger als hierzulande. Vom Standpunkt des Analytikers lautet die Maxime im Umgang mit potenziellen Amokläufern und Rachetätern schlicht, Gekränkte nicht noch einmal zu kränken, indem man ihnen das Recht auf ihre Gefühle abspricht und sie als Psychopathen oder Querulanten, Sonderlinge oder Arbeitsscheue entwertet. Rachebedürfnisse werden durch Schuldzuweisungen und Vorwürfe nur verstärkt, durch Verständnis und Gerechtigkeit aber begrenzt.

In Gruppen, deren Selbstgefühl nicht durch kollektive Kränkung geschwächt ist, können fanatische Rachegedanken meist durch Vernunft gemildert oder mittels Humor gebrochen werden. In Gesellschaften, die ihren jungen Gene-

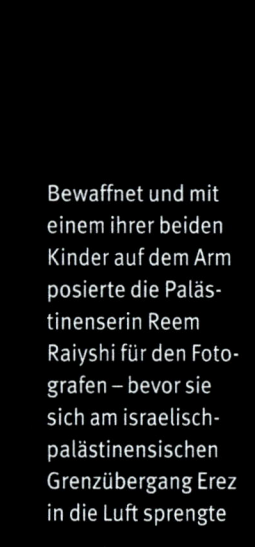

Bewaffnet und mit einem ihrer beiden Kinder auf dem Arm posierte die Palästinenserin Reem Raiyshi für den Fotografen – bevor sie sich am israelisch-palästinensischen Grenzübergang Erez in die Luft sprengte

14. JANUAR 2004: 5 TOTE, 7 VERLETZTE

Die »Goldene Regel« – das Grundgesetz jeder Moral

Einmal angenommen, die Menschheit müsste ihre gesammelten Moralvorstellungen auf einen einzigen Grundsatz reduzieren, und diese Regel sollte gleichermaßen vor Mord und Totschlag, Diebstahl und Betrug, Unterdrückung und Rache schützen – wie würde ein solches Fundamentalprinzip lauten? Der Darwinist Ernst Haeckel bezeichnete es 1899 in seinem Buch „Welträthsel" als „das edelste Prinzip der allgemeinen Menschenliebe" – und tatsächlich bildet es unter dem Namen „Goldene Regel" seit mehr als 3000 Jahren die ethische Gesamtbotschaft aller Weltreligionen und Kulturen. Dieses Sittengesetz lautet in seiner volkstümlichen Variante: „Was du nicht willst, dass man dir tu, das füg auch keinem andern zu!"

Konfuzius betont das Prinzip Gegenseitigkeit

Schon Zarathustra, der um 600 vor Christus lebende Religionsstifter Großpersiens, formulierte: „Was alles dir zuwider ist, das tue auch nicht anderen an." Fast wortgleich heißt es in der um 200 vor Christus verfassten Schrift des Alten Testaments, im Buch Tobit: „Was dir selbst verhasst ist, das mute auch einem anderen nicht zu!" Der chinesische Religionsstifter Konfuzius (551–479 v. Chr.) machte *shu*, das Prinzip Gegenseitigkeit, zum Herzstück seiner Morallehre. Auf die Frage, ob es ein Wort gebe, nach dem man sein Leben lang handeln könne, antwortete er: „Doch wohl ,shu': Was man selbst nicht wünscht, das füge man andern nicht zu!" Später präzisierte er: „Was man an den Oberen verabscheut, in der Weise nehme man nicht die Unteren in Dienst; was man an den Unteren verabscheut, in der Weise diene man nicht den Oberen …"

Die Tugendformel der antiken Philosophie

Die Bedeutung der Goldenen Regel für die Moral liegt wohl darin, dass sie die Ethik im Menschen selbst verankert und eine metaphysische Instanz – eine Gottheit als Wächter über Gut und Böse – nicht benötigt. Alleiniger Maßstab ist das eigene natürliche Empfinden: Es sagt uns, was wir auf keinen Fall erleiden möchten, was uns verhasst ist. Dabei geht die Goldene Regel stillschweigend davon aus, dass alle Menschen in gleicher Weise empfinden. Die Philosophie der griechischen Antike gründete ihre Sittlichkeitsidee gleichfalls auf den Gedanken der Gegenseitigkeit. Thales von Milet (625–547 v. Chr.), gefragt, was denn die gerechteste Lebensführung sei, antwortete: „Wenn wir selbst nicht tun, was wir anderen übel nehmen." Ähnlich formulierte es der um 525 vor Christus begründete Buddhismus: „Verletze nicht andere auf Wegen, die dir selbst als verletzend erschienen." Das Mahabharata-Epos der Hindus spitzte diesen Grundsatz noch zu: „Man soll sich nicht auf eine Weise gegen andere betragen, die einem selbst zuwider ist. Das ist der Kern aller Moral."
Dieser Kern besagt, dass man die eigene Sicht – in einer Art Gedankenexperiment – um die Sicht desjenigen erweitert, der vom eigenen Handeln betroffen

sein wird. Dieser Perspektivenwechsel ist das Grundgesetz aller Moral.
Das Christentum revolutionierte die Goldene Regel, indem es die Aufforderung, etwas zu unterlassen, durch die Pflicht zum Handeln ersetzte. So heißt es im Matthäus-Evangelium: „Alles, was ihr für euch von den Menschen erwartet, das tut ihnen auch." Und: „Liebe deinen Nächsten wie dich selbst." Der im 7. Jahrhundert begründete Islam setzt ebenfalls auf das positive Prinzip: „Niemand von euch ist ein Gläubiger, bevor er nicht für seinen Bruder wünscht, was er für sich selbst begehrt."
Auffällig an dieser Umwertung der Goldenen Regel durch Christentum und Islam ist die moralisierende Tendenz. Denn in der Aufforderung zu bestimmten Handlungen steckt auch jener missionarische Eifer, den es nicht im mindesten kümmert, ob die Empfänger der „guten Taten" diese überhaupt wünschen.

Die rationale Wendung durch die Aufklärung

Die positiv gewendete Goldene Regel ist auch in die Philosophie der Aufklärung eingegangen. Sie findet sich 1672 in Samuel von Pufendorfs Werk „De Jure Naturae et Gentium Libri octo" und 1721 in Johann Balthasar Wernhers Pufendorf-Kommentar. Auf diesen Kommentar greift der Naturrechtler Gottfried Achenwall zurück, auf den sich wiederum Immanuel Kant (1721–1804) in seinen Vorlesungen bezieht. Kants Kategorischer Imperativ – „Handle so, dass die Maxime deines Willens jederzeit zugleich als Prinzip einer allgemeinen Gesetzgebung gelten könne" – wird daher bisweilen als rationalisierte Form der Goldenen Regel verstanden. *Wolfgang Michal*

rationen Zukunftsperspektiven bieten, bleibt es in der Regel bei kurz aufflammenden, schnell wieder verrauchenden Rachegefühlen. Die Aussicht, die eigene Zukunft aufs Spiel zu setzen, hilft Gekränkten, sich von der selbstzerstörerischen Seite der Rache zu distanzieren. Nur vereinzelt entwickeln sich allein gelassene, kontaktgestörte Jugendliche unter solchen Bedingungen zu Amokläufern.

WER RACHSÜCHTIGEN BEGEGNET, sollte zwei Fehler vermeiden: Gegenkränkung und Verwöhnung. Das gilt für den Umgang mit bockigen Kindern wie für den Umgang mit Terroristen. Kränkungswut ist zu respektieren. Sie ist kein Zeichen, dass ein Mensch böse oder minderwertig ist. Zugleich verdient niemand schon deshalb Respekt, weil er bereit ist, sich selbst und andere ohne Rücksicht auf Verluste und weit über den Anlass hinaus zu schädigen. Er muss sich dem Recht unterwerfen – wie wir alle.

Rachsüchtige können insbesondere dann Macht gewinnen, wenn besonnene Menschen nachgiebig sind und ihre Ansprüche oder Bedenken zurückstellen, sobald der narzisstisch Gestörte mit Beziehungsabbruch droht. Was dazu führen kann, dass in einem „toleranten" Team nicht der Vernünftigste die Leitung übernimmt, sondern der Gestörteste – weil dessen Wutausbrüche die anderen veranlassen, ihn zu schonen. □

 **Dr. Wolfgang Schmidbauer,** 64, lebt als Schriftsteller und Psychoanalytiker in Dießen am Ammersee. Sein Buch „Der Mensch als Bombe" befasst sich mit der Psychologie von Selbstmordattentätern. Es ist 2003 im Rowohlt Verlag erschienen.

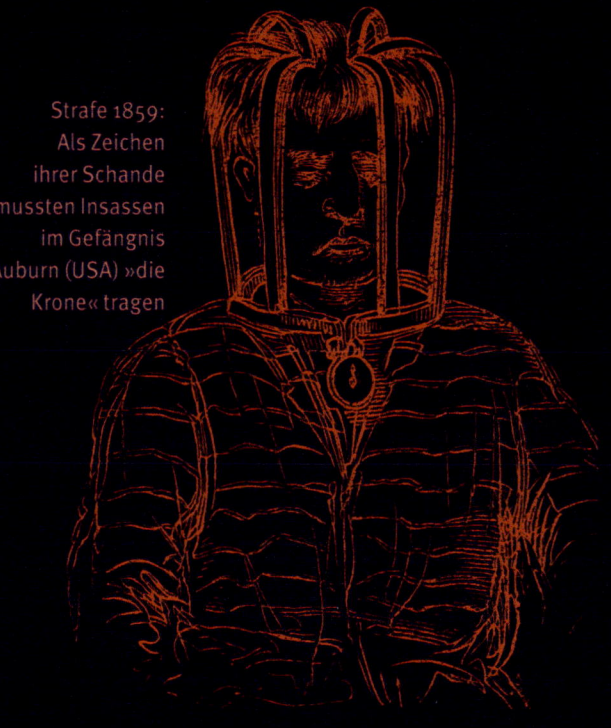

Strafe 1859:
Als Zeichen
ihrer Schande
mussten Insassen
im Gefängnis
Auburn (USA) »die
Krone« tragen

DIE KUNST DER
REUE

Wer Unrecht tut, soll büßen und
sich bessern. Aber wie? Deutsche
Richter setzen bisher auf Geld- und
Haftstrafen. Mit nur mäßigem Erfolg.
Neue Modelle vom »Teen Court«
bis zum »Täter-Opfer-Ausgleich«
zeigen bedenkenswerte Alternativen

VON HANNE TÜGEL

Wenn Schüler wie Florian, Sebastian, Jutta und Bianca sich Fälle vornehmen, um die sich sonst gestandene Juristen kümmern, kann das so aussehen: Delikt Ladendiebstahl (Alcopops im Wert von 2,63 Euro plus Kosmetika im Wert von 73,75 Euro). Täterin: Gymnasiastin, 15 Jahre alt. Sühne: ein halbstündiges Klavierkonzert für die Senioren im Heiliggeistspital. Begründung: „Sie hat erzählt, dass sie seit sieben Jahren spielt, ziemlich gut sogar. Und es war gerade Advent."

Diebstahl, Sachbeschädigung, Fahren ohne Führerschein, Körperverletzung – 172 ausgewählte Fälle haben die Ingolstädter Jugendstaatsanwälte in den beiden vergangenen Jahren an das kriminalpädagogische Schülerprojekt „Fallschirm" und dessen 29 Schlichter überwiesen.

Jurys aus jeweils drei Schülern regeln die Sanktionen gemeinsam mit den Beschuldigten, lassen Comics über den Tathergang zeichnen, Entschuldigungsbriefe schreiben oder Reue in Gedichtform („drei Strophen, gereimt"). Ein Jugendlicher, der wegen Beleidigung beim „Fallschirm"-Projekt landete, bekam den Auftrag, 300 liebevolle Wörter zu Papier zu bringen – was ihm schwer fiel. Eine Ladendiebin, die dem Gremium depressiv erschien, lieferte vier anrührende Seiten zum Thema „Was mir nicht egal ist – und warum". Ein Abiturient, der den Kotflügel eines VW-Käfer eingetreten hatte, schrieb einen Aufsatz über die Geschichte des „New Beetle" – in Anbetracht seines Schulniveaus auf Englisch. Christine Metzger, Pädagogin beim Verein „Jugendhilfe Region 10", die junge Schlichter ausbildet und betreut, ist fasziniert von deren Sensibilität und Fantasie.

Zu den härtesten Sühnemaßnahmen gehört Verzicht. Zwei bis vier Wochen lang ohne das Handy, die Gitarre, das Skateboard, den Mofa-Schlüssel auskommen? „Einer, dem wir vorgeschlagen haben, seine Playstation abzugeben, für die er Spiele geklaut hatte, war total geschockt", erinnert sich Jutta, 18 Jahre alt, die schon mehr als 30 Verhandlungen hinter sich hat und ziemlich einschüchternd über ihre Brille hinweg schauen kann. Ihre Co-Schlichterin Bianca, 19, grinst: „Er dachte, wir wollten sie für immer behalten. Auf zwei Wochen hat er sich dann eingelassen."

Mit Projekten wie dem „Teen Court" versucht die Justiz neue Antworten auf eine alte Frage zu finden: Was kann, was soll die Gesellschaft mit jenen tun, die ihre Gesetze missachten? Selbstjustiz ist tabu, die Gerichte sind überlastet. In Deutschland stehen 5061 Staatsanwälten und 4392 Strafrichtern jährlich rund 2,36 Millionen Beschuldigte gegenüber. Für individuelle Entscheidungen bleibt da wenig Raum. „Alles, was die Routine stört, ist lästig", seufzt Hans-Jürgen Kerner, der selbst Richter war und seit 1986 das Institut für Kriminologie an der Universität Tübingen leitet. Auflagen bedeuten im Alltag der Aktenberge Mehrarbeit: Kontakt mit der Gerichtshilfe, eventuelles Nachhaken, erneute Vorladung …

„Wir Kriminologen", so Kerner, „sprechen nicht von Gerechtigkeit, sondern von Erledigungsstrategien." Das ist sträflicher Leichtsinn – denn die echte Auseinandersetzung mit ihrem Fehlverhalten bleibt Rechtsbrechern dadurch in der Regel erspart. Für 55 von 100 mutmaßlichen Straftätern endet das Verfahren im Vorfeld mit folgenloser Einstellung oder Geldbuße. Wenn es zu einer Verhandlung und Verurteilung kommt, heißt der weitaus beliebteste Richterspruch: Geldstrafe. Danach kommen die zur Bewährung ausgesetzten Freiheitsstrafen, die zwar künftiges Wohlverhalten, aber keine Vergangenheitsbewältigung und Wiedergutmachung fordern. Und viele der 79 000 Verurteilten, die für 77,53 Euro Steuergeld pro Tag in deutschen Haftanstalten einsitzen, pflegen eher Rache- als Reuegedanken, kostenlose Fortbildung in Sachen Kriminalität durch Mithäftlinge ist garantiert. Rückfallquote: 56 Prozent.

Teen Courts, richterliche Auflagen, Projekte zum Täter-Opfer-Ausgleich oder „Soziale Trainingskurse" – im Fachjargon als „restaurative" (wiederherstellende) Strafjustiz bezeichnet – wollen da Abhilfe schaffen. Im Mittelpunkt steht die konstruktive Lösung des zwischen Täter, Opfer und Gemeinschaft entstandenen Konflikts. Der Marburger Kriminologieprofessor Dieter Rössner spricht vom „Heilen der Wunden". Wer Normen verletzt, soll mit seinem Unrecht konfrontiert werden, Verantwortung übernehmen und Wege zur Versöhnung und Schadensregulierung suchen. Dieter Rössner zieht eine Verbindung zum kulturell weit verbreiteten Modell des „Palavers", bei dem die Parteien erst auseinander gehen, wenn eine gütliche Einigung gefunden ist.

Eine echte Auseinandersetzung mit ihrem Fehlverhalten bleibt Rechtsbrechern meist erspart

BEISPIEL TEEN COURTS. Sie werden in den USA schon seit den 1970er Jahren erprobt. Florian, der 16-Jährige vom Projekt „Fallschirm", trüge dort allerdings eine Robe über seiner Schlabberhose, würde theatralisch mit „Euer Ehren" angeredet und in einem echten Gerichtssaal agieren. In Bayern, wo der

Behängt mit Ketten aus Karten und Würfeln – so mussten sich ertappte Glücksspieler um 1700 am Pranger zeigen

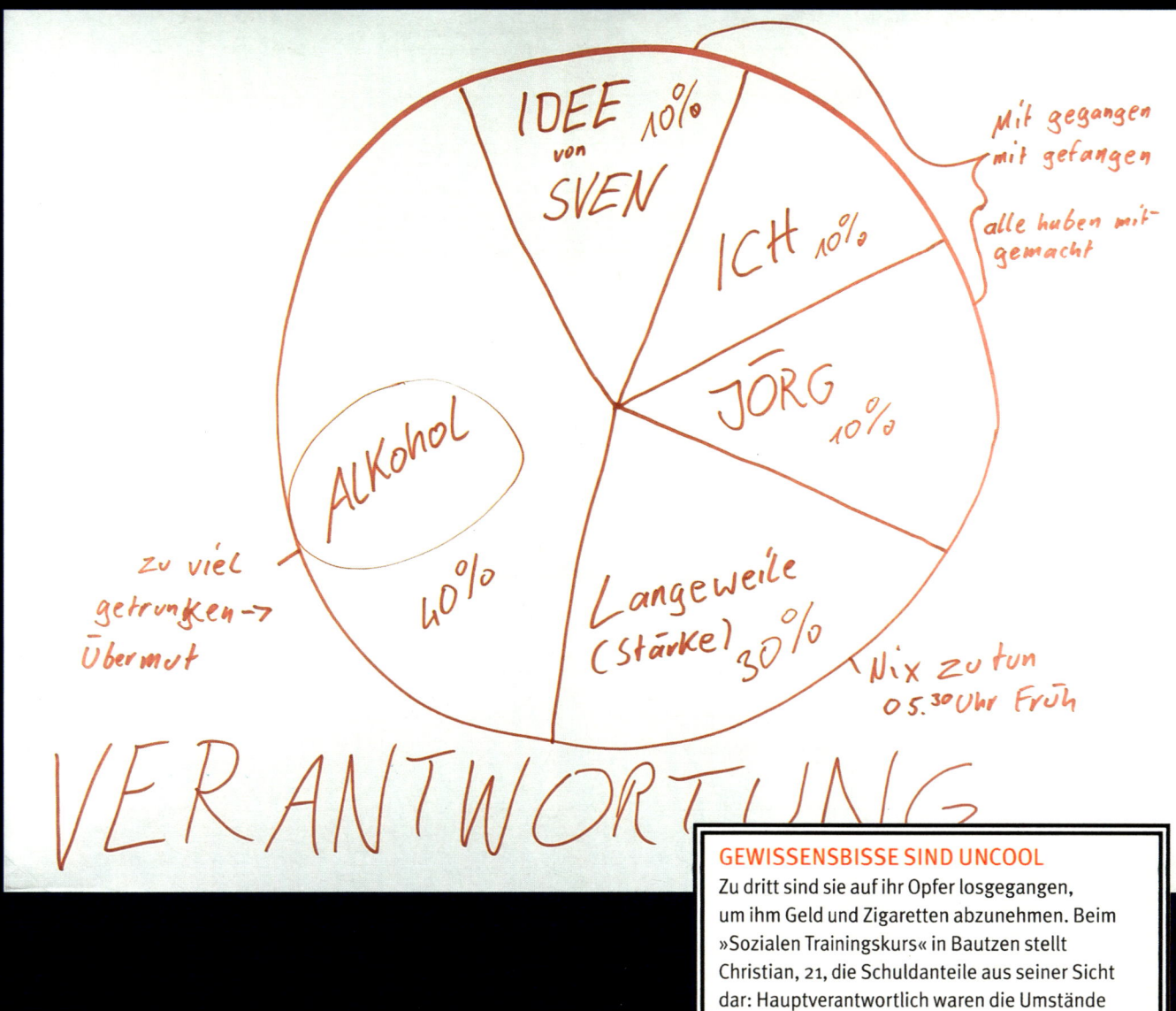

Mit gegangen
mit gefangen

alle haben mit
gemacht

IDEE von SVEN 10%

ICH 10%

JÖRG 10%

Alkohol 40%

zu viel getrunken → Übermut

Langeweile (Stärke) 30%

Nix zu tun
05.30 Uhr Früh

VERANTWORTUNG

GEWISSENSBISSE SIND UNCOOL
Zu dritt sind sie auf ihr Opfer losgegangen, um ihm Geld und Zigaretten abzunehmen. Beim »Sozialen Trainingskurs« in Bautzen stellt Christian, 21, die Schuldanteile aus seiner Sicht dar: Hauptverantwortlich waren die Umstände

ehemalige Justizminister Manfred Weiß die Idee aufgriff, bevorzugt man runde Tische, Begrüßung mit Handschlag und Vereinbarungen statt autoritärer Urteile. Verhandelt werden jugendtypische „minder schwere" Delikte, bei denen es nicht um Heimtücke, sondern um Coolness, Mutproben und Gruppenstatus geht. „Viele Jugendliche lassen sich da von Erwachsenen nichts sagen, von Gleichaltrigen schon eher", begründet Helmut

Walter, Leitender Oberstaatsanwalt in Ingolstadt, die Berufung der Nachwuchsschlichter.

Das Pionierprojekt „Wellenbrecher", im Jahr 2000 in Aschaffenburg gegründet, überzeugte sowohl Politiker als auch die wissenschaftlichen Begleiter der Universität München. Die rühmten, nach 30 Monaten Erfahrung, „hoch motivierte Schüler" in den Jurys und „eine positive Tendenz" bei der Zahl der Rückfälle. Das gab den Ausschlag, Teen Courts

im Jahr 2003 auch in Ansbach und Ingolstadt zu gründen.

WER IN ORDENTLICHEN Gerichten „kreativ" urteilt, hat Chancen, berühmt zu werden. Zum Beispiel Christian Kropp, Amts- und Jugendrichter im thüringischen Sondershausen. Türkische, amerikanische, sogar japanische Journalisten berichteten schon über seine „etwas anderen Urteile". Zwei Casting-Gesellschaften schlugen dem 40-Jährigen – bislang erfolglos – den Karrieresprung zum Fernsehrichter vor.

„Familien funktionieren nicht mehr. Lehrer sind überfordert. Da bekommt das Gericht eine Erziehungsfunktion", sagt Christian Kropp. Er hat einem Jugendlichen, der Bushaltestellen mit Hakenkreuzen und SS-Runen beschmiert hatte, die Auflage erteilt, an einer Führung durch die KZ-Gedenkstätte Buchenwald teilzunehmen. Ein rechter Fußballfan, der im Stadion das Zeichen von Hitlers Leibstandarte trug, musste Joachim Fests 1200-seitige Hitler-Biografie in einem Zehn-Seiten-Aufsatz zusammenfassen. Ein wegen Körperverletzung und Beleidigung Angeklagter wurde zur Mitarbeit ins Asylbewerberheim geschickt, um „auch einmal Toleranz zu lernen". Und einem jungen Mann, der im Supermarkt gegen ein Weinregal gepinkelt hatte, erlegte Kropp auf, die öffentlichen Toiletten am Bahnhof zu putzen.

Der Richter, ein zurückhaltender Mann mit hoher Stirn, Schnauzbart und Brille, der aus Franken nach Thüringen kam, sich für „eher konservativ" hält und in seiner Freizeit Kirchenorgel spielt, wehrt sich gegen die Kollegenschelte, er wolle „mit seinen exotischen Urteilen nur in die Zeitung". Er kontert: „Ich spreche im Namen des Volkes. Für den Bürger, nicht für die Justizverwaltung."

Während andere nach einem Urteil die Akten schließen, erfährt Kropp, wie schwer es ist, Erziehungsversäumnisse vom Richtertisch aus wettzumachen. Der Hakenkreuz-Schmierer fuhr allein in die KZ-Gedenkstätte und war dort auf sich gestellt – eine Begleitung wäre sinnvoll gewesen. Der Aufsatzschreiber lieferte einen Text ab, den er vermutlich nicht selbst verfasst hatte. Im Asylheim wollten sie den zugewiesenen Helfer zuerst nicht akzeptieren.

Ein Schandmantel »für Unsittliche, Nachtschwärmer, Trunkenbolde, Obst- und Holzdiebe« aus dem 17. Jahrhundert

Vom Erfolg seiner Denkzettel-Experimente ist Kropp dennoch überzeugt: „Es spricht sich herum, wenn man ein bisschen konsequent ist." Neonazi-Fälle gab es in Sondershausen seit anderthalb Jahren nicht mehr. Die Jugendkriminalität im Kreis ist rückläufig.

JUNGE MÄNNER zwischen 18 und 21 Jahren werden fast viermal so oft straffällig wie ältere und zehnmal so oft wie Frauen. Den Gefährdeten in dieser Phase Selbstverantwortung nahe zu bringen, ist so verdienstvoll wie das Entschärfen von Bomben. Die Sozialpädagogen Katja Sturm und Malte Rastemborski kennen die Blockaden ihrer Schützlinge: „Es ist nicht leicht, einzusehen, was für ein Schwein oder Idiot man in bestimmten Situationen war." Die beiden leiten in Bautzen soziale Trainingskurse für junge Intensivtäter. Jeweils ein Wochenende plus elf Gruppensit-

zungen à drei Stunden, in denen es um Recht und Unrecht, um Toleranz und um Alternativen zum Zuschlagen geht – die letzte Chance vor dem Jugendarrest.

Thema heute: Schuld. Erste Aufgabe: Jeder soll aufschreiben, wen oder was er verantwortlich macht für das, was er angerichtet hat; für die Idee, den Asia-Imbiss anzuzünden, das Clubheim abzufackeln, Menschen zusammenzuschlagen, zu bedrohen, zu berauben. Sechs dicke Filzstifte kratzen übers Papier und schreiben: Alkohol. Hass. Rache. Angst. Dummheit. Familie. Gruppenzwang. „Umfällt", heißt es bei Holger. Ein „Ich" taucht immerhin auf vier von sechs Zetteln auf. Die Kursleiter weisen darauf hin, dass dieses „Ich" nein sagen könnte zum Alkohol, zum Ausle-

ben von Hass und Rache. Holger setzt die Limoflasche an. Daniel wirft Kaugummis in die Runde.

Rauchpause.

Danach wird es ernst. Mit leiser Stimme liest Katja Sturm Martins Fall vor. Die Geschichte jener Nacht, die mit Alkohol und einem Streit nach der Disco begann und mit einer Anklage nach § 226 StGB endete. „Wir haben ihn mit einer Holzlatte und Fußtritten so lange bearbeitet, bis er blutüberströmt am Boden lag und sich nicht mehr bewegt hat …" Alle in der Gruppe werden still. Holger vergisst, sich Chips in den Mund zu schieben. Jörg hört auf, mit Christian zu reden. Marcel im „Angry Aryans"-T-Shirt starrt ins Leere.

Und Martin, 19 Jahre alt, kurz geschorenes dunkles Haar, sonst nie um einen Spruch verlegen, betrachtet stumm seine roten Turnschuhe. Ihm steht ein Rollenspiel bevor: Er soll sich in diesen Jungen hineinversetzen, den

Denkzettel-Urteile vom Richtertisch können Erziehungsversäumnisse kaum noch ausgleichen

er so brutal verletzt hat. Soll dessen Horror nachempfinden. Und Fragen stellen, die das Opfer wohl an ihn, den Täter, richten würde.

Zwei lahme Fragen fallen ihm ein. „War das ein Einzelfall?" Und: „War Alkohol im Spiel?" Einfühlungsvermögen Ende.

Die anderen mischen sich ein und geben Tipps. „Mann, du musst doch Hass haben auf den!"

Martin schaut sie nicht an. „Ich hab keine Lust, darüber zu reden!"

Malte Rastemborski fragt: „Was würdest du denn von demjenigen erwarten, der dir so etwas angetan hat?"

Die Antwort, leise: „'ne Entschuldigung. Mindestens!"

Daniel kommentiert: „Reue."

Wieder Stille. Holger, dem 20-jährigen Brandstifter mit Flaum-

DIE TAT – EIN HILFESCHREI
Schlechte Noten, keine Aussicht auf eine Lehrstelle,
dann der Ladendiebstahl … Nach der Sitzung
beim »Teen Court« zeichnet eine 19-Jährige ihren
Weg ins »große schwarze Loch« – unter den
wachsamen Augen des Detektivs

bart, fällt eine Art Schlusswort ein: „Blöde Sache gewesen."

Nachbesprechung. Martins rote Turnschuhe schaben über den Boden, seine Zähne kauen auf den Lippen herum. Dann sagt er trotzig: „Wenn man halt weiß, wie schwer man den verletzt hat, wenn ich den halb tot geschlagen hab, kann ich schlecht sagen: ‚Ich hab es nicht so gemeint.' Ich kann in dem Fall gar nichts ma-

chen. Wenn ich dem zu nahe komme, bin ich selbst dran."

Letzte Aufgabe: ein Entschuldigungsbrief in eigener Sache. Diesmal blockt Holger. Die anderen geben sich Mühe. Auch Martin. „Es tut mir leid" zu schreiben ist einfacher, als es über die Lippen zu bringen. Wird er den Brief abschicken? „Eher nicht."

Elfmal drei Stunden Nachdenken löschen alte Verhaltensmus-

ter nicht aus. Aber sie können nach Malte Rastemborskis Erfahrung dazu beitragen, „nicht in die nächste Sache reinzuschliddern". Wenn alles gut geht, hat Martin beim nächsten Ärger Katja Sturms leise, klare Vorlesestimme im Ohr.

Soziale Trainingskurse für Männer bis 21 gehören bundesweit zum Repertoire „ambulanter" Sanktionen. Ein prinzipielles Dilemma lösen sie nicht: Für die

Freund und Ich wollten auch nach Hause gehen. Auf dem Heimweg stand auf der Straße ein Opel Vektra. Dort blieben wir stehen und mein Freund, hat die Radkappen an den Opel Vektra gesehen. Er wollte er sie unbedingt haben, ich sagte dabei zu ihm du hast doch schon welche, du bekomms stress wen du sie mitnimmst. Aber er hat schon angefangen die Radkappen ab zu montieren Ich wollte nicht das er erwischt wird ich wollte das es schneller geht und habe zwei Radkappen abmontiert. Ich hab mir dabei nichts gedacht ich wollte nur schnell weg. Wir sind dan abgehauen und haben die Radkappen in sein Koferraum reingelegt, die Antennen hat er auch dort versteckt. Wir sind dan zum

BEICHTE AUF VIER SEITEN

Besinnungsaufsätze sind beim »Fallschirm«-Projekt als Strafe beliebt. In diesem verspricht ein 17-Jähriger am Ende: »Ich werde so etwas nie wieder tun«

Für »Verleumder und Ehrabschneider« sah die spätmittelalterliche Justiz »Strafmasken« vor

Opfer von Verbrechen hat das geltende Justizsystem nur Nebenrollen vorgesehen. Gewalttäter warten nach einer Strafanzeige die Ermittlungen ab, meist ohne Einbuße an Lebensqualität. Es sind die Opfer, die sich quälen, mit hilfloser Wut, Ohnmachtsgefühlen, Angst, dem Täter wieder zu begegnen. Oft jahrelang, manchmal lebenslänglich. In besseren Fällen bis zum TOA-Termin. TOA steht für Täter-Opfer-Ausgleich.

DER WEG ZUR „WAAGE" führt an Amtsgericht, Landgericht und einem Lokal mit dem Namen „Meineid" vorbei. Der Verein residiert in Hannovers Gerichtsviertel in einer freundlichen Altbauwohnung und erprobte 1992 als Erster die außergerichtliche Konfliktschlichtung mit Erwachsenen. Bisher in 4300 Fällen.

Samstagabend, 22 Uhr. Eine Frau stoppt ihren Wagen, um einem scheinbar in Not geratenen Fremden zu helfen. Der betrunkene Mann springt in ihr Auto, greift ihr ins Gesicht, bekommt den Unterkiefer zu fassen, drückt zu. Sie hupt, keiner hört es. Erst als sie um sich tritt, kann sie sich befreien und schließlich die Polizei alarmieren.

Für die Hannoveranerin, die hilfsbereit sein wollte und einen Albtraum erlebte, bleibt der Mann „die Inkarnation der Unsicherheit, der Bedrohung". Drei Monate nach der Wiederbegegnung in der „Waage" sagt sie: „Ich bin froh, dass ich ihn kennen gelernt habe. Einfach, um festzustellen: Das ist auch nur ein Mensch, nicht irgendein Monster." Nach einem Vorgespräch hat sie dem Täter-Opfer-Ausgleich zugestimmt, hauptsächlich, um ihm „ordentlich die Meinung zu sagen".

Bei der Konfrontation erweist sich der 35-jährige Bauarbeiter, der nach der Festnahme in einer Ausnüchterungszelle aufgewacht ist und sich angeblich an nichts erinnerte, als unsicher und beschämt. Er lässt sich bereitwillig auf die Forderung ein, ihr ein halbes Monatsgehalt zu zahlen. Und noch einmal dieselbe Summe an ein Frauenhaus. Vorteil: Die Ermittlungen werden eingestellt.

Körperverletzung, Bedrohung, Sachbeschädigung, Belästigung, Nachbarschaftsstreit, Gewalt in Partnerschaft und Familie sind die wichtigsten TOA-Themen. Beteiligt sind jeweils zwei Mediatoren, Pädagogen oder Psychologen, neuerdings auch ausgebildete ehrenamtliche Helfer aus anderen Berufen. Sie agieren als Vermittler, nicht als Richter. Alles darf auf den Tisch. Vorwürfe, lautstarker Ärger, Tränen. „Das Irrationale, die emotionale Seite, ist oft wichtiger als eine Einigung über Schmerzensgeld", so „Waage"-Mitgründer Lutz Netzig.

TOA-Angebote sind freiwillig. Nicht jedes Gewaltopfer kann es ertragen, mit dem Peiniger am selben Tisch zu sitzen, nicht jeder Täter bringt den Mut auf zur Konfrontation. Doch in immerhin 60 Prozent der von der Justiz vorgeschlagenen Fälle kommt es zu Schlichtungsgesprächen; mehr als vier Fünftel enden einvernehmlich.

Beide Seiten haben Vorteile davon. Beschuldigten winkt ein günstiger Ausgang des Strafverfahrens. Und Geschädigte können bei der „Waage" sofort Schmerzensgeld bekommen, notfalls aus einem Opferfonds, an den die Täter die vereinbarte Summe abstottern.

Rund 150 Projekte sind inzwischen intensiv mit TOA befasst; etwa 25 000 Fälle pro Jahr werden an sie überwiesen. Nicht genug, meint Dieter Rössner, der Marburger Kriminologe. Er moniert, dass nur elf Prozent der Staatsanwälte und drei Prozent der Richter das Instrument TOA regelmäßig nutzen, obwohl sie

Die direkte Konfrontation von Tätern und Opfern erfordert Mut – auf beiden Seiten

es seit 1999 „in jeder Phase des Verfahrens anregen" könnten.

Vorbilder wie „Fallschirm" und „Waage" weisen den Weg. Sie illustrieren die Vision einer „heilenden" und „brauchbaren" Gerechtigkeit. Einer Gesellschaft, in der kleinere Sünden mit Klavierkonzerten abgegolten werden und schwere Delikte seltener vorkommen als heute. Weil nicht nur Juristen, sondern auch viele andere sich kümmern um Recht und Unrecht, um Normen und ihre Einhaltung, um Wiedergutmachung und Versöhnung. □

GEO-Redakteurin **Hanne Tügel**, 51, war erstaunt: Dass das konservative Bayern mit den Teen Courts eine Pionierrolle in Deutschland spielt, hätte sie vor der Recherche nicht erwartet. Sie hofft, dass andere Bundesländer dem Beispiel folgen.

schöner leben ohne nazis

9+% NAZIS Schämt euchdeswegen Tut was dagegen!

DIE MORAL DER STRASSE

Sex Work is Work

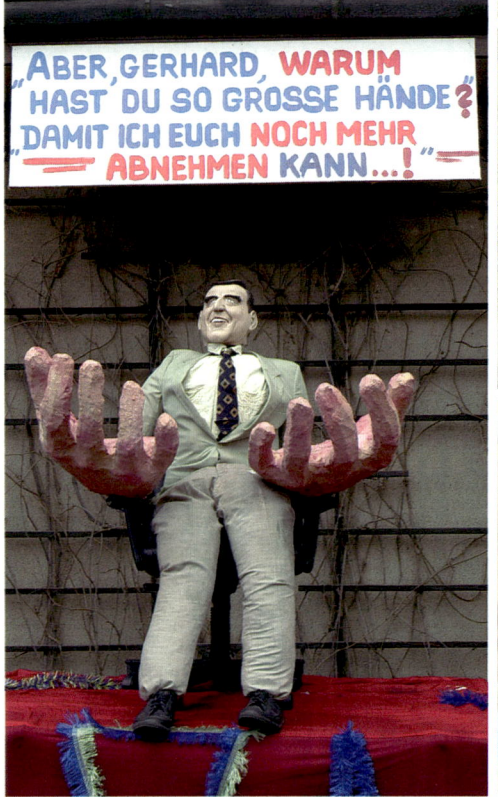

"ABER, GERHARD, WARUM HAST DU SO GROSSE HÄNDE? DAMIT ICH EUCH NOCH MEHR ABNEHMEN KANN...!"

STRUCK BRAUCHT DRUCK!

Weg mit! Hartz IV Schröder Clement Mü...

HARTZ IV IST DRECK

SCHRÖDER MUSS WEG

VOTE OR DIE!

...u can BOMB the ...rld into pieces, but you ...an't BOMB it into peace

BASTA DA AVENTURA NUCLE...

Wer eine klare Meinung hat, braucht keine langen Worte. Weshalb die Menschen auf Demonstrationen oder Karnevalsumzügen direkt zur Sache kommen und mit drastischen Parolen Position beziehen

APOSTEL DES FRIEDENS

Autor **Franz Alt**, 66, viele Jahre Moderator des Fernsehmagazins „Report", engagiert sich heute für ein ökologisches Weltethos (www.sonnenseite.com).

Vielleicht war es ja göttliche Fügung: Am 18. Dezember 1979 entzog Papst Johannes Paul II. dem Tübinger Professor der Katholischen Dogmatik, Hans Küng, die kirchliche Lehrbefugnis. Für Küng „ein gewaltiger Schock". Denn der geschätzte Fundamentaltheologe, der von Papst Johannes XXIII. zum offiziellen Berater des II. Vatikanischen Konzils ernannt worden war, betrachtete sich bis dahin als ergebener Diener seiner Kirche. Er hatte sich lediglich erlaubt, das erste Amtsjahr des neuen Papstes und dessen innerkirchlichen Restaurationskurs kritisch zu analysieren.

Nun war Küng frei. „Ich musste keine dogmatischen Vorlesungen mehr halten und hatte Zeit, mich mit neuen Themen zu beschäftigen."

Seine Neugier hilft ihm, den „Schock" zu überwinden. Er widmet sich dem Dialog zwischen den christlichen Konfessionen, schließlich dem Dialog zwischen den Weltreligionen. Grenzen überschreiten, Neuland betreten, eher zu weit gehen als im Stillstand verharren – das ist sein Credo. Küng will weg von der Abgrenzung und hin zur Kooperation.

1987 veröffentlicht er seine „Theologie im Aufbruch. Eine ökumenische Grundlegung". Aber erst die antikommunistischen Re-

volutionen von 1989 verhelfen ihm zum entscheidenden gedanklichen Durchbruch. Unmittelbar nach der Wende präsentiert er sein „Projekt Weltethos", eine Programmschrift, die der beschleunigten Globalisierung das ethische Fundament liefern soll.

In der Auseinandersetzung mit Judentum, Islam, Hinduismus, Buddhismus und Konfuzianismus war ihm klar geworden, „dass man mit Angehörigen anderer Religionen leichter als über Glauben und Dogma über Ethos und Ethik reden kann". Während in Glaubensfragen stets der Dissens dominiere, gebe es grundlegende Übereinstimmungen in den ethischen Prinzipien. „Ob ein Gangster in Australien, Süditalien oder China mordet, ein Regierungschef in Deutschland, den USA, Peru oder Japan Parlament und Öffentlichkeit anlügt, ob ein Naturwissenschaftler seine Ergebnisse in Ulm oder Nairobi fälscht, ob ein Wirtschaftsführer in Zürich oder Kuala Lumpur Bilanzen manipuliert: Er muss normalerweise mit dem Verlust seiner Glaubwürdigkeit und mit gesetzlichen Sanktionen rechnen."

VON NUN AN nimmt Hans Küng die Weltpolitik in den Blick. Sie ist die Bühne, auf der er sich wohlfühlt. Als 1993 die Delegationen der Bahais und der Neu-

Heiden, der Zoroastrianer, des Lamaismus und vieler anderer Glaubensrichtungen im Großen Ballsaal des Chicagoer Hilton-Hotels das Parlament der Weltreligionen eröffnen, verabschiedet die Runde, von Küng initiiert, eine erste offizielle „Weltethos-Erklärung". Sie solle, so Küng, die UN-Menschenrechtserklärung „ethisch abstützen" und zugleich den Kontrapunkt setzen zu Samuel Huntingtons im gleichen Jahr veröffentlichter These vom „Kampf der Kulturen".

In der Analyse sind sich Küng und Huntington weitgehend einig. Küng schätzt an dem Amerikaner, dass er – im Gegensatz zu Henry Kissinger – „die bewusst-unbewusste Tiefendimension weltpolitischer Konflikte" wahrnimmt und auf die Rolle der Religionen in der Weltpolitik aufmerksam macht. „Denn älter, stärker und konstanter als alle Imperien, Dynastien und Staaten haben nun einmal die großen Religionssysteme durch die Jahrtausende die Kulturlandschaften dieses Globus modelliert." Konfuzius und Buddha, Mohammed und Jesus Christus seien bis heute die Leitfiguren.

Huntingtons Schlussfolgerung aber – den unvermeidlichen Zusammenstoß der Kulturen – weist Küng zurück. Der amerikanische Kulturpessimist übersehe, dass

Als der Tübinger Theologe Hans Küng 1990 sein »Projekt Weltethos« vorstellte, erntete er noch mitleidiges Lächeln. Heute wird sein Vorstoß für eine erdumspannende Moral von Vertretern aller Weltreligionen unterstützt

die Gegensätze innerhalb der Religionen oft größer seien als die zwischen ihnen. Das könne man am Nordirland-Konflikt ebenso studieren wie am Krieg zwischen Iran und Irak. Nicht der „Clash *of* Civilizations", sondern der „Clash *within* Civilizations" bedrohe den Weltfrieden. Huntingtons simples Blockdenken bediene nur das Angstmodell der aggressiven amerikanischen Außenpolitik und ignoriere die Gemeinsamkeiten zwischen den Religionen. Erforderlich sei die intensive Suche nach praktikablen, weltweit gültigen Maßstäben, die zu einer Kultur der globalen Toleranz und Solidarität beitragen könnten.

Küngs „Projekt Weltethos" fasziniert vor allem die Optimisten. Unterrichtseinheiten für Schulen und Ausstellungen entstehen, die „die gute Nachricht" verbreiten wie ein zweites Evangelium. Aufgeklärte Firmenchefs, die auf globalisierten Märkten agieren, erkennen in Küngs Projekt moralischen Flankenschutz. Spontan stiftet der badische Unternehmer Graf von der Groeben fünf Millionen Mark, um dem Weltethos ein Basislager zu verschaffen. 1995 nimmt die „Stiftung Weltethos" in Tübingen ihre Arbeit auf.

Wieder erweitert Küng seinen Horizont, diesmal um ökonomi-

sche Fragen. Er konzentriert sich auf „Weltpolitik und Weltwirtschaft" und den Dialog zwischen „Wissenschaft und Weltethos". Immer mehr kluge Köpfe versammelt er um seinen imaginären Runden Tisch. Und plötzlich beschäftigen sich auch Politiker – wenn auch vorerst nur pensionierte – mit Fragen des Weltethos. 1997 formulieren ehemalige Staats- und Regierungschefs im so genannten InterAction Council unter dem Ehrenvorsitz Helmut Schmidts eine „Allgemeine Erklärung der menschlichen Verantwortlichkeiten", die das Parlament der Weltreligionen übernimmt und 1999 in Kapstadt als „Aufruf an unsere führenden Institutionen" veröffentlicht.

Zwei Jahre später antwortet UN-Generalsekretär Kofi Annan mit der Einsetzung einer 20-köpfigen „Gruppe hervorragender Persönlichkeiten", die im „Internationalen Jahr des Dialogs der Kulturen" das Manifest „Brücken in die Zukunft" vorlegen. Zum ersten Mal sind hier auf höchster politischer Ebene die Umrisse „eines neuen Paradigmas der internationalen Beziehungen auf ethischer Grundlage" zu erkennen. Dieses neue Politikmuster, so Küng, verlangt „grundsätzlich: statt der neuzeitlichen nationalen Interessen-, Macht- und Prestigepolitik eine Politik regio-

naler Versöhnung, Verständigung und Annäherung". Verschiedenheit solle als Bereicherung, nicht als Bedrohung verstanden werden; Politik dürfe kein Nullsummenspiel mehr sein, in dem der eine gewinnt, was der andere verliert, sondern eine gemeinsame, auf Win-win-Situationen ausgelegte Strategie, die für alle Beteiligten Verbesserungen bringe. Dies setze aber eine Mentalitätsveränderung voraus. Nötig sei ein Konsens über Grundwerte – kein ethisches System, keine neue Ideologie, sondern die Bündelung gemeinsamer religiösphilosophischer Ressourcen.

FÜNF SOLCHE „NORMEN der Humanität" sieht Hans Küng als Quintessenz aller religiösen und ethischen Traditionen.

• Die Verpflichtung auf eine Kultur der Gewaltlosigkeit und der Ehrfurcht vor dem Leben, zusammengefasst in dem Gebot: **Du sollst nicht töten!**

• Die Verpflichtung auf eine Kultur der Solidarität und eine gerechte Wirtschaftsordnung nach dem Motto: Handle fair und gerecht! In der Sprache der Bibel: **Du sollst nicht stehlen!**

• Die Verpflichtung auf eine Kultur der Toleranz und ein Leben in Wahrhaftigkeit. Mit anderen Worten: **Du sollst nicht lügen!**

• Die Verpflichtung auf eine Kul-

ABSAGE AN DEN KAMPF DER KULTUREN

tur der Gleichberechtigung und Partnerschaft von Mann und Frau. Traditionell: **Du sollst nicht ehebrechen!** In heutiger Version: Du sollst Sexualität nicht missbrauchen!

• Die Verpflichtung auf die Solidarität zwischen den Generationen: **Du sollst für das Wohlergehen der Kinder sorgen und Vater und Mutter ehren!**

Wer diese fünf Gebote als Mindeststandard billige, habe das Projekt Weltethos verstanden. Sein Ziel sei nicht die Weltregierung oder ein Einheitsbrei aus verschiedenen Religionen, sondern der Friede zwischen den Religionen – als Voraussetzung für einen Frieden unter den Nationen.

EIN EHRENWERTES und edles Unterfangen, sagen Küngs Kritiker – aber eben Wunschdenken, in schönen Schlössern in angenehmer Atmosphäre am Kamin formuliert. In der rauen Wirklichkeit erlebe die Welt gerade den Rückfall in alte Muster. Der Krieg sei wieder zum Mittel der Politik geworden; die Hegemonie über andere das strategische Ziel; die Sicherung des Zugangs zu Rohstoff- und Absatzmärkten das herrschende nationale Interesse der Starken.

Wesentlich schärfer urteilt der konservativ-christliche Moralphilosoph Robert Spaemann: „Küngs Sprache, sein wohlmeinendes Pathos, die trivialen Merksätze, seine biedere, von keinem Selbstzweifel angekränkelte Selbst-

gefälligkeit und Geschäftigkeit ,in Sachen Ethik' lassen in dem Leser seiner Ausführungen ein Vorurteil entstehen. Wenn ich nachträglich versuche, dieses Vorurteil zu begründen, dann sind es vor allem drei Züge, die den Nihilismusverdacht bestätigen: die Verwandlung des Ethos in ein Projekt; die Instrumentalisierung des Ethos; und die Institutionalisierung des Ethos."

Ein Ethos aber, das zum Projekt werde, höre auf, „letzter Maßstab zur Beurteilung von Projekten zu sein, es wird selbst Mittel zu anderen Zwecken". Damit stehe Hans Küng „ganz in der Tradition neuzeitlicher Instrumentalisierung der Religion im Dienst der Moral und der Moral im Dienst der Staatserhaltung". Außerdem überschätze Küng die moralische Kompetenz internationaler Organisationen. Die UN seien kein Küngscher Moralzirkel, sondern der geballte Ausdruck der jeweiligen nationalen Interessen.

ES MAG VERMESSEN scheinen", verteidigt sich Küng, „nach diesem gewalttätigen 20. Jahrhundert von einem neuen Paradigma der internationalen Beziehungen, ja der Weltpolitik zu sprechen." Doch er könne seinen Optimismus begründen. Drei historische Daten belegten die Wirksamkeit des neuen politischen Ethos: Da sei, am Ende des Ersten Weltkriegs, dessen Ankündigung durch US-Präsi-

dent Woodrow Wilson, der in seinen berühmten 14 Punkten vom „Gerechtigkeitsfrieden" spreche; dann 1945 die Realisierung des neuen Paradigmas durch die Gründung der Vereinten Nationen in San Francisco und die anschließende „Allgemeine Erklärung der Menschenrechte". Und schließlich, 1989, der politische Durchbruch, als die friedlichen Revolutionen in Osteuropa die bis dahin bipolare Welt aus den Angeln heben.

Für Küng, am langfristigen Denken der katholischen Kirche geschult, bricht sich hier eine Tiefenströmung Bahn, die zwar hin und wieder aufgestaut oder umgeleitet, aber nicht wirklich aufgehalten werden kann. Friedensbewegung, Frauenbewegung, Umweltbewegung und ökumenische Bewegung hätten – trotz aller Krisen und Rückschläge – eine fundamental neue Einstellung zu Krieg und Abrüstung, zur Partnerschaft von Mann und Frau, zum Verhältnis von Ökonomie und Ökologie und zu den Weltreligionen hervorgebracht. Die konfrontative Macht- und Prestigepolitik sei mit den beiden Weltkriegen gescheitert. Nun zeichneten sich konkrete Möglichkeiten einer befriedeten und kooperierenden Welt ab.

Wer das nicht glaube, wer das für bloßes Wunschdenken halte, den müsse doch zumindest die globale Hilfsbereitschaft nach der Flutkatastrophe in Asien eines Besseren belehren. □

WAS GUT IST FÜRS GESCHÄFT

Der nachhaltige Erfolg der Ökologiebewegung seit den 1980er Jahren, die Auswüchse des Börsenbooms und die Auswirkungen der neoliberalen Globalisierung führten zu einer Renaissance der Wirtschaftsethik, die sich mit dem Spannungsverhältnis zwischen Gewinnmaximierung und gesellschaftlicher Verantwortung beschäftigt. 1987 wurde im schweizerischen St. Gallen das erste Institut für Wirtschaftsethik im deutschsprachigen Raum gegründet. In viele Großunternehmen wurden seither „Chief Ethics Officers", Ethikbeauftragte, Reputations- oder Wertemanager berufen, um das Geschäft vor Imageschäden zu bewahren. Auch die Politik bemüht sich, Leitlinien für eine verantwortungsvolle Konzernlenkung zu entwickeln, etwa durch die Arbeit der Regierungskommission zur „Corporate Governance". Heute konzentriert sich die Debatte auf die Offenlegung von Managergehältern, die Verlagerung von Arbeitsplätzen in Billiglohnländer, die Bekämpfung der Korruption und die moralische Veredelung von Produkten („Bio", „Öko") zur Verbesserung der Unternehmensreputation. Dabei greift die neue Wirtschaftsethik durchaus auf die Klassiker der Nationalökonomie zurück, etwa auf den Moralphilosophen Adam Smith oder Max Webers Studie „Die protestantische Ethik und der ‚Geist' des Kapitalismus".

Mannesmannskandal, Parteispendenskandal, Müllskandal, Immobilienskandal, Ärzteskandal, Wettskandal. Jeden Tag gibt es Neuigkeiten über Bestechung, Filz und schwarze Kassen. Ist die Zahlungs-Moral der Republik auf den Hund gekommen? Hans Leyendecker beschreibt die unverfrorene Suche nach dem eigenen Vorteil und die Sisyphosarbeit derer, die den korrupten Seilschaften das Handwerk legen wollen

Siegessicher präsentiert sich Josef Ackermann, Chef der Deutschen Bank, beim Prozess vor dem Düsseldorfer Landgericht. Weder ihm noch dem Ex-Vorstandsvorsitzenden von Mannesmann, Klaus Esser (rechts), konnten Untreue oder Beihilfe zu schwerer Untreue nachgewiesen werden

GIER
HAT VIELE
GESICHTER

Der Augsburger Ex-Staatsanwalt Winfried Maier steht in seiner Freizeit als Laienschauspieler auf der Bühne. Der 45-Jährige ist Darsteller in Stücken wie „Diener zweier Herren" von Goldoni oder „Königlich Bayerisches Amtsgericht". Als Chefermittler in einem „Tatort" wäre der ehemalige Strafverfolger wohl die falsche Besetzung. Er ist ein Typ, den man leicht übersieht: 1,66 Meter groß, bubenhaftes Gesicht – der ewige Ministrant.

Doch als echter Staatsanwalt trat Maier so entschieden auf wie der feuerfeste Kommissar Gianni Breda in dem TV-Krimi „Allein gegen die Mafia". Maier war *der* Strafverfolger der Republik – in einem der ganz großen Korruptionsfälle.

Anfang der 1990er Jahre hatte die Firma Thyssen-Henschel 36 Militärfahrzeuge an Saudi-Arabien verkauft, darunter zehn Panzer zum Aufspüren von atomaren, biologischen oder chemischen Stoffen. 219,73 Millio-

nen Mark Schmiergeld wurden von Thyssen für diesen Deal eingesetzt – und damit fast die Hälfte der Kaufsumme.

Einen Teil dieser „Provisionen" bezahlten wir alle. Denn die als „nützliche Aufwendungen" (NA) bezeichneten Millionen waren steuerlich abzugsfähig. Thyssen musste dem Finanzamt nur versichern, dass die Empfänger „keine im Inland steuerpflichtigen natürlichen oder juristischen Personen" seien. Mehr als 24 Millionen Mark flossen an eine „A.T.G. Investment Ltd. Inc." in Panama. Dahinter verbarg sich der mittlerweile in Kanada lebende Waffenlobbyist Karlheinz Schreiber, ein mittelständischer Kaufmann aus Kaufering, damals noch Mit-

glied der CSU. Schreiber gehörte zum „Amigo"-Umfeld des ehemaligen bayerischen Ministerpräsidenten Franz Josef Strauß. Er war jene Schlüsselfigur, die zwei Thyssen-Manager, Parteifreunde wie Max Strauß und Politiker wie den jetzt in Kaisheim bei Augsburg inhaftierten früheren Rüstungsstaatssekretär Ludwig-Holger Pfahls mit Barem bedacht haben soll. Auch Beamte des Bundesnachrichtendienstes (BND) gerieten in Verdacht, Schreiber geholfen zu haben.

DER SKANDAL zog Kreise. Staatsanwalt Maier stieß bei seinen Ermittlungen auf Schreibers Verbindungen zur Bundes-CDU. Der Verdacht erhärtete sich, dass

auch beim Verkauf der ostdeutschen Leuna-Raffinerie an den französischen Staatskonzern Elf Aquitaine hohe Provisionen an deutsche Politiker gezahlt worden waren. Maier recherchierte, sammelte, hakte nach.

Aber der Ermittler wurde abgeblockt. Durchsuchungen bei der CDU wurden von der Generalstaatsanwaltschaft in München unterbunden. Auch für die Vernehmung des früheren Bundeswirtschaftsministers Jürgen W. Möllemann (FDP), der in das Panzergeschäft verwickelt war, erhielt Maier keine Erlaubnis. Der Haftbefehl gegen Pfahls durfte nicht vollstreckt werden. Maier protestierte. Pfahls nutzte die Verwirrung zur Flucht.

Je korrupter der Staat, desto ärmer die Bevölkerung

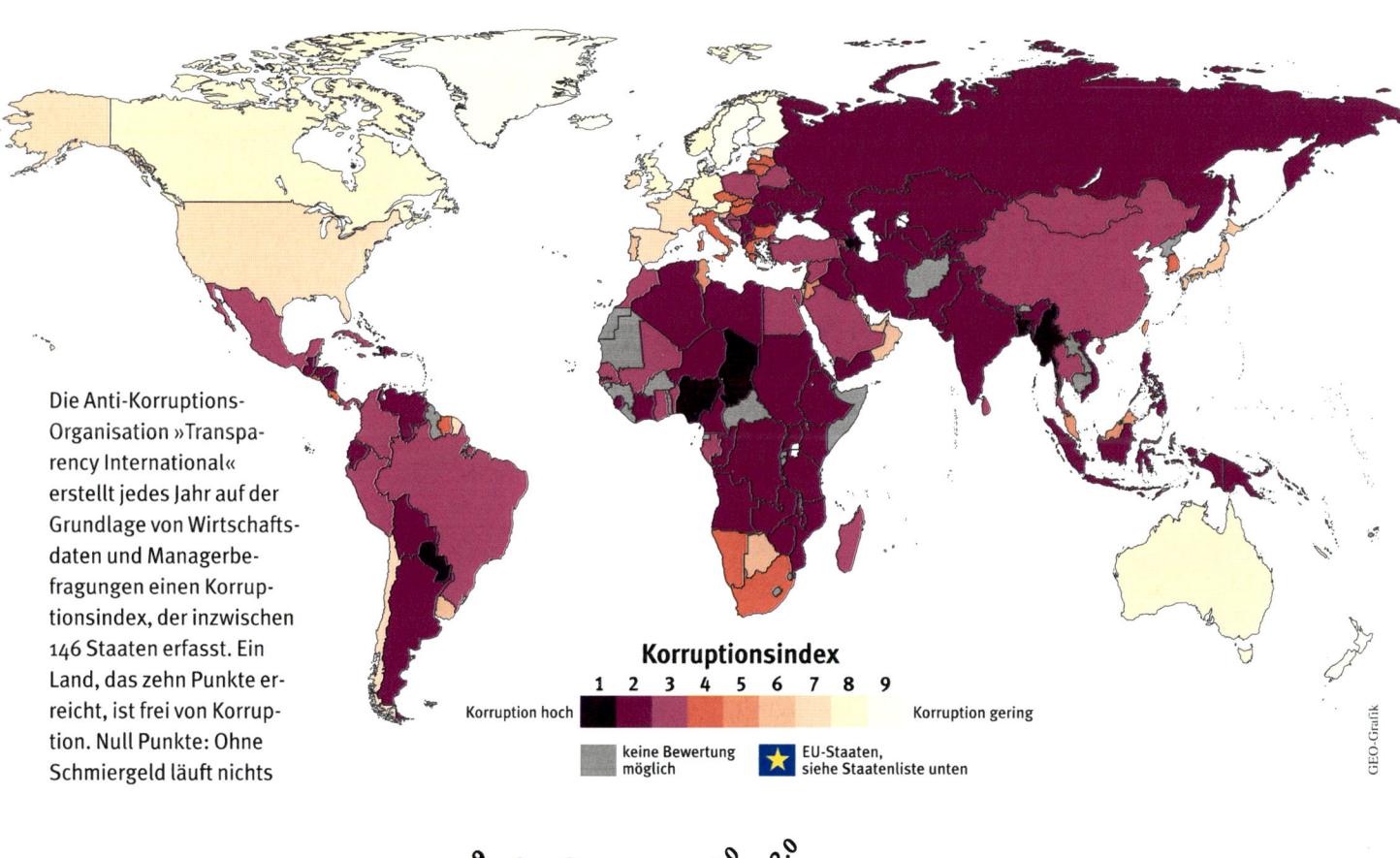

Die Anti-Korruptions-Organisation »Transparency International« erstellt jedes Jahr auf der Grundlage von Wirtschaftsdaten und Managerbefragungen einen Korruptionsindex, der inzwischen 146 Staaten erfasst. Ein Land, das zehn Punkte erreicht, ist frei von Korruption. Null Punkte: Ohne Schmiergeld läuft nichts

Korruptionsindex

1 2 3 4 5 6 7 8 9

Korruption hoch — Korruption gering

keine Bewertung möglich

★ EU-Staaten, siehe Staatenliste unten

GEO-Grafik

HAITI 1.5 · BANGLADESCH 1.5 · NIGERIA 1.6 · MYANMAR 1.7 · TSCHAD 1.7 · PARAGUAY 1.9 · ASERBAIDSCHAN 1.9 · TURKMENISTAN 2.0 · TADSCHIKISTAN 2.0 · INDONESIEN 2.0 · GEORGIEN 2.0 · ELFENBEINKÜSTE 2.0 · KONGO, DEM. REP. 2.0 · ANGOLA 2.0 · PAKISTAN 2.1 · KENIA 2.1 · IRAK 2.1 · KAMERUN 2.1 · UKRAINE 2.2 · SUDAN 2.2 · NIGER 2.2 · KIRGISIEN 2.2 · KASACHSTAN 2.2 · GUATEMALA 2.2 · BOLIVIEN 2.2 · SIMBABWE 2.3

Immer wieder kam es im Verlauf der Ermittlungen zu merkwürdigen Zwischenfällen: Bei einem Beamten des BND sollte eine Hausdurchsuchung stattfinden. Pflichtgemäß informierte Winfried Maier den BND in Pullach über die geplante Aktion, doch als die Polizei anrückte, fand sie im Kamin lediglich die Reste verbrannter Unterlagen. Amtliche Ermittlungsakten, die von Frankreich nach Deutschland überstellt werden sollten, verschwanden auf unerklärliche Weise am Frankfurter Flughafen.

Maier, dem die Vorgesetzten freie Hand gelassen hatten, solange er gegen unbedeutende Alkoholschmuggler vorging, bekam Probleme, als er gegen „die Mächtigen" ermitteln wollte. Er resignierte. Im Jahr 2000 wurde er als Richter ans Oberlandesgericht München, Sachbereich Familienangelegenheiten, berufen. Seine Ermittlungen „ohne Ansehen der Person" waren nicht mehr erwünscht.

KORRUPTION ist eine „Wachstumsbranche" in Deutschland. Es gibt keinen Fußbreit Boden in Wirtschaft und Politik, den man sorglos betreten könnte. Nach einer vom Meinungsforschungsinstitut Forsa im Frühsommer 2002 veröffentlichten Umfrage haben 150 000 kleine und mittelständische Unternehmen bereits einmal Bestechungsgeld gezahlt oder „Gefälligkeiten" erwiesen, um einen Auftrag zu erhalten – fünf Prozent aller 2,9 Millionen deutschen Unternehmen.

In Städten wie Frankfurt oder Köln haben sich geschlossene Gesellschaften gebildet, die nach eigenen Regeln funktionieren. In Wuppertal ermittelte die örtliche

Staatsanwaltschaft seit 1996 gegen 1485 Personen wegen des Verdachts auf Korruption. Fast die Hälfte von ihnen sind Beamte,

»Schmieren und schmieren lassen« lautet die Erfolgsformel

Kirchenleute, Politiker. „Schmieren und schmieren lassen ist in Wirtschaft und Verwaltung so normal geworden wie die tägliche Fahrt mit dem Auto", schreiben der Frankfurter Oberstaatsanwalt Wolfgang Schaupensteiner

und die Bielefelder Professorin Britta Bannenberg in ihrem 2004 erschienenen Buch „Korruption in Deutschland".

Im reichen Hochtaunuskreis, wo die Villen der Frankfurter Bankiers und Manager die grünen Hänge sprenkeln, gingen den Fahndern 1991 mehr als 30 Amts- und Mandatsträger, zwölf Bürgermeister, Parteifunktionäre und Stadträte ins Netz, die auf Kosten der öffentlichen Kassen zum Teil jahrzehntelang in die eigenen Taschen oder in die Parteikassen gewirtschaftet

Ex-Geheimdienstchef und Ex-Staatssekretär: Der nach fünfjähriger Flucht inhaftierte Politiker Ludwig-Holger Pfahls (hier auf Fahndungsfotos) förderte ein Panzergeschäft der Firma Thyssen-Henschel mit Saudi-Arabien. Geschätzte Provision: 3,8 Millionen Mark. Strafe: ungewiss

VENEZUELA 2.3 USBEKISTAN 2.3 SIERRA LEONE 2.3 MOLDAWIEN 2.3 HONDURAS 2.3 ÄTHIOPIEN 2.3 KONGO, REP. 2.3 JEMEN 2.4 ECUADOR 2.4 PALÄSTIN. GEBIETE 2.5 LIBYEN 2.5 ARGENTINIEN 2.5 ALBANIEN 2.5 SAMBIA 2.6 VIETNAM 2.6 UGANDA 2.6 PHILIPPINEN 2.6 PAPUA-NEUGUINEA 2.6 ERITREA 2.6 SERBIEN-MONTENEGRO 2.7 NICARAGUA 2.7 MAZEDONIEN 2.7 LIBANON 2.7 ALGERIEN 2.7 TANSANIA 2.8 RUSSLAND 2.8

Gutes Geld, anständige Zinsen

Die weltweit erste Ethik-Bank betreibt die Versöhnung von Kapital und Arbeit

Die Bank, die meine Hausbank werden soll, steht gegenüber dem Bochumer Schauspielhaus. Ihre Geschäftsräume sind mit Naturfasern ausgelegt, die Regale verströmen den rauen Charme unbehandelten Holzes. Farblose Schlichtheit umgibt mich und eine Gemächlichkeit, die an einen angenehmen Kuraufenthalt erinnert: ein freundliches „Guten

Geld stinkt nicht, es duftet! Vor allem, wenn man es in eine Ökogärtnerei investiert – wie hier in Velden

Tag", ein Tässchen Tee, etwas Mürbegebäck und ein offenes Ohr für einen ausgedehnten Plausch. Schnelles Geld gibt es hier nicht. Doch wenn ich etwas Gutes tun oder ein wenig Sinn stiften möchte in dieser kalten Welt, dann bin ich am rechten Fleck. Im hauseigenen „Bankspiegel" lese ich, wem die Bank das Geld ihrer Kunden leiht: dem Waldorfkindergarten Betzdorf 9500 Euro für einen neuen Gartenzaun, 25 000 Euro für die Übernahme einer Naturheilpraxis, 2,5 Millionen Euro für eine Photovoltaikanlage am Geiseltalsee.

Die 1974 gegründete „GLS Gemeinschaftsbank eG" ist die weltweit erste ethisch-ökologische Bank (www.gls.de). Sie hat zwar anthroposophische Wurzeln und fördert mit der Hälfte ihrer Kredite Projekte wie Kindergärten, Handwerksbetriebe und Ökobauernhöfe. „Wir sind aber keine Rudolf-Steiner-Bank", versichert Christof Lützel, der Pressesprecher des Instituts.

Im Jahr 2003 übernahm die Gemeinschaftsbank den größten Teil der Geschäfte der Frankfurter Ökobank. Mit einer Bilanzsumme von über 500 Millionen Euro ist sie den Kinderschuhen zwar entwachsen, verglichen mit der Deutschen Bank, die 845 Milliarden Euro ausweist, aber noch immer ein Zwerg.

GLS bedeutet „Gemeinschaft für Leihen und Schenken". „Und auch Sie", sagt Lützel, „können dieser Gemeinschaft bald angehören." Als einer von 13 150 „Genossen" würde ich Geld einzahlen und dafür Anteile zeichnen. Im Gegenzug erhielte ich das Recht, die Geschäfte des Finanzinstituts mitzugestalten: an der Generalversammlung teilzunehmen und den Aufsichtsrat zu wählen. Knapp 13 Millionen Euro haben die Mitglieder ihrer Bank gegeben. Was die Genossen jedoch von Aktionären unterscheidet, ist ihr Verzicht auf eine Dividende. „Um sinnvolle Projekte zu unterstützen", sagt Lützel, „müssen Sie nicht unbedingt Genosse werden." Ein Sparkonto genüge, denn schon auf dem Eröffnungsantrag könne ich ankreuzen, in welcher Kategorie mein Geld künftig arbeiten solle: in der „ökologischen Landwirtschaft", in der „nachhaltigen Baufinanzierung" oder in sozialtherapeutischen Einrichtungen. „Die Richtung", sagt Lützel, „dürfen Sie

bestimmen, die Projekte wählen wir aus." Viermal im Jahr dokumentiert die GLS, wem sie mein Geld geliehen hat. Und manchmal liegt dem „Bankspiegel" ein Tütchen Kresse-Samen aus dem Hause Demeter bei.

„Wollen Sie ganz oder teilweise auf die Zinsen für Ihr angelegtes Geld verzichten?", fragt Herr Lützel. Ich zucke zusammen. So gut bezahlen die Redaktionen nicht, dass ich mir ein Zinsopfer leisten könnte. Auch GLS-Kunden machen immer seltener Gebrauch davon. Traten Ende der 1970er Jahre fast 80 Prozent der 42 000 Kunden die Zinserträge teilweise oder ganz ab, sind es heute noch 20 Prozent. „Ihren Zinsverzicht", sagt Lützel, „geben wir zum größten Teil an gemeinnützige Kreditnehmer weiter." 2004 betrug der Zinssatz für den billigsten Kredit –

Auch der Solarpark Kaufbeuren wurde mit Krediten der Ethik-Bank finanziert

intern Kostendeckungsumlage genannt – gerade mal vier Prozent. **Doch nicht jeder kann sich zu solchen Bedingungen Geld leihen.**

Spezialisten der Bank tingeln seit Jahren durchs Land und prüfen, ob ein Ökohof auch wirklich ökologisch wirtschaftet, ob das Kraftwerk erneuerbare Rohstoffe nutzt oder der buddhistische Tempel tatsächlich sozialen Zwecken dient. „Viele Anträge lehnen wir ab", sagt Lützel und

NEPAL 2.8 MOSAMBIK 2.8 MALAWI 2.8 INDIEN 2.8 GAMBIA 2.8 RUMÄNIEN 2.9 IRAN 2.9 DOM. REP. 2.9 SENEGAL 3.0 MONGOLEI 3.0 MADAGASKAR 3.0 BOSNIEN-HERZEGOWINA 3.1 ARMENIEN 3.1 TÜRKEI 3.2 MAROKKO 3.2 MALI 3.2 ÄGYPTEN 3.2 BENIN 3.2 JAMAIKA 3.3 GABUN 3.3 WEISSRUSSLAND 3.3 SYRIEN 3.4 SAUDI-ARABIEN 3.4 CHINA 3.4 SRI LANKA 3.5 POLEN 3.5

fügt stolz hinzu: **„Mehr als 100 000 Euro an Kreditausfällen im Jahr sind bei uns noch nicht vorgekommen."** Bei einem Kreditvolumen von 297 Millionen Euro sind das gut 0,03 Prozent.

Doch auch eine Gemeinschaftsbank wie die GLS braucht frisches Kapital. Seit einiger Zeit bietet die GLS deshalb institutionellen Anlegern stille Beteiligungen an. Im Gegensatz zu normalen Bankgenossen werden die stillen Teilhaber an den Gewinnen der Bank beteiligt.

Waldorfschulen gehören zu den bevorzugten Förderprojekten der GLS

Am Ende wird mit Geld also doch wieder nur Geld gemacht. Damit gerät die Ethik-Bank in Widerspruch zu ihren Zielen. Zumindest wächst der Druck, Gewinne zu machen, um stille Teilhaber im Haus zu halten.

„Sie können Ihr Geld natürlich auch verschenken", sagt Lützel. Die Gemeinnützige Treuhandstelle e. V. (GTS), in der mehr als 340 gemeinnützige Vereine zusammengeschlossen sind, verwaltet Stiftungsvermögen und berät bei der Gestaltung von Testamenten. „Ich werde noch einmal über Ihr Angebot nachdenken", sage ich. Und während mein Zug mit Verspätung nach Hamburg zuckelt, träume ich – ganz unökologisch – von einem neuen Auto.
Torsten Engelhardt

hatten. Die Zeitungen schrieben damals von der in Deutschland höchsten Korruptionsdichte einer Verwaltung.

An der Spitze der Hierarchie des Abkassierens stehen jene Branchen, in denen sich alles um Bau, Steine, Erden dreht. Auf rund fünf Milliarden Euro jährlich wird der Schaden hierzulande geschätzt. Kein Wunder: Wenn eine öffentliche Behörde quasi als Monopolist darüber bestimmt, wer Straßen, U-Bahnen, Müllverbrennungsanlagen oder Heizkraftwerke bauen darf, ist die Korruption gewissermaßen systemimmanent.

DIE EINFLUSSNAHMEN beginnen meist damit, dass potenzielle Auftragnehmer Behördenmitarbeiter durch luxuriöse Ferienreisen, Eintrittskarten zu exklusiven Veranstaltungen, schnelle Autos, teure Uhren, seidene Krawatten oder Bargeld „anfüttern". Die Beschenkten revanchieren sich, indem sie ihren Gönnern die Angebote der Konkurrenz vorab übermitteln. Ein Bauunternehmer hat so die Möglichkeit, seine Konkurrenten zu unterbieten.

Oder es bilden sich auf Anbieterseite ganze Kartelle, so genannte Freundeskreise, Kungel- oder Rotweinrunden, deren Mitglieder ausnahmslos überhöhte Angebote abgeben. Derjenige, der den Auftrag erhält, teilt den Gewinn dann unter die Kartellbrüder auf. Dieses Verfahren, das eine Wettbewerbssituation vortäuscht, lässt jeden reihum an die staatlichen Futtertröge. Praktiziert wurde die Methode in den 1990er Jahren zulasten der Stadt München.

Eine dritte Möglichkeit, die öffentlichen Kassen auszuneh-

men, besteht darin, Rechnungen über Leistungen auszustellen, die nie erbracht wurden. In diese Kategorie fallen wertlose „Gutachten", ungerechtfertigte Bonus- oder Provisionszahlungen und die beliebten „Beraterverträge" – fingierte Kosten, die den Unternehmensgewinn schmälern und dadurch die Steuerlast mindern. Am Amigo-System des 2004 aufgedeckten Frankfurter Immobilienskandals waren mehr als 80 Fondsmanager, Bauunternehmer, Immobilienmakler, Projektentwickler, Architekten und Ingenieure beteiligt. „Die Immobilienbranche", räumte Jürgen Michael Schick, Vizepräsident des Immobilienverbands Deutschland, ein, „darf nicht leugnen, dass sie wegen der Höhe der bei Transaktionen bewegten Gelder für Bestechung und Bestechlich-

Skrupellos und ohne jedes Unrechtsbewusstsein

keit anfälliger ist als es andere Branchen sind."

Zum „Mega-Skandal" wird meist aber nur das Verhalten von Politikern. Die Käuflichkeit von Staatssekretären, Ministern und Abgeordneten ist zum Gemeingut der Stammtischrunden geworden, seit 1983 der Flick-Skandal mit seiner „Pflege der Bonner Landschaft" die Bundesrepublik erschütterte. Dieser Skandal machte erstmals deutlich, dass der strafrechtlich definierte Tatbestand der Bestechung die Korruptions-Wirklichkeit nicht ausreichend erfasste. Denn in der Politik war es keineswegs nötig, dass Geld für bestimmte Amtshandlungen gezahlt wurde. Es genügte die allgemeine „Klima-

Fleißige Konzern-Mitarbeiter: Neben ihren Abgeordnetendiäten kassierten Hildegard Müller (CDU), Hermann-Josef Arentz (CDU), Ulrike Flach (FDP) und Ingolf Viereck (SPD) erkleckliche Summen als »Berater«, »Telearbeiter«, »Projektbetreuer« oder »Übersetzer«

pflege" in Form nicht zweckgebundener Spenden an die Parteien. Intensive Lobbyarbeit, gut dotierte Beraterverträge reichten völlig aus – moralisch ein bedenkliches, juristisch ein wasserdichtes Verfahren. Diese Grauzone der Korruption ermöglichte es, dass die Bereitschaft, skrupellos und ohne Unrechtsbewusstsein in die eigene Tasche zu wirtschaften, trotz der Flick-Affäre noch zunahm.

Helmut Kohl und Theo Waigel zum Beispiel kassierten nach dem Ausscheiden aus ihren Regierungsämtern jährlich je 600 000 Mark für die Beratung des Medienkaufmanns Leo Kirch. Kohls Leistung laut Vertrag vom 18. Mai 1999: einige Gespräche mit Kirch unter vier Augen. Hermann-Josef Arentz, ehemaliger Chef der CDU-Sozialausschüsse und Düsseldorfer Landtagsabgeordneter, kassierte vom Energieunternehmen RWE Power AG 60 000 Euro Jahresgehalt plus Stromdeputat – ohne Gegenleistung. CDU-Generalsekretär Laurenz Meyer erhielt von seinem Arbeitgeber VEW 80 000 Euro Abfindung, obwohl er aus dem Unternehmen gar nicht ausgeschieden war. Die FDP-Bundestagsabgeordnete Ulrike Flach, Mitglied des Ausschusses für Bildung, Forschung und Technologiefolgenabschätzung, arbeitete nebenberuflich „als Übersetzerin" für Siemens und kassierte dafür 60 000 Euro jährlich.

Der VW-Konzern unterhält sogar eine eigene „Abteilung für Regierungskontakte". Er bezahlte etlichen SPD-Abgeordneten ein zweites Gehalt und gewährte ihnen großzügig „weitgehende Autonomie in ihrer Arbeitsgestaltung". Der Stromkonzern RWE

führt mehr als 200 Lokalpolitiker auf seiner Gehaltsliste. Andere Firmen alimentieren Politiker mit lukrativen Beirats- oder Aufsichtsratsposten, schicken sie zu Tagungen ins Berliner Luxushotel Adlon oder zu Seminaren nach Island.

Das mag als anrüchig empfunden werden, aber Korruption ist es – streng genommen – noch nicht. Weil niemand nachweisen kann, dass das Ausbremsen bestimmter Forderungen in einer Partei, das Entschärfen von Gesetzentwürfen im Parlament oder der Sitz in einem Aufsichtsrat etwas mit der Lobbyarbeit von Politikern für ein bestimmtes Unternehmen zu tun hat.

DIE UNSCHÄRFE des Korruptionsbegriffs zieht Unschärfen für die moralischen Maßstäbe der Bevölkerung nach sich. Als das Meinungsforschungsinstitut Allensbach Schüler und Studenten befragte, wie sie es mit der Korruption hielten, lehnte nur jeder Dritte kategorisch ab, bei

Korruption wird normal. Die Großen machen es ja vor!

Gelegenheit den eigenen Vorteil mithilfe von Schmiergeld suchen zu wollen. Die Umgehung moralischer Regeln gilt vielen als besonders clever oder pfiffig.

Die Großen machen es ja vor! Einer von ihnen, der ehemalige Mannesmann-Chef Klaus Esser, hatte seinen Vorteil gesucht und rund 62 Millionen Mark beim Abschied aus dem Unternehmen kassiert. Knapp die Hälfte davon bekam er als reguläre Abfindung, den größeren Rest als „Anerkennungsprämie" für seine Zu-

stimmung zum Verkauf von Mannesmann. Als er sich – wegen schwerer Untreue beziehungsweise Beihilfe zu schwerer Untreue – vor Gericht verantworten musste, wies er den Vorwurf der Maßlosigkeit empört zurück. Gegen den Leiter der Düsseldorfer Staatsanwaltschaft, Hans-Reinhard Henke, erstattete er sogar Anzeige wegen Beleidigung und übler Nachrede. Henke hatte öffentlich erklärt, für die Vorgänge bei Mannesmann gebe es „in unserem Sprachgebrauch" den Begriff Käuflichkeit.

Dennoch wurden Ackermann, Esser und die anderen Angeklagten in erster Instanz freigesprochen. Die Urteilsrechtfertigung der Vorsitzenden Richterin Brigitte Koppenhöfer sprach Bände: „Wir bewerten nicht deutsche Unternehmenskultur", sagte sie, „selbst wenn die Beweisaufnahme insoweit Anlass zur Verwunderung ergab." Das Gericht habe keine „moralischen oder ethischen Werturteile zu treffen".

Von der „Ars Corrumpendi", der Korruptionskunst, spricht deshalb der Gießener Psychoanalytiker Horst-Eberhard Richter. Und fügt hinzu: „Der psychologische Schaden, den die Großkorruption bis hin zu Esser und Ackermann angerichtet hat, ist noch gar nicht abzusehen. Moralisch ist das eine der ganz großen Katastrophen dieses Landes."

Es ist allerdings eine Katastrophe, die das Ende der öffentlichen Gleichgültigkeit markiert. Wurde noch Anfang der 1990er Jahre über Korruption in Deutschland kaum diskutiert, weil das Thema vermeintlich nur Länder der Dritten Welt betraf, haben die Skandale der letzten Jahre die Aufmerksamkeit geweckt. 1993

UNGARN 4.8 COSTA RICA 4.9 TUNESIEN 5.0 MALAYSIA 5.0 KATAR 5.2 JORDANIEN 5.3 ZYPERN 5.4 TAIWAN 5.6 BAHRAIN 5.8 SLOWENIEN 6.0 ESTLAND 6.0 BOTSWANA 6.0 VEREIN. ARAB. EMIRATE 6.1 OMAN 6.1 URUGUAY 6.2 PORTUGAL 6.3 ISRAEL 6.4 MALTA 6.8 JAPAN 6.9 SPANIEN 7.1 FRANKREICH 7.1 BARBADOS 7.3 CHILE 7.4 USA 7.5 IRLAND 7.5

gründete der ehemalige Weltbank-Direktor Peter Eigen (siehe Seite 47) in Berlin „Transparency International" (TI), eine Nicht-Regierungsorganisation, die mittlerweile über 100 Büros in der ganzen Welt verfügt. Ihr Korruptionsindex, der den Grad der Korruption in einem internatio-

Ein Register soll die schwarzen Schafe erfassen

nalen Staaten-Ranking erfasst (siehe Karte), ist bei Regierungen gefürchtet. Die Experten von TI sind zu gesuchten Ansprechpartnern für Parlamente und Exportunternehmen geworden.

Denn TI enthält sich moralischer Appelle. Die Organisation, die dem Schutz des Wettbewerbs vor Verfälschung dient, setzt vor allem auf transparente Verfahrensregeln, freiwillige Verhaltenskodexe, Gesetze und Verwaltungsreformen.

Dazu zählt ein noch zu verabschiedendes Informationsfreiheitsgesetz, das jedem Bürger das Recht sichert, ungehindert Einblick in Verwaltungsvorgänge zu nehmen. Auch „Whistleblower" – Personen, die auf Korruptionsfälle in ihren Unternehmen hinweisen – müssen besser geschützt werden und in Prozessen einen ähnlichen Status erhalten wie Kronzeugen. Ein Korruptionsregister soll die schwarzen Schafe der Wirtschaft verzeichnen und sie von weiteren öffentlichen Aufträgen ausschließen. In Baubehörden könnte die Rotation der zuständigen Beamten dazu beitragen, Filz und Korruption besser vorzubeugen. Die Kompetenzen für Planung, Vergabe und Kontrolle von Bauprojekten soll-

BAUINDUSTRIE

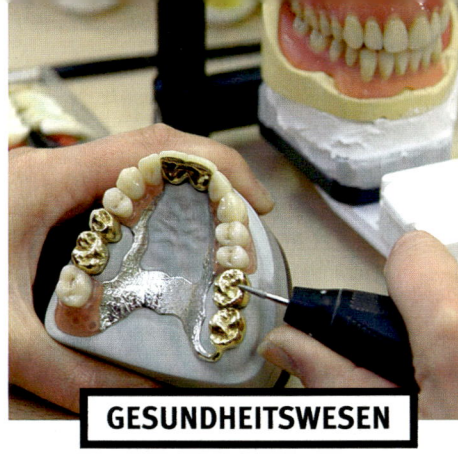

GESUNDHEITSWESEN

PROFISPORT

ENERGIEVERSORGUNG

ten personell entflochten und alle Phasen der Auftragsabwicklung von einer neutralen Instanz überwacht werden.

Auch die Politik muss sich – angelehnt an die angelsächsischen Regelungen – um mehr Transparenz bemühen. Die Wähler haben ein Recht darauf zu wissen, ob ihre Abgeordneten einem privaten Unternehmen verpflichtet sind, wie viel Zeit sie auf die Wahrnehmung ihres Mandats verwenden können und welche Nebeneinkünfte sie erzielen. Vor allem müssen die gesetzlichen Bestimmungen über die Bestechlichkeit von Abgeordneten reformiert werden. Bestraft wird derzeit nur die Vorteilsnahme als Gegenleistung für ein künftiges Abstimmungsverhalten. Nach-

trägliche Dankeschön-Prämien werden nicht erfasst.

„Die Korruption", sagt TI-Chef Peter Eigen, „steht heute auf der Agenda der Welt", aber der Kampf gegen das Übel „ist noch nicht mal halb gewonnen". Immerhin gibt es seit 1997 ein Korruptionsbekämpfungsgesetz, und seit 1999 ist es deutschen Firmen verboten, ausländische Politiker und Beamte zu bestechen und die Schmiergelder als Betriebsausgaben von der Steuer abzusetzen. □

Hans Leyendecker, 55, angesehener Rechercheur der „Süddeutschen Zeitung", hat schon viele Korruptionsfälle aufgedeckt und begleitet. 2003 veröffentlichte er im Rowohlt Verlag „Die Korruptionsfalle. Wie unser Land im Filz versinkt".

Besonders korruptionsanfällig sind Branchen, die von öffentlichen Aufträgen leben. Denn Missmanagement wird von der Bürokratie selten aufgedeckt. Die Folgen tragen die Bürger – als Steuer- und Gebührenzahler

BELGIEN 7.5 HONGKONG 8.0 DEUTSCHLAND 8.2 LUXEMBURG 8.4 ÖSTERREICH 8.4 KANADA 8.5 GROSSBRITANNIEN 8.6 NIEDERLANDE 8.7 AUSTRALIEN 8.8 NORWEGEN 8.9 SCHWEIZ 9.1 SCHWEDEN 9.2 SINGAPUR 9.3 ISLAND 9.5 DÄNEMARK 9.5 NEUSEELAND 9.6 FINNLAND 9.7

Wie wird man ein besserer Chef? Durch kreatives Nichtstun und ethisch-spirituelle Kompetenz. Wie man die erlernt? Mit klösterlicher Geduld. Pater Anselm Bilgri führt in seiner »Andechser Schule des Führens« gestresste Manager auf den Pfad der Tugend zurück

MACH GELD MIT
GOTT!

VON HERMANN UNTERSTÖGER

Der Vater des abendländischen Mönchtums, Benedikt von Nursia, spricht im 28. Kapitel seiner Ordensregel über einen Bruder, der sich partout nicht in die klösterliche Ordnung fügen will. Gegen den gehe man, sagt er, mit Rutenschlägen vor – *verberum vindicta in eum procedant.* Wie hieße das, auf heutige Verhältnisse übertragen? „Der kriegt jetzt mal eine Abmahnung."

Benedikt hat seine Regel vor ungefähr anderthalb Jahrtausenden verfasst, ein Kompendium von Ratschlägen und Vorschriften, die ein vernünftiges Zusammenleben in den Klöstern sichern sollen. Ein frühes Betriebsverfassungsrecht, wenn man so will, und eine bis heute gültige Richtschnur für das mönchische Leben.

In Rottenbuch, einem Kernort des oberbayerischen Pfaffenwinkels, sitzen im Souterrain des alten Klostergebäudes ein paar Männer beisammen, die ihr berufliches und möglicherweise auch privates Leben anhand benediktinischer Prinzipien neu ausrichten wollen. Sie beginnen, nicht unvernünftig, den Tag damit, dass sie erst einmal auf künstlerisch-spielerische Weise zu mehr Klarheit über sich selbst zu kommen versuchen.

Gemeinsam sollen sie auf ein großes, vom Flipchart abgerissenes Blatt Papier irgendetwas zeichnen, das über ihr Wesen Auskunft gibt. Doch was? Nach einigem Hin und Her einigen sie sich auf etwas Konstruktives, ein Haus, und in dieses Haus bauen sie allerlei Symbole ein: Säulen, Bäume, ein Ohr und – absolut unentbehrlich – ein Dreieck. Die Säulen sprechen von Standfestigkeit, die Bäume vom Wandel in der Beharrung, das Ohr steht für Gehorsam. Und das Dreieck? Nun, das Dreieck spielt bei dem Kursus „Führen nach Benedikt" die wichtigste Rolle, weil sich an ihm das Idealbild einer künftigen Gesellschaft festmachen lässt: Außen an den drei Ecken haben das

Ich, das Wir und Gott angedockt, innen türmen sich in drei Schichten die fachliche, die soziale und die ethische Kompetenz übereinander.

Der Kurs, der den Kosmos unseres privaten und beruflichen Lebens auf diesen Nenner zu bringen sucht, wird veranstaltet von „Anselm Bilgri & Partner, Zentrum für Unternehmenskultur". In Bayern, mittlerweile auch darüber hinaus, bekommen die Leute lange

Kein Säulenheiliger:
Anselm Bilgri, hier an der
Münchner Glyptothek,
will ein wenig Sinn – und
bisweilen sogar Froh-
sinn – in die raue Wirklichkeit des Wirtschafts-
lebens bringen

ra – bete und arbeite!", brachte Pater Anselm aber eine Weltläufigkeit ein, die von manchen misstrauisch registriert wurde und die ihn, als die Wahl eines neuen Abtes anstand, nach allgemeinem Dafürhalten den Posten kostete. Die Presse erging sich mit Lust in diesem Thema, was nicht selten an Umberto Ecos Roman „Der Name der Rose" erinnerte, der uns die mittelalterliche Klosterwelt als einen rechten Sündenpfuhl vorstellt.

Wie immer das Grundgeflecht des Konflikts beschaffen gewesen sein mochte, Pater Anselm wandte seinem Konvent den Rücken und betreibt seitdem mit seinen Partnern das, was man ihm schon in Klosterzeiten als eine seiner Gaben nachgerühmt hatte: Weltleute auf geistliche Weise so zu beraten, dass sie davon fürs Leben profitieren. Lag Benedikts historische Bedeutung doch darin, dass er die *vita activa* – das Arbeitsleben – mit der *vita contemplativa* – der Meditation – zusammenbrachte, dass er die Arbeit durch den Verweis auf den göttlichen Schöpfungsauftrag gewissermaßen adelte. Auch Benedikts Gefolgsmann Bilgri möchte, dass hinter der säkularisierten Arbeitskultur diese Goldgrundierung wieder sichtbar wird und dass mit der religiösen Sinnhaftigkeit auch wieder etwas mehr heitere Gelassenheit in die Arbeitswelt einkehrt.

DIE GRUPPE ist mit ihrer Selbstfindung mittlerweile zurande gekommen, und ihr Coach Stephan Heinle, einer der Partner Bilgris, kann sich an die Auslegung machen. Dem Sporthändler Horst werden Kreativität und integrative Kraft

Ohren, wenn der Name Bilgri fällt, weil dieser Mann, besser bekannt als Pater Anselm, seiner staunenden Mitwelt über Jahre hin vor Augen führte, wie Mönchsein auch gelebt und verstanden werden kann.

Bilgris Eltern hatten in München ein Gasthaus, die „Gartenstadt" in Harlaching, und insofern kam es nicht von ungefähr, dass man ihm – bald nachdem er in den Orden der Benediktiner

eingetreten war – die wirtschaftlichen Belange der Gemeinschaft anvertraute. Er wurde Cellerar, sozusagen Chief Executive Officer (CEO), und machte in dieser Eigenschaft aus Andechs, dem herrlich über dem Ammersee gelegenen Zweig- und Nährkloster des Münchner Mutterklosters St. Bonifaz, einen florierenden Wirtschaftsbetrieb.

Das widersprach in keiner Weise der benediktinischen Devise „Ora et labo-

attestiert, dem Angestellten Tobias Talent zur Moderation, dem Gartenbauer Magnus Humor und Zuverlässigkeit, dem Fenster- und Türenbauer Hannes die Fähigkeit, das Geschehen distanziert zu betrachten, und dem Schuhhändler Thomas der Mut, zu seinen Schwächen zu stehen und sie so in Stärken umzuwandeln. Zufrieden schauen sie noch einmal auf das Bild, mittels dessen sie sich so treffend offenbart haben, und gehen dann nach nebenan.

An der Wand dieses Raums hängen zwei Geigen und ein Bild des Papstes als vergleichsweise junger Mann, auf dem Boden liegt vor jedem eine Scheibe Astholz mit dem Namen drauf. Hier warten sie auf Anselm Bilgri, um an seiner Hand in die Tiefen benediktinisch inspirierten Wirtschaftens einzu-

tauchen. In der Hauptsache ruht diese Lehre auf den drei Mönchstugenden Gehorsam, *discretio* – was sich mit besonnenem Abwägen übersetzen ließe – und Demut, aus denen Bilgri & Partner je zwei Werte für die Neuzeit destilliert haben: genau hinhören und kommunizieren; das rechte Maß finden und unterscheiden; sich selbst erkennen und dienen.

Wer nun erwartet hätte, Bilgri würde seine Aspiranten durch einen mönchisch kargen Crashkurs jagen, sähe sich aufs Angenehmste enttäuscht. Da Horst die Frage stellt, ob und wie man mit Geduld weiterkommen könne, greift Pater Anselm auf seine zwei Jahrzehnte Klosterleben zurück, insbesondere darauf, wie cholerisch er selbst gewesen sei und wie oft der damalige Leiter des Klosters, Abt Odilo Lechner,

ihn sich zum Zweck der brüderlichen Zurechtweisung, der *correctio fraterna*, habe zur Brust nehmen müssen. In diesem anekdotischen Stil geht es weiter, und ehe man sich's versieht, ist man wieder beim „Ora et labora", das der Referent so übersetzt, dass man „mit beiden Lungenflügeln arbeiten" müsse, mit Aktivität und Besinnung, und dass wir alle nur dann auf dem richtigen Weg sind, wenn es der in die „Sinngesellschaft" ist.

Gegen Ende seiner kleinen Tour d'Horizon schreibt Pater Anselm ein paar der Bibel entnommene Führungsleitbilder auf das Flipchart: Vater, Lehrer, Meister, Hirte, Arzt. Es sind fünf, also genau so viele, wie der Kurs Teilnehmer hat, doch heißt das nicht, dass sich jeder eines dieser Leitbilder aus-

»Sie san a bayerischer Dalai Lama!«

…lobte ihn einst ein beeindruckter Manager. Was Anselm Bilgri, der Benediktiner, gern erzählt

wählen könnte. Nein, jeder soll versuchen, all das, was in diesen Titeln ethisch enthalten ist, in ein Führungsprofil zu übersetzen und in seiner Person zu verwirklichen, um auf diese Weise seinem Betrieb als ein ganzheitlich Sorgender vorzustehen.

DIE FÜNF SIND FAST ERGRIFFEN, zumal es auch auf Mittag geht, und Horst, der als Ältester in der Gruppe auch die existenziellen Dinge ansprechen darf, stellt noch die Frage in den Raum: „Wie setze ich das um, ohne dass mir die Gewerkschaft auf die Füße tritt?" Die Frage bleibt offen.

Nach dem Essen sorgt ein Spaziergang durch die Rottenbucher Flur für die nötige Frische, um ein erstes Fazit zu riskieren. Was gedenken die fünf Leute ins Leben mit hinauszunehmen?

Da sie allesamt keine Global Player, sondern regional verwurzelte Mittelständler oder leitende Angestellte sind, fällt ihr Fazit eher bieder aus: Dass in der Ruhe die Kraft liege, das wolle man sich merken, und wenn man darüber hinaus etwas mehr Spiritualität in den Alltag bringen könne, wäre das sicher kein Schaden.

Denn geistige Führung nach Benedikt heißt: niemanden verloren geben, auch den aufmüpfigen oder unmotivierten Mitarbeiter nicht. Während mittelmäßige, uninspirierte Manager jede Pause als Zumutung empfinden und sofort Laptop und Handy aufklappen, wenn sie im Flugzeug sitzen, lehrt die „Andechser Schule des Führens" die Bedeutung des kreativen Nichtstuns: Nur die Pause, das kontemplative „Nachdieseln", ermöglicht es dem verantwortlichen Manager, die Erlebnisse und Vorgänge des Tages mit Abstand zu betrachten und einzuordnen.

Pater Anselm ist unterdessen dabei, sich in der Welt da draußen zu installieren. Dem gesuchten Managementberater fällt das leichter als dem Priester, der er immer noch ist. Sein Wunsch, nebenberuflich freier Seelsorger zu bleiben, hat höheren Orts allerdings keinen wirklich begeisterten Widerhall gefunden – man brauche, ließ Kardinal Wetter sinngemäß verlauten, keine Viertel-, sondern Vollblut-Priester. Dass die Klosterzeiten in Bilgri nachklingen, darf man dennoch vermuten, insbesondere die auf den klösterlichen Wirtschafter gemünzte Regel 31, worin es heißt, ein Cellerar dürfe nicht hochmütig sein. Einmal hat ein gefühliger Manager zu ihm gesagt: „Pater Anselm, Sie san a bayerischer Dalai Lama!"

Anselm Bilgri „kommuniziert" das um der Wahrheit willen, aber unter dem demütigen Vorbehalt: „Auf die Gefahr hin, dass es der eigenen Erhöhung dient …" □

Autor **Hermann Unterstöger**, 61, Altphilologe und Kenner bayerischer Besonderheiten, ist Redakteur der „Süddeutschen Zeitung". 1997 wurde er für seine Reportagen, Essays und „Streiflicht"-Glossen mit dem Ben-Witter-Preis ausgezeichnet.

DIE BEFREIUNG DER SÜNDE

Erlaubt war bei uns jahrhundertelang nur, was die Kirche den Menschen vorschrieb: die christliche Ehe. Verboten waren alle Sünden der Wollust und der Unzucht. Bis die sexuelle Revolution der 1960er und 1970er Jahre, unterstützt durch die Liberalisierung des Strafrechts und die Autorität einer erneuerten Sexualwissenschaft, die alten Verbote durchbrach und Sexualmoral mit „Aufklärung" gleichsetzte. Die sich daran anschließende Kommerzialisierung der Sexualität durch Pornoindustrie und Erotikshops, ihre Legitimierung durch eine Flut von Ratgeberliteratur und Beratungsdiensten führte in den 1980er und 1990er Jahren zur Ausbildung einer „positiven" Sexualmoral. Entscheidend waren nun nicht mehr

Verbote und Verzicht, sondern positive Handlungsanweisungen, wie sie etwa in Anti-Aids-Kampagnen (Safer Sex) oder Erotiksendungen im Fernsehprogramm („Öffnet eure Herzen, herzt eure Öffnungen") zum Ausdruck kamen. Selbst die aus Pornofilmen übernommenen Praktiken wurden von guten Ratschlägen begleitet: Nur so weit gehen, wie es der Partner möchte. Nach Ansicht des Sexualwissenschaftlers Gunter Schmidt hat sich zwischen den Liebenden heute eine „Verhandlungsmoral" etabliert, bei der nur noch zählt, wie Menschen Sexualität erleben: in freier Entscheidung – oder unter Zwang.

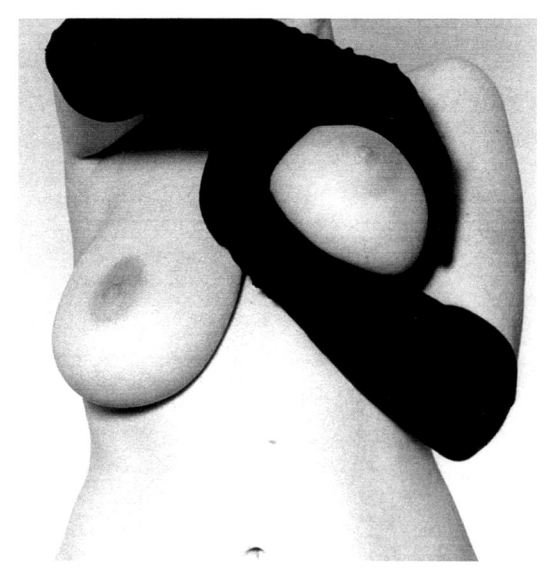

ZEIGELUST
Die nackte Wahrheit
SCHAULUST

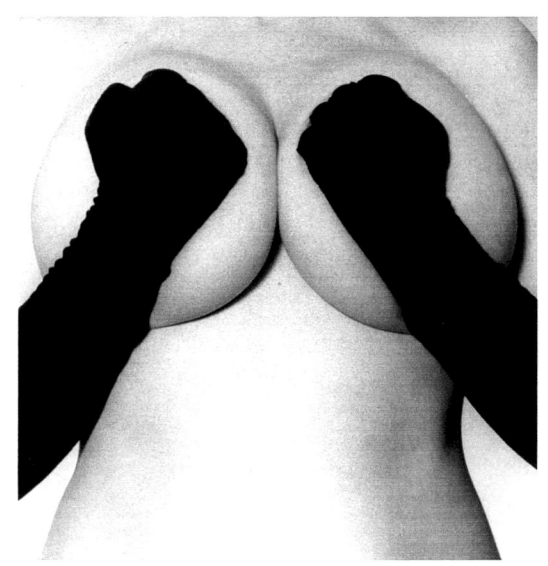

Mit dem Bruch vielleicht letzter Tabus reagieren Künstler der Moderne auf die Schamlosigkeiten der Gegenwart. Und sie wissen: Sie haben uns als Voyeure, wenn sie das Intime öffentlich machen

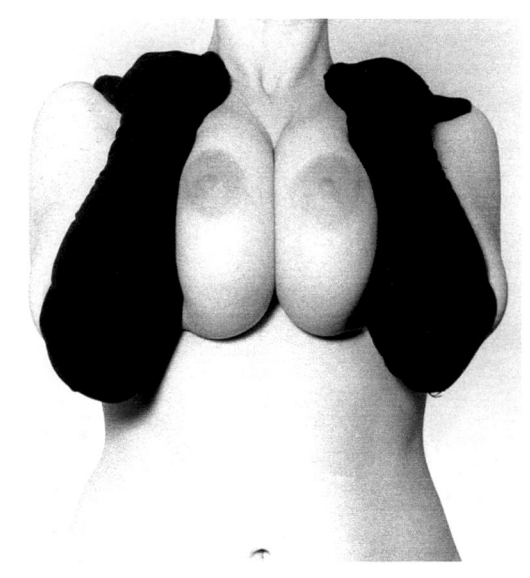

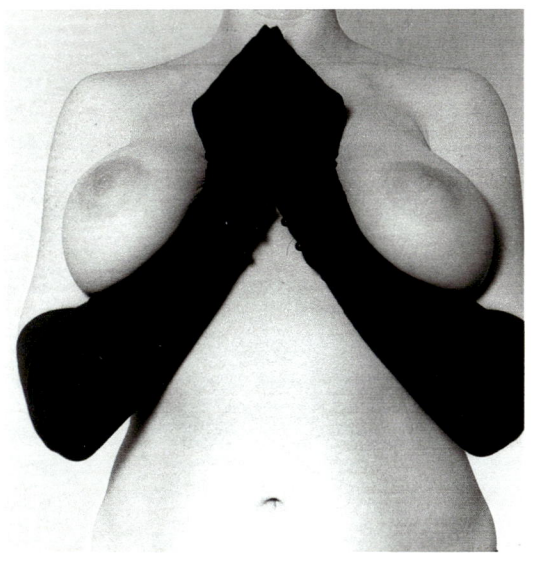
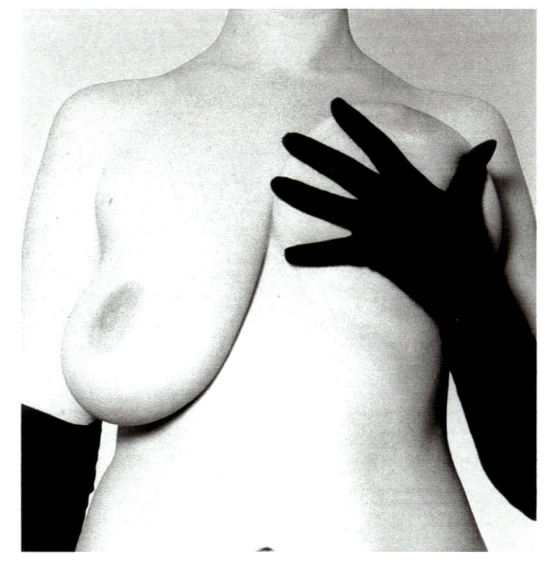

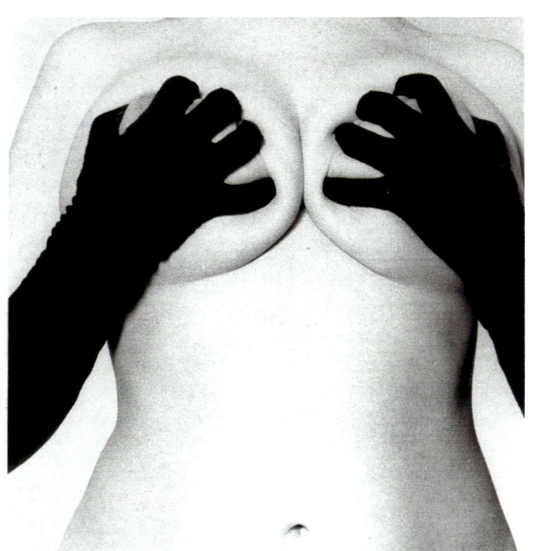
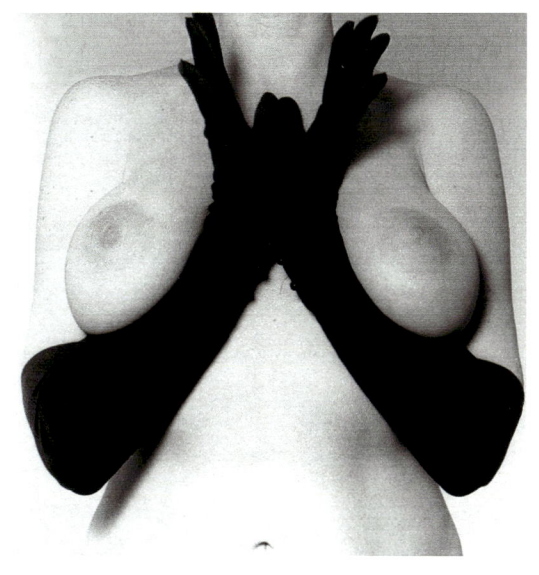
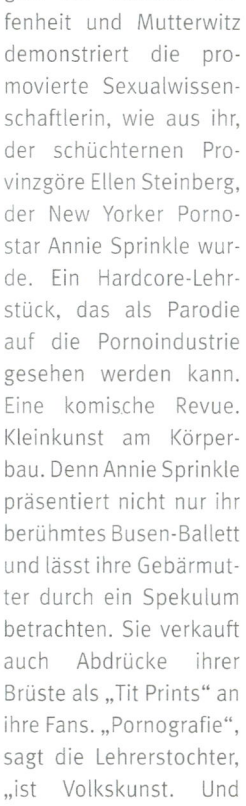
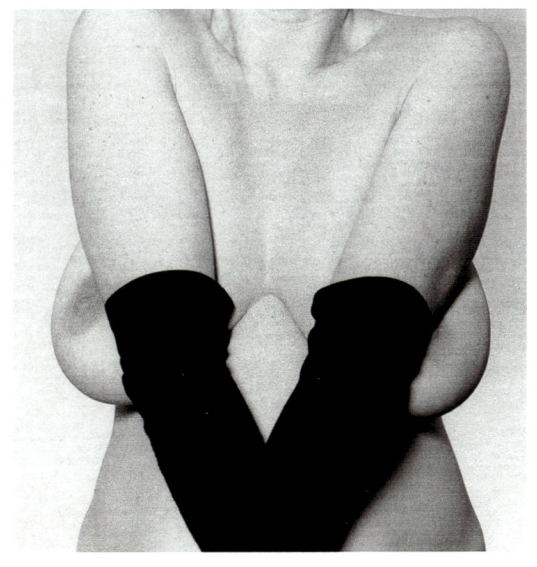
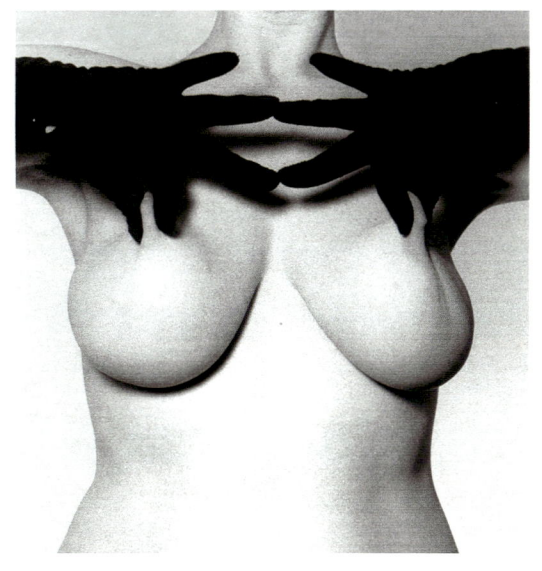

ANNIE SPRINKLE

Ihre Bühnenshows sind wahre Selbstentblößungen: Mit radikaler Offenheit und Mutterwitz demonstriert die promovierte Sexualwissenschaftlerin, wie aus ihr, der schüchternen Provinzgöre Ellen Steinberg, der New Yorker Pornostar Annie Sprinkle wurde. Ein Hardcore-Lehrstück, das als Parodie auf die Pornoindustrie gesehen werden kann. Eine komische Revue. Kleinkunst am Körperbau. Denn Annie Sprinkle präsentiert nicht nur ihr berühmtes Busen-Ballett und lässt ihre Gebärmutter durch ein Spekulum betrachten. Sie verkauft auch Abdrücke ihrer Brüste als „Tit Prints" an ihre Fans. „Pornografie", sagt die Lehrerstochter, „ist Volkskunst. Und Sexarbeit ist sehr theatralisch."

ANTHONY GOICOLEA

Boygroups spielen eine Hauptrolle in Goicoleas Werk. Mit der Einschränkung, dass die pubertierenden Internatszöglinge allesamt digital erzeugte Klone seiner selbst sind – Musterexemplare seiner Kindheitstraumata. Was auf den ersten Blick wirkt wie die Kitschwelt behüteter Eliteschüler, entpuppt sich beim zweiten Hinsehen als feuchter Alb-traum junger Heranwach-sender – voll von Bosheit, Gewalt, Gier und schwü-ler Fantasie. Aber nicht nur das macht Goicoleas hyperrealistische Kunst-welten so beklemmend; er zwingt den Betrachter in die Rolle des Voyeurs, des Augenzeugen, der heimlich durchs Schlüs-selloch beobachtet, was die Jungs, wenn sie unter sich sind, so treiben.

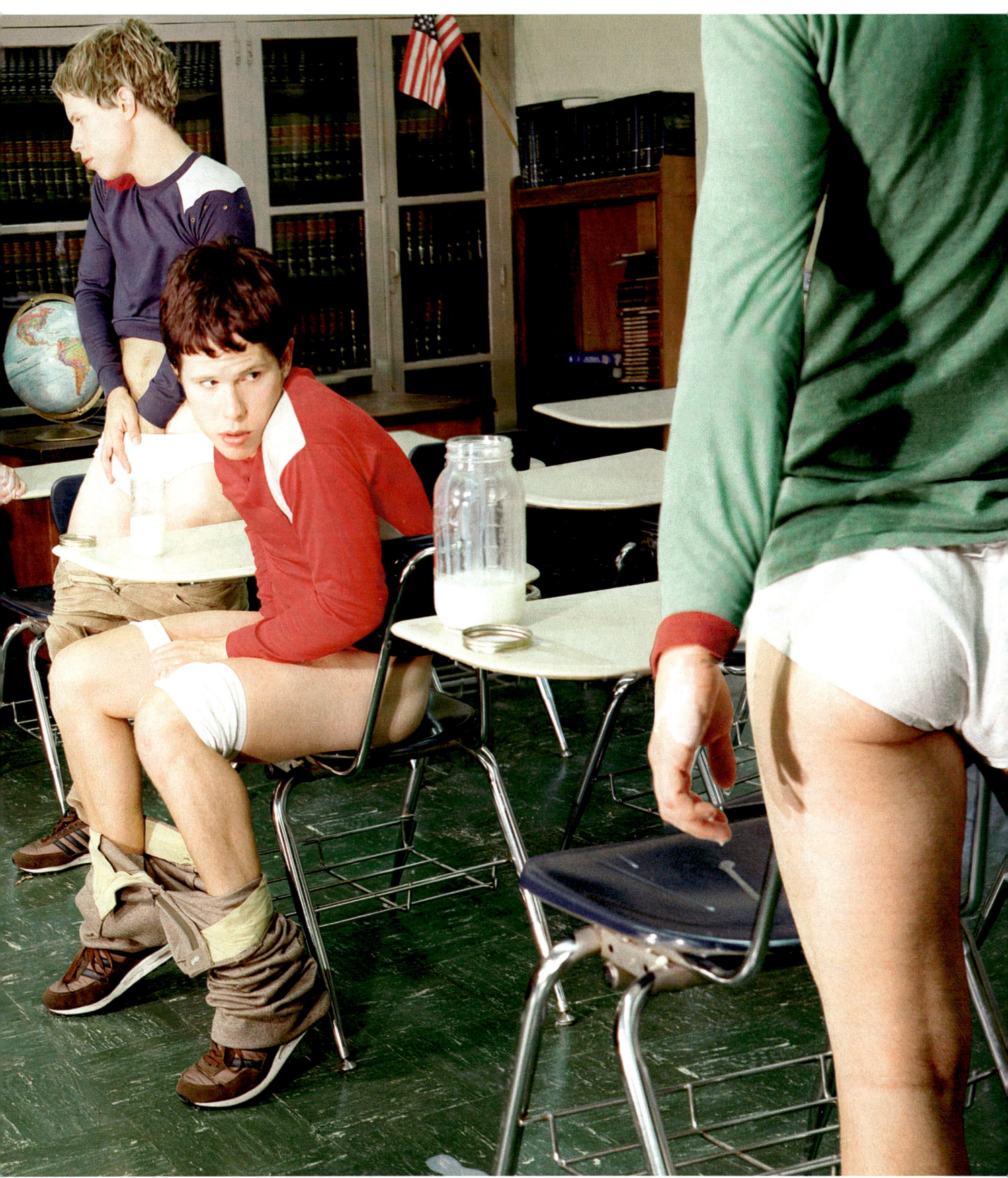

NOBUYOSHI ARAKI

Seine Arbeit ist ein einziger Ich-Roman. Ein Existenznachweis. Suche und Sucht. Mit Bildern von gefesselten, aufgehängten, erniedrigten nackten Mädchen will sich Japans bekanntester Fotograf von seinen Obsessionen befreien. Also beginnt er mit dem Wichtigsten: mit Vergrößerungen weiblicher Genitalien. „Unsere erste Aufgabe war es, jene Bereiche zu belichten, die als unanständig galten." Bei der eigenen Hochzeitsfeier zeigt er Nacktfotos seiner Frau. „Meine gesamte Verwandtschaft verstummte während der Diaschau; sie war derart schockiert, dass sie nicht wusste, wie sie reagieren sollte." Als seine Frau 1990 stirbt, fotografiert er sie im offenen Sarg. Sein Freund, der Fotograf Kishin Shinoyama, wirft ihm vor, das Andenken seiner Frau zu schmähen, die Öffentlichkeit spricht von Nekrophilie. Es kommt zu Beschlagnahmungen seiner Bilder wegen Obszönität, zu Ermittlungen wegen Erregung öffentlichen Ärgernisses.

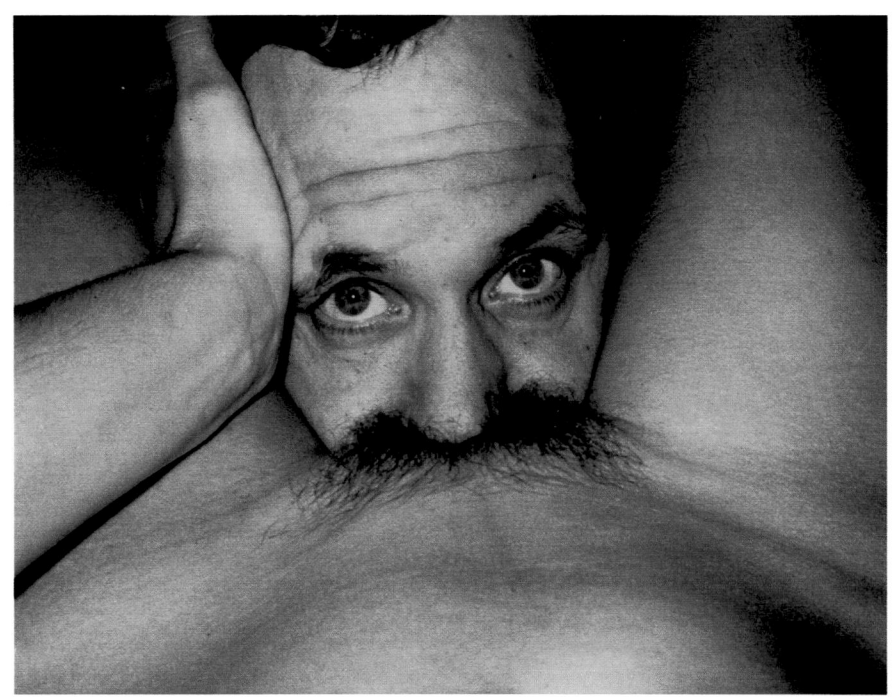

TERRY RICHARDSON

Der Sohn des berühmten Modefotografen Bob Richardson treibt sich zunächst als Punkrocker herum und bannt seine Kumpel auf Zelluloid. „Ich begriff, dass man sein Leben abfotografieren muss. Nicht irgendeinen Modedreck, sondern das harte, nackte eigene Leben." Die Mittelmäßigkeit der Modefotografie macht Terry Richardson krank: „Keine Leidenschaft, kein Feuer." Er merkt, dass es ihm Spaß macht, Leute vor den Kopf zu stoßen: „Ich mag es geradeaus." Er ist der Erste, der Pornodarsteller als Models einsetzt. Sein „Porn Chic" beeindruckt selbst Armani und Gucci. Er ist aggressiv, gefällt sich als Enfant terrible. Krass ist ihm nicht krass genug. Terry Richardsons „Überbietungsästhetik" macht dem Betrachter sofort klar, wer der Boss in „Terryworld" ist. „Als ich noch mit Nikki verheiratet war", sagt er, „habe ich einige Bilder mit ihr gemacht. Sie ist Model. Sie war wie ich. Es war so, als würde ich mich selbst fotografieren. Bei diesen Arbeiten habe ich gelernt, dass man Menschen mit Bildern berühren kann. Die Leute müssen davon eine Gänsehaut bekommen."

ORLAN

Meinen Körper habe ich der Kunst geschenkt, sagt die Body-Art-Performerin Orlan. Sie verfremdet ihn mit präkolumbischen oder mit afrikanischen Masken, will schwarz und gleichzeitig weiß sein, Heilige und Hure. Seit 1990 lässt sie sich operativ verbeulen und nennt ihre Operationsschmerzen eine reinigende Prozedur. Sie will das Kinn von Botticellis Venus, die Augen von Géromes „Psyche" und die Schläfen von Mona Lisa. Die plastische Chirurgie soll ihr inneres Selbstbild sichtbar machen. Ihre „Carnal Art" – die Entstellungsoperationen – betrachtet sie als eine Korrektur gesellschaftlicher Schönheits- und Sexideale. Sie demonstriert, dass die Addition bestimmter Schönheitsmerkmale keine Schönheit im landläufigen Sinn erzeugt. „Meine Kunst", sagt Orlan, „soll einschlagen wie eine Bombe."

JOEL-PETER WITKIN

Sein Vater: ein ortho-
doxer Jude. Sein erster
Auftrag: eine Freak-
show. Bei der Armee fo-
tografiert er Unfallopfer
und Selbstmörder. „Ich
begann, mir meine ei-
gene Welt persönlicher
Fantasien zu erschaf-
fen." Witkin sucht GOTT.

Seine Interessen: „Miss-
geburten jeder Art, Rie-
sen, Zwerge, Idioten,
Verwachsene, siamesi-
sche Zwillinge, Transse-
xuelle, Sex-Meister und
-Sklaven … Menschliche
Bestien … Jede Art ex-
tremer, optischer Per-
version … Jeder, der die

Wunden Christi trägt."
Witkin rebelliert, um be-
siegt zu werden. Seine
„heilige Arbeit", sagt er,
sei eine Form „des Be-
tens". Die „Schlachtfel-
der" seiner Seele dra-
piert er zu Stillleben.
Dabei kümmert er sich
liebevoll um jedes De-

tail eines abgetrennten
Kopfes. „Wenn die Leu-
te meine Arbeit sehen",
sagt er, „gibt es keine
‚halbherzigen' Antwor-
ten. Sie empfinden ent-
weder Liebe oder Hass."
Vom starken Gefühl des
Betrachters will Witkin
berührt werden.

MATTHEW BARNEY

Der Athlet träumt von der Aufhebung der Geschlechter. 1991 hängt er sich nackt unter die Decke einer New Yorker Galerie. Damit beginnt Barneys narzisstische Karriere. Sein Opus Magnum, fünf „Cremaster"-Filme, sind nach der Muskelgruppe benannt, die das Heben und Senken der Hoden gewährleistet. Der Gedanke fasziniert ihn, dass es beim Fötus eine Phase des Vorgeschlechtlichen gibt, in der alles noch offen ist. Zu dieser Utopie des hermaphroditischen Zwitterwesens will Matthew Barney zurück. Also quetscht und dehnt er den menschlichen Leib mit Prothesen, Korsetts und allerlei Maskeraden: ein Exzentriker, dessen Akteure mal als Fee, mal als Satyr auftreten, aber immer mit Pomp und Pathos. Je ungezügelter sich Barney inszeniert, je dreister er Moden, Stile und Mythologien plündert, desto erfolgreicher entzieht er sich einer Interpretation. Nichts hasst er mehr als Festlegung und Definition. Seine Bilder sind „delphisch", seine Sätze dunkel: „Nur perverse Fantasie", so der Titel eines seiner Werke, „kann uns retten."

CINDY SHERMAN

Bekannt wird die Fotokünstlerin mit fiktiven „Filmstills", die den Stil alter Hollywoodfilme kopieren; sie selbst spielt die Hauptrollen. Mal den Vamp, mal die Hausfrau, mal die Hure, mal die Lady. Cindy Sherman gilt als Identitätsrätsel, als multiple Persönlichkeit. Sie arbeitet mit Masken, Puppen, Verfremdungseffekten. Ihre morbiden Tableaus aus Abfall, Erbrochenem und Verwesendem verstören. Doch ihre „History Pictures" finden ungeteilten Beifall. Angelehnt an die Porträtkunst alter Meister, inszeniert sie sich als Renaissance-Madonna, als französische Kurtisane, als Caravaggio-Modell: Persiflage und demütige Annäherung. Dann – in den rüden „Sex Pictures" und „Horror Pictures" – verstört sie erneut. Cindy Sherman interessiert der Augenblick, in dem das Lachen des Betrachters in Schrecken umkippt. Und zurückfällt ins Kichern. Ein Wechselbad der Gefühle. „Wie ein Achterbahntrip", sagt die Künstlerin.

Die wichtigste Sache der Welt sehen junge Leute heute gelassen.
Triebstau und verzehrende Leidenschaften sind längst passé. Der
Sexualwissenschaftler Gunter Schmidt hat die Sexualmoral der
Teenager erforscht und ist zu verblüffenden Ergebnissen gelangt

Sarah, 13, und Jacob, 14, träumend im Gras. Trotz oder gerade wegen der Sexualisierung des öffentlichen Lebens spielen Erfahrungen von Intimität und Sensibilität eine viel größere Rolle als früher. Nur die alte Schamhaftigkeit haben Teenager inzwischen abgelegt

IHR IMMER MIT EUREM SEX!

VON MICHAEL BERGER (TEXT) UND
ISADORA TAST (FOTOS)

Wie haltet ihr's mit dem Sex, du und deine Freundin? Till hat eigentlich überhaupt keine Lust, über Sex zu reden. Schon gar nicht über seinen eigenen. Der 19-jährige Abiturient aus Frankfurt am Main ist seit einigen Monaten mit Anna, einem Mädchen aus der Parallelklasse, liiert. Er schaut den zur Elterngeneration gehörenden Frager gequält an.

„Was habt ihr bloß immer mit eurem Sex? Das ist doch peinlich, wie wichtig ihr das nehmt!"

„Interessierst du dich nicht für Erotik, für Sinnlichkeit, für Sex?"

„Doch, schon."

Er habe auch seine Erfahrungen. Aber er finde, Sex sei keine so große Sache. Mitmenschen, die sich ungeniert oder heimlich für nackte Körper im Allgemeinen und für den Geschlechtsakt im Besonderen interessierten, seien „proll" – klebrig und vulgär. Die Beschäftigung mit dem Sexuellen sei Sache der Ungebildeten.

Seit einigen Jahren entdecken Sexualwissenschaftler nachhaltige Veränderungen im Paarungsverhalten der aufgeklärten urbanen Jugend. Eine rätselhafte Zurückhaltung. Eine neue Prüderie? Nein, sagen die Experten, hier wachse eine Generation heran, die Sexualität vom Reich der Triebe ins Reich der selbstbestimmten Liebe verlege.

ALS EINER DER ERSTEN hat Gunter Schmidt den neuen Sittenkodex ausgemacht. Der ehemalige Mitarbeiter des Instituts für Sexualforschung und Professor für Sexualwissenschaft an der Universität Hamburg attestiert der neuen Sexualmoral, dass sie „friedlicher, kommunikativer, rationaler und berechenbarer" sei – mit einem Wort: herrschaftsfrei.

»Wir machen,
was uns gerade einfällt.
Wir müssen nicht
groß drüber reden«

„Verhandlungs- oder Konsensmoral" nennt Schmidt, was er und seine Mitarbeiter in den vergangenen Jahren in Gesprächen mit Jugendlichen und jungen Erwachsenen an Einstellungen zur sexuellen Praxis in Erfahrung gebracht haben. Während die jahrhundertelang von der Kirche geprägte Sexualmoral sexuelle Praktiken bewertete – etwa voreheliche Geschlechtsverkehr, Onanie oder Homosexualität –, qualifiziere die neue Konsensmoral nicht mehr diese Praktiken, sondern „die Art und Weise ihres Zustandekommens". Ob sadomasochistisch, ruppig, verschmust oder raffiniert, ob hetero- oder homosexuell – das sei moralisch nicht von Belang. Was zähle, sei nur, ob Sex einvernehmlich praktiziert werde.

„Das ist eine sehr gelassene Sexualmoral", sagt Schmidt. Mit den Vorstellungen von verzehrender Leidenschaft und unbändiger Lust habe sie nicht mehr viel gemein. Diese Mystifizierung des Sexuellen passe eher in eine Zeit, als man Triebe noch als Urgewalten begriff, denen wir ausgeliefert sind und die wir nur unter Aufbietung äußerster Disziplin in den Griff bekommen könnten. „Als ich als 16-Jähriger im Kunstband meiner älteren Schwester eine nackte Frau abgebildet sah, war das ein Schock", sagt Schmidt. Und noch in den 1960er Jahren habe man Jugendlichen weisgemacht, dass ihnen das Rückenmark auslaufe beim Masturbieren. Doch die Warnung vor „wilden Trieben" habe sich heute ebenso überlebt wie das Märchen von der Lust, die einen um den Verstand bringt. Junge Leute schwebten nicht mehr ständig zwischen lustvoller Erlösung und sexueller Verderbnis.

Der 19-jährige Till kann mit Sadomaso, Fetischismus und ähnlichen Begrifflichkeiten wenig anfangen. Er weiß zwar, was die Worte bedeuten, er kennt sie aus Medien und Gesprächen mit Freunden, aber seine Welt ist das nicht. Befragt, wie er sich Erotik denn wünsche, ist nur ein „ganz normal" aus ihm herauszubringen.

Normal wie?

„Na, wir machen eben, was uns gerade einfällt. Wir müssen nicht groß drüber reden."

Und der sexuelle Konsens?

„Koitus nur mit Präservativ. Und nichts, was weh tut. Uns war schnell klar, was wir wollen und was nicht."

Wenn einer wie Till über Sex redet, dann lieber mit Freunden. Gelegentlich hätten sie beratschlagt, wie das sei mit dem Orgasmus – wenn er zu früh komme oder gar nicht. Das sei aber kein peinliches Männergetratsche, sondern ein sehr persönlicher Erfahrungsaustausch. Die anderen seien nicht gerade Jungfrauen, aber auch keine Casanovas. Weiter möchte Till zu diesem Thema nicht verhört werden.

Seine Freundin Anna, 18, ist weniger scheu. Sie hatte vor Till bereits eine längere Beziehung – für immerhin drei Monate. Der Junge war älter als sie, er studierte. Das hat ihr imponiert. Ein Grund, die Geschichte zu beenden, sei gewesen, dass „der Typ" Oralsex von ihr erwartet habe. Nicht drängend, er habe sie nur unmissverständlich wissen lassen, dass ihm das gefallen würde. Anna findet es eklig – und amerikanisch. In Filmen über College-Studenten spiele das immer eine so große Rolle.

Und was findet sie an Till erotisch?

Er sei so gescheit, sagt sie, das finde sie anziehend.

Till trägt die typischen tiefer gelegten Jeans der Heranwachsenden. „Man darf keinen Arsch in der Hose sehen", sagt er grinsend. An seinen Oberkörper lässt er nur weite Sweatshirts; das aschblonde Haar verdeckt stets ein Auge. Anna trägt alles, was eng und bauchfrei ist. Aus ihren Strähnen kann sie sieben verschiedene Frisuren basteln.

Das Äußere – der sexuelle Code des Paares – signalisiert auf den ersten Blick ein Missverhältnis: er kindlich und unfertig wie die meis-

ten seiner Altersstufe; sie sexy und frühreif wie viele ihrer Freundinnen. Befragt, wie sie das Erscheinungsbild des jeweils anderen bewerten, fällt beiden ohne Zögern und übereinstimmend ein Adjektiv ein: „süß". Dass Till und Anna sich in der Erfüllung sexueller Wünsche verlieren, ist nicht zu erwarten.

Sexuelle Betätigung, so Schmidt, sei für junge Leute, die sich der Konsensmoral verpflichten, kein ständig drängendes Bedürfnis mehr. Generell seien Paare aller Altersstufen, gemessen an der Häufigkeit des Geschlechtsverkehrs, heute weniger sexuell aktiv als noch vor 40 oder 50 Jahren – trotz oder gerade wegen der Sexualisierung großer Teile des öffentlichen Lebens. Sechs Mal monatlich, das ist nach den Erkenntnissen der Fachleute die durchschnittliche Koitusfrequenz in den Industrieländern. Werde Sexualität „als Erfahrung von Intimität, als Beleg für Sensibilität und erotische Kompetenz" verstanden, wandle sie sich zu einer ästhetischen Handlung, zu einem beide Partner fordernden und erfüllenden Akt. Und den, sagt Schmidt, „produziert man nicht jeden Tag".

Ob sich die Jüngeren tief im Innern nicht doch nach der wilden, verzehrenden Erotik sehnen, die unsere abendländische Kultur als Verheißung durchzieht – von Dantes „Inferno" bis zur Sex Comedy der Gegenwart?

Anna schaut verunsichert. Gemeinsam mit Freundinnen habe sie ein paar Mal „Ally McBeal" und „Sex and the City" gesehen. Das sei anfangs ganz lustig gewesen, doch dann habe sie festgestellt: Das Gequatsche über die Zahl der Männer, die man als Frau im Bett gehabt haben müsse, über die Vorzüge von Quickies und die Größe von Schwänzen sei „eine Sache für Lehrerinnen, für Sekretärinnen und solche Tussen. Ich finde das langweilig. Immer dasselbe Muster. Außerdem glaube ich den Weibern ihre Sprüche nicht."

Warum?

„Die müssen Dialoge aufsagen, die sich unsere Mütter nicht getraut hätten. Deshalb finden sie diese Comedys lustig." Für Anna dagegen gilt: Ein Kuss ist nur ein Kuss. Und kein Versprechen auf einen Orgasmus.

DIE ENTMYSTIFIZIERUNG des Sexuellen sei aber nicht über Nacht gekommen, sagt Gunter Schmidt. Schon Ende der 1970er Jahre – bald nach der Euphorie über die sexuelle Revolution – sei in die Schlafzimmer der Blues eingezogen. Mit der Befreiung ging nicht Glückseligkeit einher, sondern Überforderung. Danach kam die Verunsicherung durch Frauenbewegung und Aids-Gefahr. Der Mann musste sich erklären und dem Selbstbestimmungsrecht der Frau Rechnung tragen. In einer Langzeitstudie über das Sexualverhalten Jugendlicher ermittelte Schmidt, dass sich der Umgang zwischen den Geschlechtern in diesen Jahrzehnten dramatisch verändert hatte. Sagten 1970 noch etwa 80 Prozent der 15- bis 16-jährigen Mädchen, die bereits Geschlechtsverkehr hatten, „ich hab's ihm zuliebe getan", erklärte dies 1990 fast keines der Mädchen mehr. Hingabe als weibliches Sexualverhalten hatte sich ebenso überlebt wie der männliche Chauvinismus, Sexualpartnerinnen als Beute zu betrachten.

Die neue Konsensmoral machte „Eroberungen" überflüssig. Das zeitigte bisweilen groteske Folgen. „In einem liberalen US-College", erzählt Schmidt, „beschlossen die Studenten in einer Vollversammlung, dass zu jedem Schritt eines intimen Dates eine bestimmte Frage gestellt und mit Ja oder Nein beantwortet werden soll: Darf ich jetzt deine Brüste anfassen? Ja oder Nein? Darf ich jetzt dein Genital stimulieren? Ja oder Nein? Da wurde Körperteil für Körperteil abgehakt."

Zwar versuchten Autoren wie Michel Houellebecq („Elementar-teilchen") und Catherine Millet („Das sexuelle Leben der Catherine M.") um die Jahrtausendwende noch einmal, den Sex als große Erlösung zu propagieren, doch die Überbewertung des Geschlechtsverkehrs hat sich seither verflüchtigt. Sex ist ein Vergnügen unter vielen geworden – „just fun, no drama", wie es in manchen Kontaktanzeigen heißt.

Auch viele ältere Paare scheinen den Konsens gefunden zu haben, dass Glück auch ohne wilden Sex möglich ist. Bei über 65-Jährigen wäre dies nicht der Erwähnung wert. Aber dass sie offen darüber sprechen – insbesondere auch Männer –, zeigt eine grundlegende Veränderung. In der Zeitschrift „Bunte" bekannten sich vor kurzem Wiens ehemaliger Bürgermeister Helmut Zilk (77) und seine Frau Dagmar Koller (65) zur „Liebe ohne Begierde". Seit elf Jahren schon, verkünden die beiden, hätten sie nicht mehr miteinander geschlafen, ohne dass es ihrer Beziehung geschadet habe. Zilk, in früheren Jahren ein Womanizer von Ruf, sagt: „Ist es denn so toll, wenn ein Mann glaubt, er müsse mal wieder seine ehelichen Pflichten erfüllen, haut sich auf die Frau drauf, macht sein Werk und ist nach zehn Minuten fertig? Ist das die Erfüllung?" Er und seine Frau Dagmar lebten stattdessen eine sublime Art von Erotik, „die viel spannender ist". Sie haben – wie Till und Anna – ihren Frieden mit der Sexualität gemacht. □

> **Ein Kuss ist nur ein Kuss. Und kein Versprechen auf einen Orgasmus**

Michael Berger, 53, hat für GEO WISSEN schon häufig gesellschaftliche Trends beschrieben, zuletzt die Renaissance der Wohngemeinschaften in „Partnerschaft und Familie" (Nr. 34/2004). Für ihre Fotos von pubertierenden Jugendlichen erhielt die Hamburger Fotografin **Isadora Tast**, 31, mehrere Preise.

Vanessa ,13

Mehr zum Thema auf Seite 140

Was heißt Neosexualität?

Volkmar Sigusch über den kulturellen Wandel von Liebe und Perversion

Neosexualität – so nenne ich eine neu sich etablierende Sexualform, die sich den alten Ängsten, Vorurteilen und Theorien entzieht. Vor allem Personen, die selbst noch nach den sexuellen Revolutionen des 20. Jahrhunderts als abnorm, krank, pervers und moralisch verkommen angesehen worden sind, profitieren von den neu gewonnenen Freiräumen in unserer Gesellschaft. **Heute ist der Transsexualismus ein höchstrichterlich anerkanntes Neogeschlecht**, ist die Liebe zum Haustier eine nicht mehr wegzudenkende Neoallianz, ohne die viele Menschen verzweifelten, werden ehemalige Perversionen wie der Fetischismus und der Sadomasochismus nicht mehr grundsätzlich als Krankheiten betrachtet, die einer Behandlung bedürfen. Von der Homosexualität ganz zu schweigen. Wurde sie jahrhundertelang mit Folter und Mord verfolgt, wird ihr heute das einst heilige Institut der Ehe von Amts wegen geöffnet.

Heterosexuelle können heute sehr unterschiedliche Beziehungsformen wählen, ohne aus dem Rahmen zu fallen, wobei Männer etwas "weiblicher" und Frauen etwas "männlicher" geworden sind, sodass eine Annäherung der beiden großen Geschlechter erfolgt. Angesichts der Vorreiterrolle der homosexuellen Männer im letzten Drittel des 20. Jahrhunderts – Stichwort: Schwulenbewegung – ist es nicht übertrieben, davon zu sprechen, dass die Heterosexualität homosexualisiert worden ist. Zu denken wäre an das neue Körpergefühl vieler heterosexueller Männer, die sich nicht mehr mit einer Dauerripp-Unterhose alle 14 Tage und mit einem Schmerbauch zufrieden geben; zu denken wäre an die Modifikation alter Treuegebote, die zu einer Vereinbarkeit von Beziehungs- und Drangliebe geführt hat, oder an den Bedeutungsverlust, den die Sphären Fortpflanzung und Herkunftsfamilie erfahren haben. **Zum ersten Mal in der überschaubaren Geschichte dürfen heute Heterosexuelle sogar asexuell sein** und ihr anhaltendes Desinteresse an den sexuellen Lüsten öffentlich bekunden, ohne verlacht oder gar verachtet zu werden. Das ist nur möglich, weil Sexualität heute nicht mehr die große Metapher des Rausches, des Höhepunkts, der Revolution,

des Fortschritts und des Glücks ist. Je unablässiger und aufdringlicher das Sexuelle öffentlich inseriert und kommerzialisiert wurde, desto mehr verlor es an Sprengkraft, desto banaler wurde es. **Gegenwärtig scheint es so, als wandere die Sprengkraft von der sexuellen in die aggressive Sphäre**, von der alten Libido zu einer neuen Zerstörungskraft, wenn wir an den sexuellen Missbrauch von Kindern denken, an die zahllosen sexistischen Gewalttaten von Männern gegen Frauen oder an die Gewaltexzesse so genannter Fußballfans.

Vom Gros der jungen Generation wird der Zerfall der alten sexuellen Sphäre in einer kulturellen Meisterleistung aufgefangen: Die jungen Leute oszillieren heute ziemlich souverän zwischen undramatischer Treue in Liebesbeziehungen und dramatisierten Events voller Thrills. **Ihre Neosexualität, die zur allgemeinen werden wird, ist eher Wohllust als alte triebhafte Wollust.** Sie ist selbstoptimiert und selbstdiszipliniert, könnte wegen ihres hohen Anteils an Egoismen auch Selfsex genannt werden. Dazu passt die enorme soziale und seelische Aufwertung der Selbstbefriedigung in den letzten Jahrzehnten. Als einzige Sexualpraktik ist sie im Verlauf des 20. Jahrhunderts nicht nur von einer verpönten und verfolgten zu einer von Männern wie Frauen geschätzten Selbstpraktik geworden, sondern hat insgesamt auch quantitativ an Bedeutung gewonnen.

Über allem aber thront die Liebe. Sie ist selbst als fetischisierte eine einzigartige Kostbarkeit, weil sie nicht produziert und nicht gekauft werden kann. Sie ist stabiler als alle Sexualformen, widersteht dem Zwang zur Vielfalt, beweist, dass es nicht nur um Wandel geht, sondern ebenso um Kontinuität. □

In seinem neuen Buch zieht der Frankfurter Sexualwissenschaftler Volkmar Sigusch, 64, eine Bilanz der sexuellen Revolution. Der hier abgedruckte Text ist eine gekürzte Fassung des Vorworts. "Neosexualitäten" ist 2005 im Campus-Verlag erschienen und kostet 24,90 Euro.

NICHTS IST ERREGENDER ALS DIE WAHRHEIT

Noch in den 1970er Jahren wurde Medienethik als Teil des Jugendschutzes gesehen und litt unter entsprechender Geringschätzung. Doch mit dem Privatfernsehen, dem Internet und der digitalen Kommunikation öffnete sich ein gigantischer, kaum regulierter Markt. Künstler, Journalisten und Wissenschaftler, aber auch skrupellose Geschäftemacher und Terroristen nutzen die gleichen Verbreitungswege. Und die zunehmende Konkurrenz der Informationsträger untereinander führt dazu, Ereignisse und Themen immer lautstärker „zu verkaufen". Dieser anarchische Zustand macht das Nachdenken über die Moral der Medien zum gesellschaftlichen Reizthema: Wo endet das Recht auf Information, wo beginnen Persönlichkeits- und Datenschutz? Wie viel Konzentration verträgt eine freie Presse? Welche Verantwortung trägt eine multimedial agierende Kunst, die Menschen als Mittel zum Zweck benutzt? Kein anderes Moral-Terrain – mit Ausnahme der Bioethik – hat in den vergangenen Jahren so rasch an Bedeutung gewonnen.

Terroristen ermorden Geiseln vor laufender Kamera und lassen die Bilder im Internet verbreiten. Gezielt werden Anschläge als Medienereignisse geplant. Gibt es ein Zusammenspiel nach dem Motto: Terror hilft den Medien, Medien helfen dem Terror? Bernd Gäbler über einen gefährlichen Interessenkonflikt

JOURNALISTEN

BOTSCHAFTER DES
TERRORS

+++ 11. September
Eine Boeing 767 kracht
New Yorker

2001, 9.03 Uhr.
in den Südturm des
World Trade Center +++

Das Fernsehen ist ein flüchtiges Medium – eine Bilderflut, die den Verstand ertränkt. Aber auch das Gegenteil stimmt: Das Fernsehen prägt Wahrnehmungen, Debatten und Erinnerungen. Es brennt Bilder tief ins kollektive Gedächtnis einer Gesellschaft ein.

Wie am 11. September 2001. Seitlich leicht geneigt, kracht das zweite der von Terroristen gekaperten Flugzeuge in den Südturm des World Trade Center. Dieses Bild – mehr als die Szenen der Flüchtenden, der Staubwolken, der einstürzenden Türme – steht für eine Epochenzäsur: Der Terror bringt das Machtsymbol der westlichen Welt zu Fall.

Es war wohlkalkuliert, dass genau dieses Bild um die Welt ging. Die 18 Minuten, die seit dem ersten Flugzeug-Attentat vergangen waren, reichten aus, um genügend Kameraleute in Stellung zu bringen. Die Terroristen wollten durch dieses Schreckensbild demonstrieren, dass auch die stärkste Weltmacht verletzlich ist.

Wieder und wieder haben wir die schockierenden Sequenzen angesehen. Nicht weil es keine anderen Bilder gegeben hätte, sondern weil wir uns so versicherten, dass das Unfassliche tatsächlich stattgefunden hat. Viel verstanden hatten wir zunächst noch nicht. Die Bilder waren stumm; wir sahen maßlosen Terror, aber keine Terroristen – vor allem: Es war ein Massaker ohne Leichen. Wir sahen „live", was wir bisher nur aus Katastrophenfilmen kannten. Der archaische Terror bediente sich des Bildgedächtnisses der Moderne.

Terrorismus ist eine Taktik in einem asymmetrischen Kampf. Eine, die man durch einen Feldzug nicht besiegen kann. Terrorakte sollen militärische Ohnmacht ausgleichen und die Zivilbevölkerung beeindrucken. In diesem Sinne ist der Terror eine Kommunikationsstrategie. Die Botschaft lautet: Wir sind zu allem bereit, zu jeder Grausamkeit, zu jedem Opfer. Gegen unsere Todesbereitschaft seid ihr machtlos. Überall und jederzeit können wir ein Inferno inszenieren. Und ihr werdet eure eigene Niederlage weltweit verbreiten.

„Wir müssen mit den Bildern so umgehen, dass wir nicht zum verlängerten Arm der Terroristen werden", forderte alsbald ZDF-Chefredakteur Nikolaus Brender. Aber welche mediale Strategie kann das gewährleisten? Was ist besser: totschweigen oder senden?

Unmittelbar nachdem US-Präsident George W. Bush den „Krieg gegen den Terror" ausgerufen hatte, forderte die damalige Sicherheitsberaterin Condoleezza Rice die heimischen Sender auf, keine Osama-bin-Laden-Videos mehr auszustrahlen, weil darin Botschaften an „Schläfer" verborgen sein könnten. Lange wurde das Bilderverbot eingehalten. Doch kurz vor dem Wahltag 2004 strahlten die US-Sender ein neues bin-Laden-Video aus. Hatten sie ihre Unabhängigkeit zurückgewonnen? Oder waren sie einer neuen Regierungs-Direktive gefolgt? Eine breite Debatte darüber blieb nach George W. Bushs Wahlsieg bezeichnenderweise aus. Das Thema wurde unter den Tisch gekehrt.

Ermutigender ist, wie die spanische Gesellschaft versucht, die massiven Regierungseingriffe in die Pressefreiheit nach den Madrider Zug-Attentaten aufzuarbeiten. Ein parlamentarischer Untersuchungsausschuss soll klären, mit welchen Pressionen die Terroranschläge vom 11. März 2004 für den Wahlkampf der Konservativen umfunktioniert werden sollten und wie die Regierung nach ihrer spektakulären Wahlniederlage Beweise der Einflussnahme vernichtete.

DIE WICHTIGSTEN WAFFEN in einem Krieg bleiben zwar die Waffen, aber den „Flankenschutz" geben heute die Medien. Nur Journalisten, die sich dessen bewusst sind, liefern sich Vereinnahmungsversuchen nicht hilflos aus. Das ZDF hat es beispielsweise gut verstanden, anhand des ersten Videos von bin Laden dessen Selbststilisierung als Prediger und Märtyrer und damit seine große Wirkung auf Teile der arabischen Welt zu erklären. Journalisten, die kritisch fragen, warum es bestimmte Bilder gibt und andere nicht, können die gebotene Distanz zu allen Seiten wahren – und etwa nach einer Erklärung

+++ 29. Oktober 2004. Osama bin Laden richtet eine Video-Botschaft an das amerikanische Volk +++

+++ 22. Oktober 2004.
Die entführte Chefin der
Hilfsorganisation »Care«
im Irak, Margaret Hassan,
fleht um ihr Leben +++

suchen, warum das angebliche Kommandounternehmen zur Befreiung der hübschen Soldatin Jessica Lynch ausführlich gedreht wurde, während es von der Heimholung getöteter US-Soldaten oder von den gnadenlosen Kämpfen um Falludscha nichts oder kaum etwas zu sehen gab.

Natürlich wird niemand wollen, dass hierzulande auch jene perfiden Enthauptungs-Videos ausgestrahlt werden, die irakische Geiselgangster immer wieder an arabische Sender schicken, wo sie – wie der Mediensoziologe Klaus Kreimeier sarkastisch anmerkt – als „Highlights des Dokumentarismus" zumindest „angespielt" werden. Aber ihre Funktion muss erklärt werden: dass die so archaisch anmutenden heiligen Krieger darauf spekulieren, die individualistischen Gesellschaften des Westens durch Einzelschicksale zu erschüttern. Deshalb dokumentieren sie die in Todesangst verfassten Appelle von Kenneth

Bigley, der „Care"-Chefin im Irak, Margaret Hassan, oder der Journalistin Giuliana Sgrena. Dieser Terror darf nicht verschwiegen werden, aber von Nachrichtensprechern verlesene Meldungen wären angemessener als die Zurschaustellung verzweifelter Opfer.

Nun sind Massenmedien in den Gesellschaften des Westens immer beides zugleich: neutrale Vermittler der Wirklichkeit und Unternehmen mit wirtschaftlichen Interessen. Der Wettbewerb

Aber was ist guter Journalismus?

Seine erste Tugend müsste wohl Bescheidenheit sein. Was wimmelte es auf allen Kanälen nach dem 11. September von Terrorismus-Experten und Islam-Kennern! Wie sehr hat sich jener „parachute journalism" verbreitet, bei dem sich ein Reporter rasch an den Ort eines erregenden Geschehens begibt, um vor laufender Kamera aufzusagen, was er sich zuvor aus dem Archivma-

Wer Distanz wahren will, wird sich fragen, warum es bestimmte Bilder gibt und andere nicht

verführt sie immer wieder zu Sensationsgier, Simplifizierung und Verantwortungslosigkeit. Dagegen gibt es kein Allheilmittel. Nur die beharrliche Diskussion über guten und schlechten Journalismus kann solchen Tendenzen entgegenwirken.

terial angelesen hat. Mit derartiger Hochstapelei ist Vertrauen schnell verspielt.

Noch schwerer zu erfüllen als die Tugend der Bescheidenheit ist das Bestehen auf Komplexität. Wer sich in der heutigen Welt zurechtfinden will, muss vor Vereinfachungen auf der Hut sein. Schon die Gleichsetzung von Fundamentalismus und Terror gehört dazu. Elmar Theveßen, der „Terrorismus-Experte" des ZDF, hat in seiner aufwendigen Dokumentation „Al Qaida 2004" zwar alle möglichen Prediger und Fundamentalisten vor die Kamera gebracht, aber eine Differenzierung leistet der Film nicht. Auch die Unterlegung von Bildern mit voreiligen Kommentaren fördert Simplifikationen. Kaum jemand hat Samuel Huntingtons Bestseller „The Clash of Civilizations" gelesen, aber viele sind überzeugt, dass einzig der „Kampf der Kulturen" den Terror erklärt.

Eine dritte Tugend wäre Besonnenheit. Viele Menschen, die die Bilder des 11. September im Fernsehen gesehen haben, glauben, sie seien „live" dabei gewesen. Dieser Irrtum verweist auf ein Kernproblem der globalen Mediengesellschaft. Es ist das Problem des unmittelbaren „Auf-Sendung-Gehens", des Draufhaltens, des Sich-Einklinkens in real ablaufende Prozesse. Kriege – etwa der Irak-Krieg 1991 oder die US-Invasion in Somalia 1992 –

Akteur noch der unmittelbaren Selbsterhaltung geschuldet sein, so machte die eilends über den Sender gejagte Szene vor allem deutlich: Action zählt!

Das Wichtigste im Nachrichtengeschäft scheinen überwältigende Bilder des miterlebten Augenblicks zu werden. Von überall her und fast ohne Zeitverzögerung sind „heiße Bilder" zu bekommen. Man muss nur eine Kamera halten können und im richtigen Moment am Ort des Geschehens sein.

Die Fernsehberichterstattung zum Terroranschlag in Beslan hat dies erneut bestätigt. Wird die Schule gestürmt? Haben die Terroristen Bomben gezündet? Warum laufen da Kinder herum? Hauptsache, wir haben Bilder. Hauptsache, wir sind „live" dabei. Es war schrecklich, auf allen Kanälen. Für die Selbsttäuschung einer Informationsgesellschaft ist der Glaube typisch, die schnellstmögliche Übertragung sei mit dem höchstmöglichen Maß an Information identisch.

Deshalb wird in Zukunft die Nutzung vieler sich ergänzender Medien immer wichtiger. Zu-

Action zählt. Wichtig sind überwältigende Bilder, dramatische Szenen

werden so begonnen, dass ihr Auftakt in die „Prime Time", in die Hauptnachrichtenzeit, fällt. Mittendrin oder gar als vorauseilender Spähtrupp: die Reporter.

Am 13. April 2003 erreichte CNN-Korrespondent Brent Sadler noch vor den anrückenden US-Truppen die irakische Stadt Tikrit, Saddam Husseins Geburtsort. Sadlers Auto wurde beschossen, Begleiter des Fernsehteams schossen zurück. Später sah man die Szenen weltweit.

Mochte die Übertretung der Grenze vom Beobachter zum

schauen allein reicht nicht. Lesen, hören, vergleichen, sich übers Internet, über SMS und E-Mail informieren wird unerlässlich – sonst spaltet sich die Gesellschaft vollends in eine reflektierende „Informationselite" und eine mit banalen Bildern abgespeiste Konsumentenmasse. □

Bernd Gäbler, 51, arbeitete als Medienredakteur der „Woche" und war bis Januar 2005 Geschäftsführer des renommierten Adolf-Grimme-Instituts in Marl.

+++ 2. September 2004.
Ein Soldat der russischen Anti-Terror-
Truppen rettet ein Mädchen aus der
Schule von Beslan +++

WAS IST HEUTE
OBSZÖN?

Auffallen um jeden Preis. In Erinnerung bleiben. Das wollen viele. In der Wirtschaft, in der Politik, in der Kunst. Tabubrüche gehören heute fast schon zum Marketing. GEO WISSEN hat Künstler und Publizisten gefragt, was sie zuletzt als besonders ekelhaft und geschmacklos empfanden. Ihre Bilanz: Das Obszöne ist längst Normalität

ULRIKE FOLKERTS
Schauspielerin, »Tatort«-Kommissarin
Die Sendung, die mich zuletzt am meisten beschämt und sprachlos gemacht hat, ist „Ich bin ein Star – Holt mich hier raus!". Meine Lebenszeit möchte ich dafür weder vor der Kamera noch vor der Glotze verschwenden.
Nach der Krönung: »Dschungelkönig« Costa Cordalis und Sohn

JOHANN KRESNIK
Theaterregisseur
Obszön ist die Politik von George W. Bush, der im Namen von Demokratie, Religion und Profit gegen jede Vernunft Kriege führt und Gefangenenlager betreibt. „Der Schlaf der Vernunft gebiert Ungeheuer", wusste schon Goya. Bush und Konsorten sind solche!
Überlebensgroß George W. Bush: »Ich schwöre bei Gott!«

MAXIM BILLER
Schriftsteller
Obszön am 11. September war nicht diese ungeheuer unmoralische Tat an sich, sondern die übertriebene, kalkulierte Reaktion der Bush-Administration darauf. Obszön an einem Schauspielerpaar, das auf der Bühne eines Stadttheaters miteinander schläft, ist nicht der Sex, den die beiden vor aller Augen haben, es sind die erregten Buhs des Publikums. Und obszön an islamistischen Enthauptungsvideos ist nicht der öffentliche Mord, den wir dabei sehen, sondern das Geschäft, das die Fernsehsender später damit machen. In anderen Worten: Nur wer sich provozieren lässt, tappt in die Obszönitätsfalle. Aber so sind die Menschen. Sie warten ungeduldig auf den Skandal, um dann, wenn er da ist, laut und erregt und amüsiert zu rufen: „Skandal!" Was man dagegen machen sollte? Nichts. Oder gibt es hier jemanden, der den Menschen verbieten will, menschlich zu sein?
Der Sender al-Dschasira: Quote machen mit Terroropfern

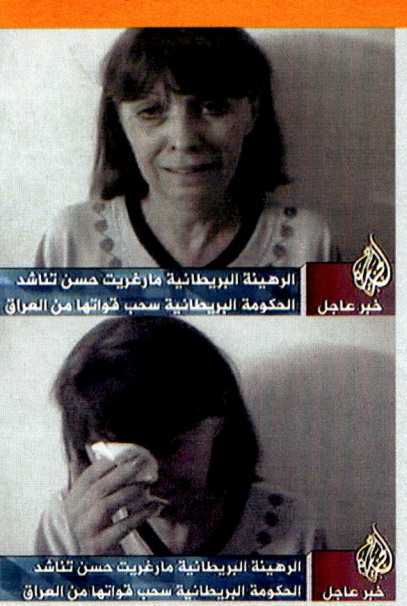

INGVILD GOETZ
Kunstsammlerin

Wenn sich Künstler fotografisch damit profilieren wollen, dass sie verstümmelte nackte Körper oder Menschen abbilden, die an Urinbeuteln und Schläuchen hängen, dann finde ich solche Fotos ästhetisch ohne Wert und inhaltlich uninteressant, weil Menschen in derart entwürdigten Haltungen eigentlich nichts anderes auslösen können als Mitleid. Es wird nichts transformiert und auch nichts gelernt auf der Betrachterseite. In der Saatchi-Ausstellung „Sensation" stellte Marcus Harvey das Porträt einer Kindsmörderin mit Abdrücken von Kinderhänden dar. Er hat das Leid aller Betroffenen benutzt, nur um eine plumpe Sensation auszulösen.

Handgemalt: Kindsmörderin »Myra« von Marcus Harvey

WILLI WINKLER
Journalist und Autor

Obszön ist, wenn „Spiegel" und Springer gemeinsam beschließen, zur alten Rechtschreibung zurückzukehren, und damit der „FAZ" folgen, die einen Herausgeber hat, der ein hundsmiserables Buch geschrieben hat, das aber, weil es ja sein kann, dass er in Personalunion auch noch Herausgeber des „Spiegel" wird, im „Spiegel" maßlos gelobt und vorabgedruckt wird, wie es nicht anders die „Bild"-Zeitung treibt, die für diesen Liebesdienst ständig vom Medienredakteur der „FAZ" über den grünen Klee gelobt wird.

»Rebellen« gegen die Rechtschreibreform: »Bild« und »Spiegel«

TILMAN SPENGLER
Schriftsteller und Herausgeber

Man müsste ein neues Wort schaffen: obszönabel, „geeignet für eine Obszönität". Obszönabel ist mittlerweile alles, was in der Öffentlichkeit darzustellen sich lohnt. Ein vor sich hin sterbender Papst, die Opfer einer Flutwelle, lügende Präsidenten, der Alltag von geistig behinderten Heim- oder Dschungelbewohnern. Vielleicht sollte man besser von Ob-Szenen reden. Ihre schreckliche Besonderheit liegt darin, dass sie sich durch Wiederholung nicht aufheben – wie Hegel noch glaubte, uns versprechen zu können.

WOLF HEUMANN
Geschäftsführer der Werbeagentur Jung von Matt

Entsetzt war ich, als das Volksparkstadion meiner Kindheit nicht mehr Volksparkstadion hieß. Dabei hätte ich ahnen müssen, dass der Name käuflich ist. Wahrscheinlich kann man auch Helgoland umbenennen oder Berlin, wenn man nur genug bezahlt. Der totale Kommerz – das ist für mich weitaus obszöner als ein Nackter auf einem Plakat.

ROGER WILLEMSEN
Autor, Moderator

Heute lässt sich das Obszöne weniger durch pornografische Schauwerte definieren als durch die Schamverletzung im Umgang mit Zerstörung. Insofern erscheint mir Gerhard Schröders Aussage, er halte Putin für einen lupenreinen Demokraten, ebenso obszön wie Joschka Fischers Kommentierung der Nicht-Ratifizierung des Kyoto-Protokolls durch die USA mit dem Satz: Wir haben das nicht zu kritisieren.

Gerhard und Wladimir: herzliche Männerfreundschaft

SIBYLLE BERG
Schriftstellerin

Obszön bis zum Ekel ist die größenwahnsinnige Dreistigkeit, mit der Männer Unternehmen in den Bankrott führen. Gierig, egoistisch und ohne jede Scham. Von anderen Männern Millionen-Abfindungen zugeschoben bekommen – es könnte einen ja das nächste Mal treffen –, weiterziehen zum nächsten Konzern, ihre Unfähigkeit nicht reflektierend, ein Land sicher in die Krise steuern, sich lachend fotografieren lassen, keine Hemmungen, keine Selbstzweifel, emotionale Dummheit und Machtbesessenheit, Geld anhäufen, das in einem Leben nicht auszugeben ist.

Moralische Schieflage: Pleite-Konzern Enron

GÜNTER WALLRAFF
Journalist und Schriftsteller

Obszön sind die halbnackten Touristen, die an den Katastrophenstränden Thailands ungeniert promenieren, während daneben die verzweifelten Überlebenden die Leichen ihrer Angehörigen zu bergen versuchen. Obszön ist das Frauen auferlegte Tragen eines mobilen Kerkers – der Burka –, der ihnen Individualität und Persönlichkeit raubt und eine Welt hinter „Gittern" beschert. Als obszön empfinde ich eine bestimmte und bestimmende Gesellschaftsschicht, die sich mit Protz und Prunk selbst feiert und feiern lässt, während Massenentlassungen, Arbeitslosigkeit und Kinderarmut wie ein Naturgesetz hingenommen werden.

Afghanische Mädchen im «mobilen Kerker»

WIGLAF DROSTE
Lyriker und Sänger

Im Dezember 2004 sah ich in Leipzig einen jungen Mann in einer Tätowierbude sitzen. Das Schaufenster gewährte volle Einsicht: Sein Schädel war kahl rasiert, dem Ausdruck seines Gesichts nach hatte die Rasur auch im Inneren des Kopfes stattgefunden. Sein Oberkörper war entblößt, er beugte sich vor, der Tätowierer vollendete seine Arbeit. Gleich dreimal hatte er seinem Kunden in Frakturschrift BÖHSE ONKELZ aufs Kreuz gestochen; als gleichschenkliges Dreieck leuchtete der Name der „Deutschland den Deutschen! Ausländer raus!"-Kapelle vom Rücken des jungen Neonazis. Neben ihm saß, für mich im Halbprofil sichtbar, sein deutsches Mädel und glotzte stolz. Mit dem Instinkt, der einem sagt, dass man beobachtet wird, drehte sie sich ganz zu mir um. Ich stand auf der anderen Seite des Aquariums, gegen die Winterkälte trug ich einen schwarzen Mantel und einen Borsalino auf dem Kopf. Die junge Frau zeigte mit dem Finger auf mich und sagte, noch durch die Scheibe vernehmlich: „Jude!" Das Wort, gepaart mit ihrem hasserfüllten Gesicht, hieß: Tod. Es traf, härter als jeder Schlag, den ich je empfing. In ihren Augen war ich weniger als ein Insekt. Dieser Blick war reine Obszönität.

Stürmer-Pose: Paolo Di Canio von Lazio Rom grüßt seine »Fans«

HASS

Angstmachend und abstoßend ist die Fratze des Hasses. In rasender Wut durchstreifen Anhänger des zum Rücktritt gezwungenen haitianischen Präsidenten Jean-Bertrand Aristide am 29. Februar 2004 die Hauptstadt Port-au-Prince. Weil sie es – wie dieser Maskierte – nicht ertragen können, die Macht verloren zu haben, lassen sie ihrem Fanatismus freien Lauf

SIEBEN MODERNE TODSÜNDEN

Wer die ethischen Grundregeln bricht, der sündigt. Wer sie verachtet, begeht eine Todsünde. Anders

als das christliche Mittelalter versteht die Moderne darunter aber nicht mehr grobe Verstöße des

Individuums gegen Gottes Gebote, sondern die Zerstörung zwischenmenschlicher Beziehungen

NEID

Eine Schule der Missgunst ist der alljährliche Auftrieb der Prominenz bei der Verleihung der Film-Oscars. In Gegenwart von Glamour und Ehrgeiz wachsen Gehässigkeit und Konkurrenzneid. Einem anderen etwas nicht zu gönnen, ist ein starkes Gefühl. Wie viel Eifersucht liegt im Blick der Schauspielerin Sophia Loren, als sie – 1958 in Beverly Hills' Prominententreff »Romanoff's« – ausgerechnet am Tisch des Sexsymbols Jayne Mansfield platziert wird?

GLEICHGÜLTIGKEIT

Soziale Verwahrlosung – diese Trägheit des Herzens – gibt es in allen Gesellschafts-schichten. Auffällig wird sie aber nur dort, wo sich innere Lieblosigkeit und äußere Wurstigkeit vereinen. Im so genannten *white trash*, der heruntergekommenen Lebensart eines Teils der Unterschicht, ergeben sie eine unansehnliche Melange: Menschen, die seelisch erkalten und unempfänglich werden für Signale jeglicher Art

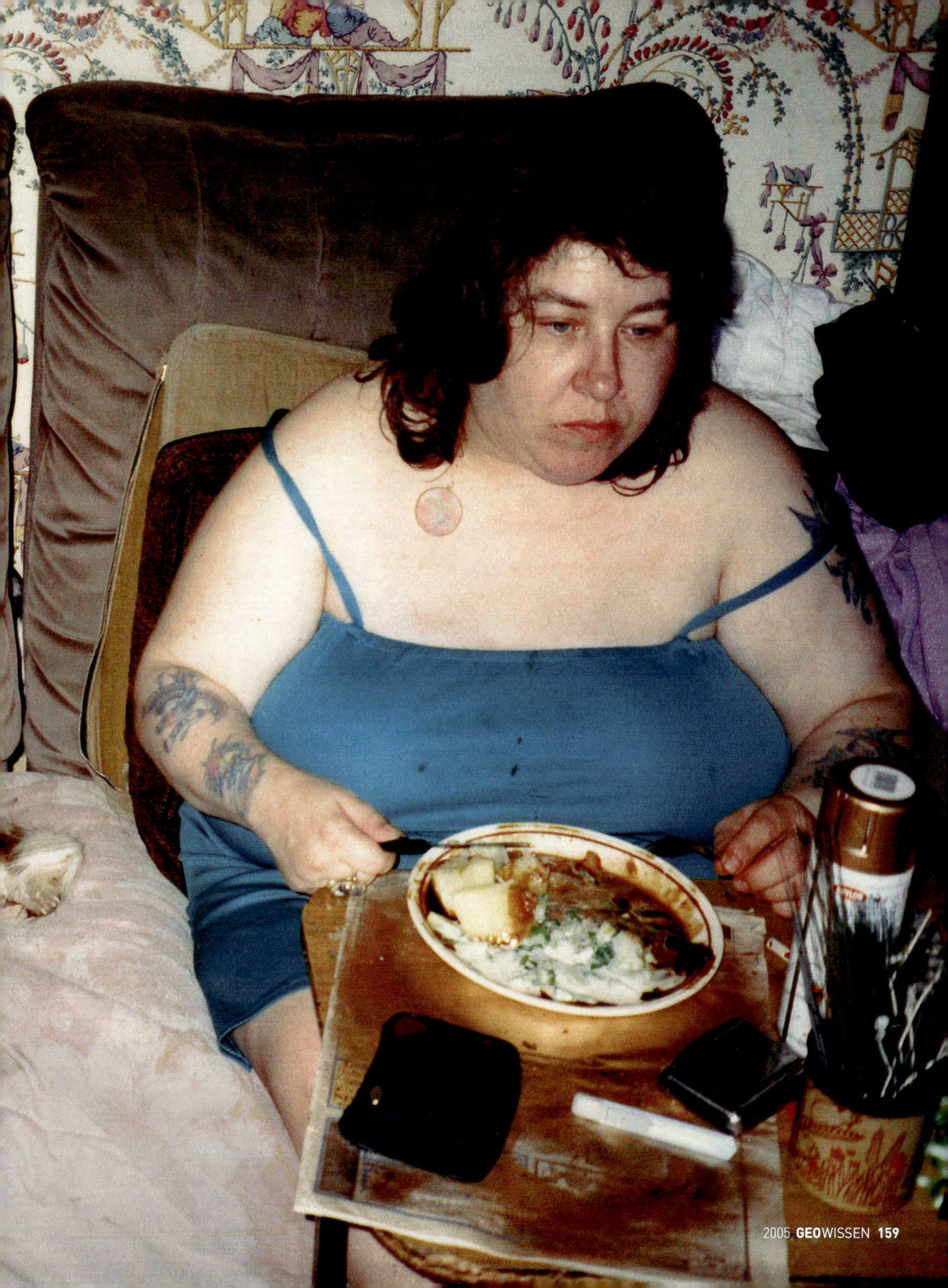

ARROGANZ

Wie ein Halbgott, dem nichts und niemand etwas anhaben kann – so scheint er sich zu fühlen. Italiens Ministerpräsident Silvio Berlusconi, mehrfach erfolglos wegen Korruption angeklagt, gilt als Inbegriff der Amtsanmaßung: selbstgefällig, selbstgerecht, selbstzufrieden. Unverfroren genießt der Milliardär und Medienmagnat die Arroganz der Macht. Ein Wichtigtuer? Hochmut kommt vor dem Fall

INTOLERANZ

Noch bis ins Grab verfolgen Hakenkreuz-Schmierer diejenigen, denen sie kein Lebensrecht zubilligen. Grobschlächtiger Antisemitismus – wie auf dem jüdischen Friedhof im elsässischen Herrlisheim – entstammt einer Mischung aus dumpfem Vorurteil, Ahnungslosigkeit und Nichtwissenwollen. Intoleranz heißt: all das mit Füßen zu treten, zu verletzen und zu beleidigen, was das eigene Unvermögen offen legt und damit unerträglich macht

GRAUSAMKEIT

»Ich bin dein Spiegel« – so nannte die New Yorker Fotografin Nan Goldin ihr 1984 entstandenes Selbstporträt. Ihr damaliger Freund hatte sie brutal verprügelt; fast hätte sie dabei das Augenlicht verloren. Es sind beileibe nicht immer die sichtbaren Misshandlungen oder die bestialischen Verbrechen, die die Rohheit und Erbarmungslosigkeit von Menschen bezeugen. Auch versteckte seelische Grausamkeiten können Wunden aufreißen, die ein Leben lang schmerzen

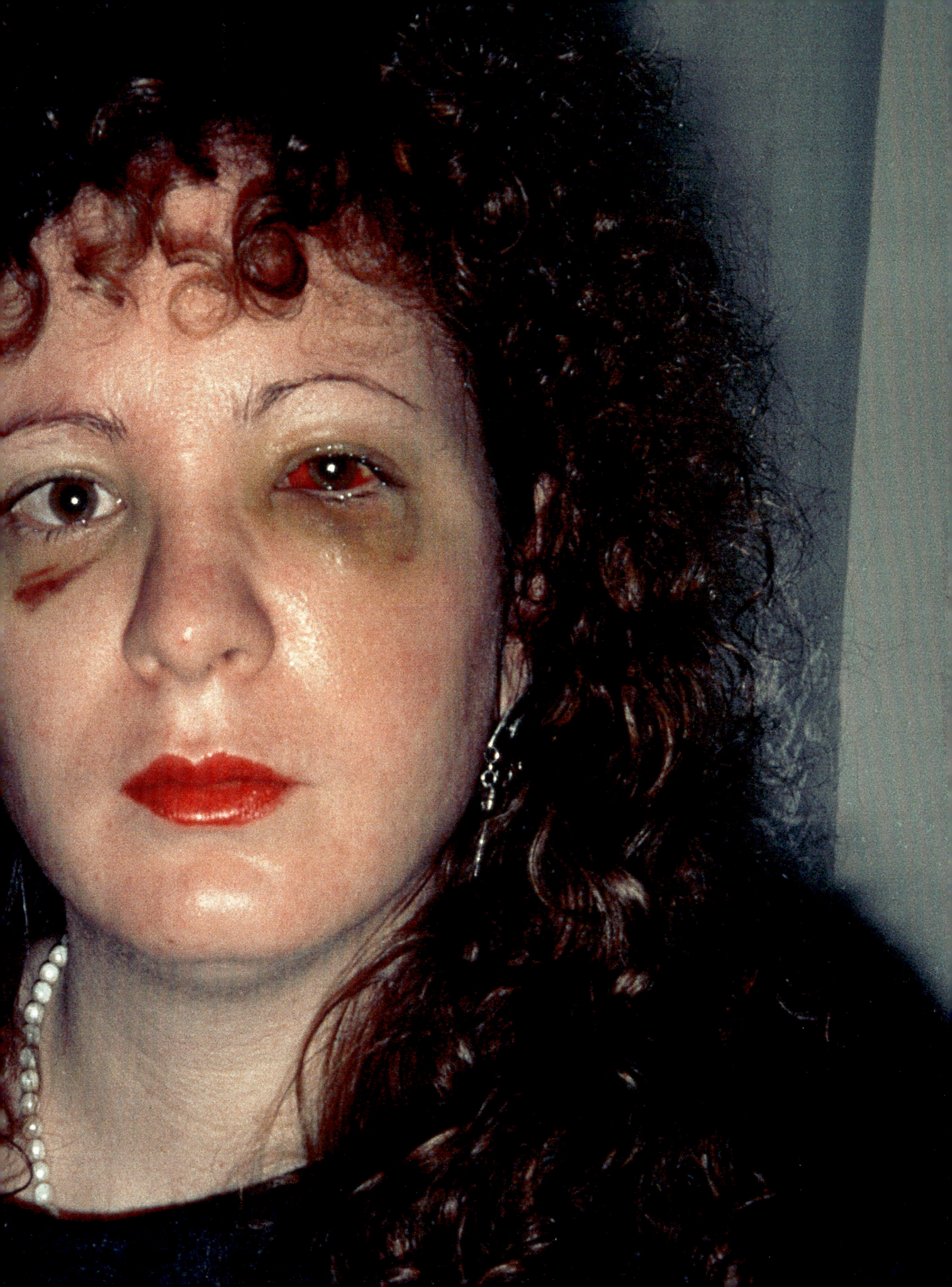

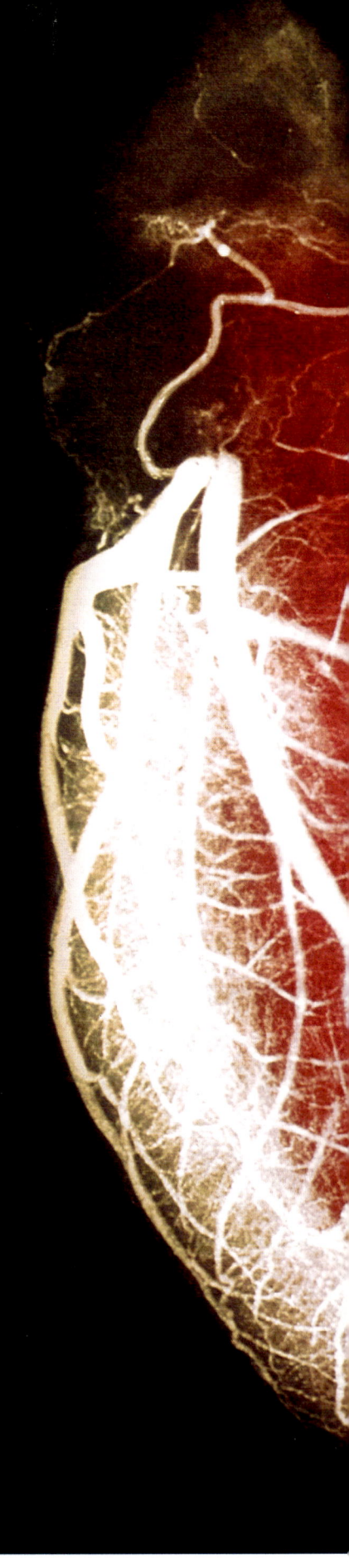

PSYCHOKARDIOLOGIE

Das gebrochene Herz

Fühlen wir mit dem Herzen? Bei seelischem Stress verändert sich sein Rhythmus. Psychokardiologen erforschen den Zusammenhang zwischen Gewissensnöten und Infarktanfälligkeit

Die Gemeinde der Urchristen teilte alles miteinander, aber als Hananias eines seiner Grundstücke verkaufte, behielt er einen Teil des Geldes für sich. Da sagte Petrus: „Hananias, warum hat der Satan dein Herz erfüllt …? Warum hast du in deinem Herzen beschlossen, so etwas zu tun? Du hast nicht die Menschen belogen, sondern Gott." (Apg. 5, 3–4) Als Hananias diese Worte hörte und sich seiner Schuld bewusst wurde, stürzte er zu Boden und starb.

Schon zu biblischen Zeiten hatte das Gewissen seinen Sitz im Herzen. Forscher und Mediziner unserer Tage können den engen Zusammenhang zwischen Herz und Emotionen plau-

sibel machen. Zwar ist ein plötzlicher Herztod aufgrund von Schuldgefühlen – wie er Hananias widerfuhr – eher unwahrscheinlich. Es sind die lang anhaltenden chronischen Belastungen, die an uns zehren. Gewissensbisse können Dauerstress erzeugen, der in Depressionen mündet: „Sehr häufig steht ein unverarbeitetes Schuldthema im Hintergrund", sagt Deutschlands einziger Professor für Psychokardiologie, der Göttinger Mediziner Christoph Herrmann-Lingen.

Krankhafte Schwermut zählt neben erhöhtem Blutdruck und erhöhtem Cholesterinspiegel zu den größten Risikofaktoren für eine koronare Herzerkrankung. Etwa ein Fünftel der Herzpatienten ist depressiv. Wie jener Geschäftsmann, der Schwarzgeld ins Ausland schaffte und seitdem unter schweren Herzproblemen leidet. Wie der ehemalige Frontsoldat, der an Erschießungen im Zweiten Weltkrieg teilgenommen hatte und nun von Schuldgefühlen geplagt wird. Solche Patienten erkennen, laut Herrmann-Lingen, den Zusammenhang zu ihrer Erkrankung oft selbst: „Die sagen, der Infarkt sei die Strafe für ihre Taten."

Vor allem Menschen, die Schuld bei sich selber suchen, statt sie auf andere abzuwälzen, neigen verstärkt zu Depressionen, denn sie befinden sich emotional im Dauerstress. Als Antwort produzieren die Nebennieren vermehrt das entzündungshemmende Hormon Cortisol und kurbeln die Immunabwehr an – ein Überbleibsel aus dem Pleistozän: Gibt es aus einer gefährlichen Lage kein Entrinnen mehr, schaltet sich ein Mechanismus ein, der für den Fall einer Verletzung Vorsorge trifft. Durch Einwanderung weißer Blutkörperchen ins Gewebe erhöht sich die Blutgerinnungsfähigkeit, die Blutplättchen verkleben

Schuldgefühle lösen Depressionen aus; Schwermut greift das Herz an. Bisweilen hilft dagegen schwarzer Humor – etwa eine Zeichnung von Edward Gorey

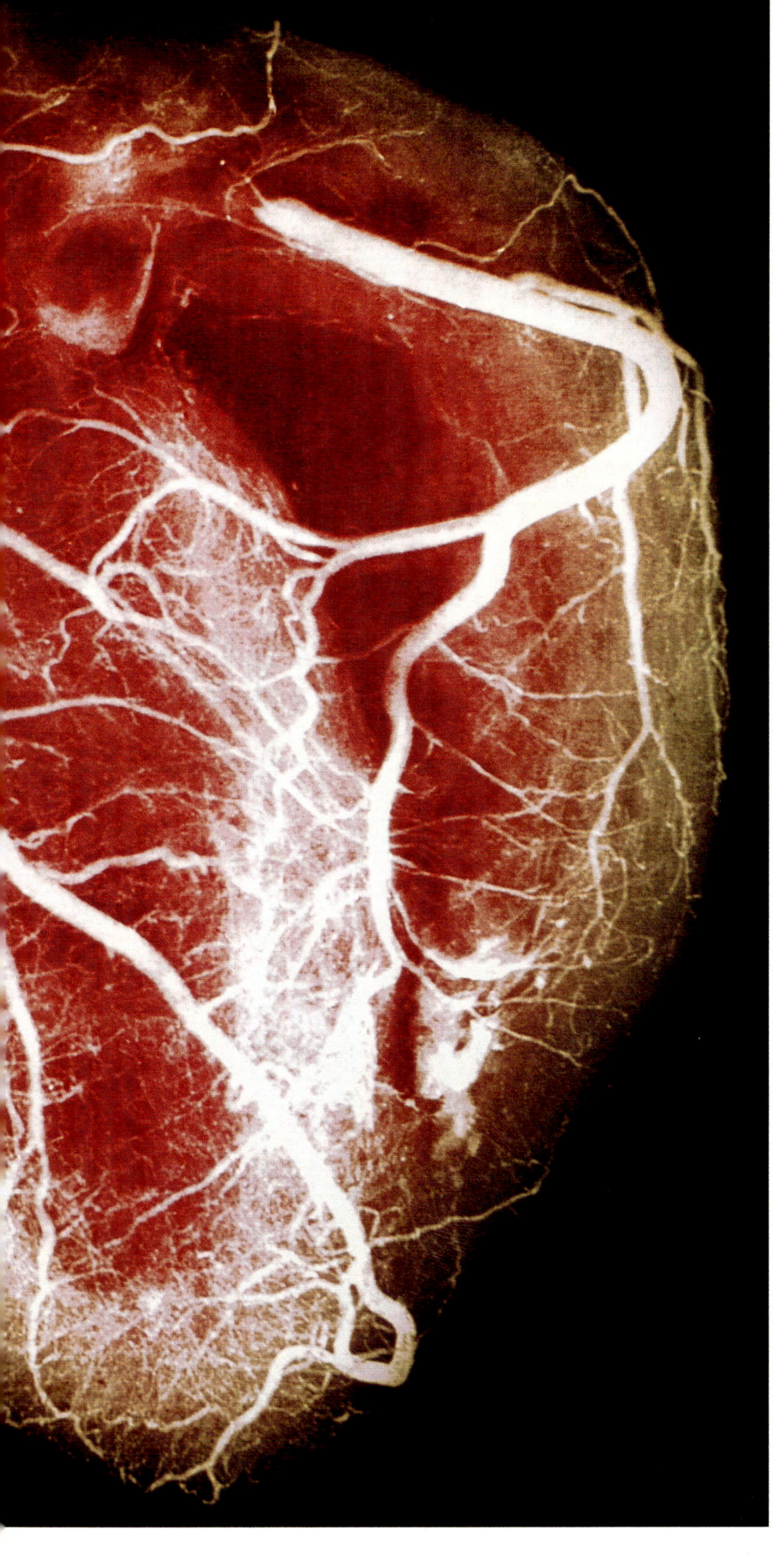

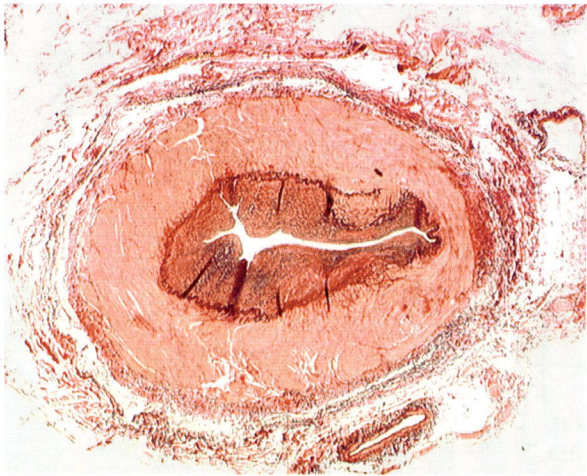

leichter, und die zu erwartende Wunde blutet weniger. Gehört das Gefühl der Ausweglosigkeit zum gewöhnlichen Alltag, verstopfen die weißen Blutkörperchen mit der Zeit die Arterien, und es kommt zum Infarkt.

Noch auf eine weitere Art schaden Schuldgefühle dem Herzen: Je ausgeprägter die Schwermut, desto monotoner der Herzschlag. Ein gesunder Puls tickt nicht wie eine Uhr, sondern hat ein „natürliches Temperament", mit unterschiedlichen Zeitabständen zwischen den Schlägen. Verliert das Herz sein Temperament, wächst die Gefahr von Rhythmusstörungen.

Bei solchen seelisch bedingten Herzerkrankungen können zunächst Psychopharmaka helfen, auf Dauer aber benötigen diese Patienten eine Gesprächstherapie, in der sie ihr Herz buchstäblich erleichtern können. Wie Forschungen ergeben haben, verringert sich dadurch das Risiko eines abermaligen Infarkts erheblich. Wie heißt es doch schon in der Bibel: „Ein fröhliches Herz tut dem Leibe wohl."

Christina Schneider

Wenn Blutfette und weiße Blutkörperchen Arterien verstopfen, kann die Ursache ein Gefühlsstau sein. In einem gesunden Herzen (links) fließt das Blut frei und ungehindert

GESCHLECHTERFORSCHUNG

Gibt es eine weibliche Moral?

Um Gerechtigkeit kümmern sich die Männer, um Fürsorge die Frauen. Diese Doppelmoral galt gestern. Heute weiß man, dass Wertvorstellungen von der gesellschaftlichen Rolle abhängen

Für Arthur Schopenhauer gab es keinen Zweifel: „Gerechtigkeit ist mehr die männliche, Menschenliebe mehr die weibliche Tugend." Das schrieb der Philosoph 1840 in seiner „Preisschrift über die Grundlage der Moral". Dass die Frau dem Mann damit unterlegen sei, „eine Art Mittelstufe zwischen dem Kinde und dem Manne", war aus seiner Sicht nur logisch.

Nichts lag 142 Jahre später der amerikanischen Psychologin Carol Gilligan ferner, als den Mann zum überlegenen Geschlecht zu erklären. Auch sie war überzeugt, dass Männer und Frauen in moralischen Dingen unterschiedlich urteilen. Doch wollte sie mit ihrem Buch „Die andere Stimme" belegen, dass Frauen tatsächlich andere, aber keineswegs niedriger zu bewertende Maßstäbe heranziehen, also über eine eigene, von männlichen Maßstäben unabhängige Moral verfügen.

Gilligan arbeitete bis 1979 als Assistentin an der Harvard Universität, wo ihr Chef, der renommierte Psychologe Lawrence Kohlberg, Studien zur Moralentwicklung machte. Sein „Stufenmodell" ordnete Konfliktlösungen je nach den zurate gezogenen Kriterien auf einem höheren oder niedrigeren Entwicklungsrang ein (siehe Seite 76). Ganz oben standen Lösungen, die sich an Gesetzen orientierten, weiter unten solche, deren Maßstab persönliche Beziehungen waren.

Eben diesen Maßstab, beobachtete Gilligan bei eigenen Untersuchungen, legten vor allem Frauen an. Sie stellten Rücksichtnahme und Hilfe in den Vordergrund, während die Gerechtigkeitsperspektive – von Kohlberg zur höchsten Stufe moralischen Urteilens erklärt – häufiger bei Männern vorkam.

Gilligan stellte diesen Unterschied beim Thema Abtreibung fest. Während die von ihr befragten Männer sich meist klar für oder gegen das Recht zum Schwangerschaftsabbruch aussprachen („Abtreibung ist Mord" oder „Das zu entscheiden ist Sache der Frau"), verlangten die Frauen erst weitere Informationen („Liebt die Schwangere den Kindsvater, hat sie eine Ausbildung, will sie Kinder?"). Die Antworten der Frauen berücksichtigten den Einzelfall. Gilligan wertete dies als Beweis für die Existenz von zwei Moraltypen: Ausgesprochen weiblich sei eine flexible Fürsorgemoral, typisch männlich eine rigide Gerechtigkeitsmoral. Oder in den Worten Schopenhauers: Menschenliebe versus Gerechtigkeit. Sollte der Philosoph am Ende doch Recht haben?

Eine Erklärung dafür, weshalb Frauen anders urteilen als Männer, fand Gilligan im evolutionären Ausleseprozess: Nur Frauen, die sich ausreichend um ihre schutzbedürftigen Kinder kümmerten, konnten ihre Gene auch weitergeben. Überdies beginne die weibliche Fürsorge-Orientierung schon in frühester Kindheit. Für alle Kinder sei die Mutter die erste Bezugsperson. Doch während sich Mädchen, wenn sie älter werden, weiter mit der Mutter und deren Fürsorglichkeit identifizieren könnten, müssten Jungen, um „richtige Männer" zu werden, sich lösen. Dabei gehe die Orientierung an der von der Mutter vorgelebten Fürsorglichkeit verloren.

In der Feminismus-Debatte der 1980er Jahre war die These von den zwei Moraltypen sehr populär. Positiv besetzte Werte wie Umweltbewusstsein und Pazifismus wurden als spezifisch weiblich ausgegeben. Und „frau" forderte, die Fürsorge-Perspektive in die politische, vom männlichen Gerechtigkeitsdenken dominierte Öffentlichkeit stärker einzubringen.

Auch Gilligan verband mit den „zwei Moralen" ein politisches Programm: „Die Hoffnung, die sich mit der Verbindung von Frauen und Moral verknüpft, besteht darin, dass das Überleben der Menschheit im späten 20. Jahrhundert weniger von formaler Übereinstimmung abhängen dürfte als von menschlicher Verbundenheit."

Gilligans These hatte nur einen Haken: Sie war empirisch nicht haltbar. 1986 widerlegte Gertrud Nunner-Winkler vom damaligen Münchner Max-Planck-Institut für psychologische Forschung das Bild von den fürsorglichen Frauen und den abstrakt urteilenden Männern. Die angeblich geschlechtsspezifischen Argumentationsmuster fielen in sich zusammen.

Zunächst konfrontierte Nunner-Winkler eine gemischtgeschlechtliche Gruppe mit dem Thema Abtreibung, wobei 48 Prozent der Frauen, aber nur 24 Prozent der Männer auf die Schwierigkeiten zu sprechen kamen, die einer Frau aus der Schwangerschaft entstünden. Danach befragte sie dieselbe Gruppe zum Wehrdienst. Nun argumentierten Männer und Frauen genau umgekehrt: 59 Prozent der Männer erörterten plötzlich kontextbezogene Fragen („Handelt es sich um einen demokratischen Staat?" „Verfügt die Armee über Atomwaffen?"), während 63 Prozent der Frauen kategorisch urteilten („Verteidigung ist nötig!", „Töten darf man nicht!").

Ergebnis: Ob jemand flexibel und fürsorglich oder streng nach abstrakten Prinzipien urteilt, hängt weniger vom Geschlecht als vielmehr von der eigenen Betroffenheit ab. „Frauen", sagt Nunner-Winkler, „sind oft nachgiebig und kompromissbereit in Rollen, die eine konkrete Zuständigkeit für das Wohlergehen anderer verlangen. Mit einer eigenständigen Moral

Zu Beginn der 1970er Jahre bekannten Prominente im »Stern«: »Wir haben abgetrieben!« Frauen urteilen beim Thema Abtreibung häufig flexibel, am Einzelfall orientiert; Männer äußern sich prinzipiell. Beim Thema Wehrdienst ist es umgekehrt

hat das aber nichts zu tun." Nicht das Geschlecht, sondern die Rolle präge die Moral. Aus der Tatsache, dass ein Brückenbauer besonders sorgfältig, ein Finanzbeamter unbestechlich sein müsse, schließe ja auch niemand auf die Existenz einer spezifischen Sorgfalts- oder Unbestechlichkeitsmoral.

Susanne Fischer

DOPING

Das große Katz-und-Maus-Spiel

Der Wettlauf zwischen Sportlern, die Dopingmittel nehmen, und Wissenschaftlern, die sie nachweisen, ist so spannend wie ein 10 000-Meter-Rennen. Der Sportsgeist bleibt dabei auf der Strecke

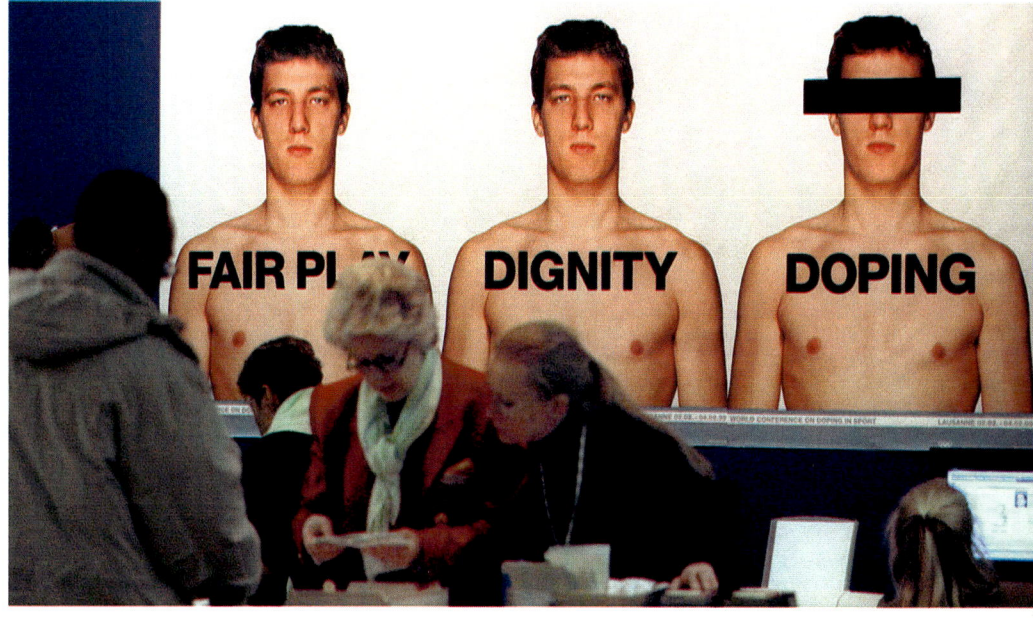

Im Sommer 2003 schickte ein besorgter Trainer anonym eine Spritze mit einem Rest Flüssigkeit an die amerikanische Anti-Doping-Agentur Usada. Angeblich enthielt sie ein nicht nachweisbares Dopingmittel. Ein Olympia-Labor an der University of California in Los Angeles entlarvte die Substanz innerhalb weniger Tage als Anabolikum. Die künstlichen Ver-

wandten des männlichen Geschlechtshormons Testosteron gehören zu den gebräuchlichsten Dopingmitteln und werden bei Analysen routinemäßig identifiziert.

Doch diesmal rätselten die Wissenschaftler unter ihrem Chef Donald Catlin zweieinhalb Wochen, bis sie wussten, womit sie es zu tun hatten. Die unbekannten Schöpfer des Stof-

fes hatten einem verbotenen Steroid namens Gestrinon vier Wasserstoff-Atome angefügt, weshalb Catlins Leute das Gebräu Tetrahydrogestrinon, kurz THG, tauften. Die kleine chemische Veränderung reichte aus, die bisherige Analysemethode auszutricksen.

Um auf die Idee mit den Wasserstoffatomen zu kommen, benötigt

Auch die Welt-Dopingkonferenz des Internationalen Olympischen Komitees in Lausanne 1999 konnte den Missbrauch von Aufputsch- und Schmerzmitteln nicht eindämmen

man „Fachkenntnis auf sehr hohem Niveau", betont Professor Wilhelm Schänzer, der an der Deutschen Sporthochschule Köln eines der beiden bei der Welt-Anti-Doping-Agentur (Wada) akkreditierten deutschen Dopinglabors leitet. Zu haben war der Stoff bei der Firma Balco im kalifornischen Burlingame. Der Fall Balco steht für den größten Dopingskandal seit der Enttarnung des kanadischen Sprintstars Ben Johnson 1988. Offiziell versorgte Balco die Athleten mit speziellen Nährstoffen, tatsächlich auch mit Dopingmitteln. THG fand sich im Urin prominenter US-Sportler, deren eingefrorene Proben neu untersucht wurden.

Die Doping-Jäger konnten sich über ihre Entdeckung nicht recht freuen. Denn der Fall bewies, was sie vorher nur befürchtet hatten: Ein Untergrundlabor kann Substanzen herstellen, die Fahnder nur finden, wenn sie von einem Informanten mit der Nase drauf gestoßen werden. Solche Mittel standen früher allenfalls Staats-Dopern wie den Athleten der DDR zur Verfügung.

Niemand weiß, ob weitere Lieferanten existieren. Es gibt nur Indizien. So entdeckte Catlins Labor vor ein paar Jahren im Urin eines Athleten Norbolethon. Eine Pharmafirma hatte dieses Anabolikum vor Jahrzehnten entwickelt, aber nie verkauft. „Eine heimliche Quelle könnte existieren", folgerte Catlin.

Schon bei bekannten Mitteln entwickelt sich der Nachweis oft zu einem Wettrüsten zwischen Drogendesignern und Fahndern. Vor allem, wenn jemand Stoffe schluckt, die im Körper ohnehin vorkommen, ist dies schwer zu erkennen. Das gilt zum Beispiel für das Hormon Testosteron.

Manfred Donike, Schänzers Vorgänger in Köln, gelang der Nachweis 1983 trotzdem. Er machte sich zunutze, dass Testosteron im Körper etwa gleich häufig auftritt wie sein chemischer Zwillingsbruder Epitestosteron. Nimmt jemand künstliches Testosteron, stimmt dieses Verhältnis nicht mehr.

Die Gegenstrategie fachkundig beratener Dopender lag auf der Hand.

Sie nahmen das Epitestosteron gleich mit. Solche Kombipräparate wurden etwa in der DDR entwickelt. Die Kontrolleure achten daher neuerdings auf eine andere Eigenart des Testosterons: Es enthält zwei unterschiedlich schwere Sorten Kohlenstoff, die sich im Labor unterscheiden lassen. Künstlich hergestelltes Testosteron verrät sich durch ein anderes Verhältnis der beiden Sorten.

Einen ähnlichen Wettlauf liefern sich Sportler und Fahnder auch beim so genannten Blutdoping. Ursprünglich leiteten die Athleten vorher abgezapftes Blut oder auch nur die daraus gewonnenen roten Blutkörperchen in ihre Adern. Sie liefern den Muskeln zusätzlichen Sauerstoff. Anfang der 1990er Jahre stiegen die Trickser auf eine elegantere Methode um: Sie kurbelten mithilfe des Hormons Erythropoetin (EPO) die Produktion der Blutkörperchen im eigenen Körper an. Dagegen hatten die Analytiker jahrelang keine Chance.

Das Resultat war bei den Weltrekordzeiten im Langstreckenlauf zu bestaunen. Dort hatte sich jahrzehntelang wenig getan. Doch ab Mitte der 1990er Jahre liefen immer mehr Athleten immer bessere Zeiten. Da weder neue Trainingsmethoden noch neue Techniken eingeführt wurden, könne man „relativ sicher" sein, dass „diese Leistungsexplosionen durch hochpotente Mittel wie Erythropoetin bedingt sind", kommentiert der Sportmediziner Hans-Hermann Dickhuth von der Universität Freiburg.

Seit der Olympiade 2000 in Sydney können Dopingjäger das künstliche EPO mit komplizierten Methoden aufspüren. Der Kölner Experte Schänzer befürchtet allerdings, dass Athleten inzwischen auf minimale EPO-Dosen umgestiegen sind, die noch nicht nachgewiesen werden können, aber trotzdem wirken. Oder die Betrüger greifen wieder zum Fremdblut – wie offenbar der amerikanische Radprofi und Olympiasieger Tyler Hamilton, der im Herbst 2004 positiv getestet wurde.

Als die Analyse bekannt wurde, beteuerte Hamilton seine Unschuld und erklärte, es sei an der Tagesordnung, dass Sportler falsche medizinische

Testergebnisse erhielten. Um Ausreden sind Athleten offenbar nie verlegen. Eine Marathonläuferin sagte, sie habe statt Schlaftabletten „versehentlich" die Anabolika ihres Trainers genommen, ein Sprinter machte für seinen auffälligen Testosteronwert viermaligen Sex und fünf Bier in der Nacht zuvor verantwortlich. Die Frage, wie solches Verhalten mit sportlicher Fairness zu vereinbaren ist, stellt sich für die ertappten Sportler anscheinend nicht. Sie sehen das Katz-und-Maus-Spiel mit den Fahndern als Fortsetzung des Wettkampfs auf einem anderen Gebiet.

Auch Zuschauer und Fans haben sich an die Dopingskandale gewöhnt. Obwohl „das Doping zum Berufsradsport fast so zwingend gehört wie das Benzin zum Formel-1-Rennen", so die „FAZ", ist die Begeisterung für die Tour de France ungebrochen. Auch die amerikanische Baseball-Liga verzeichnete trotz Dopingskandalen 2004 einen neuen Zuschauerrekord.

Wer bei einem Wettkampf erwischt wird, muss mit einer Sperre von zwei Jahren rechnen, Wiederholungstäter sogar mit lebenslänglich. Dieses strenge Reglement der Welt-Anti-Doping-Agentur trat 2003 in Kraft. Und Leichtathlet Dwight Phillips verkündete nach seinem Olympia-Medaillengewinn stolz: „Es gibt noch Athleten mit Moral." Trotzdem fielen bei der Olympiade 2004 mehr Athleten „positiv" auf als je zuvor.

Sportler, die ihre Leistungen chemisch verbessern, finden sich mittlerweile überall: bei den Gewichthebern, im Baseball, im Ski- und Reitsport, im Profifußball, im Triathlon. Selbst Hobbyathleten, vor allem Bodybuilder, schlucken Anabolika. In Umfragen bekennen sich bis zu 20 Prozent dazu. Vor allem der Druck, der auf vielen Spitzenathleten lastet, seit sie zu gesellschaftlichen Leitfiguren aufgestiegen sind, und der durch die Hoffnung auf schnellen Reichtum ausgelöste Ansporn lässt die Verbesserung der eigenen Chancen auch mit unfairen Mitteln nicht per se als unmoralisch erscheinen.

Es könnte sogar sein, dass Profis künftig gentechnisch manipuliert an-

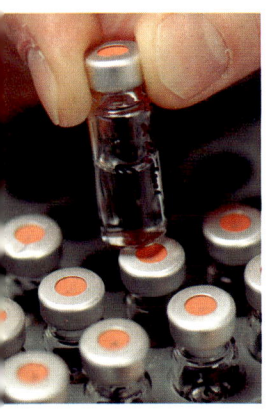

Griff nach der Probe: Das Anti-Doping-Labor im sächsischen Kreischa führt 7000 Analysen pro Jahr durch; das sind zehn Prozent aller Dopingtests weltweit

THG-positiv! Sowohl der britische Europarekordler über 100 Meter Dwain Chambers als auch die amerikanische 1500-Meter-Läuferin Regina Jacobs hatten das verbotene Steroid Tetrahydrogestrinon zur Leistungsverbesserung eingenommen. Sie wurden für mehrere Jahre gesperrt

treten. Vor der Geburt optimierte Retorten-Athleten werden zwar noch in den Bereich der Science-Fiction verwiesen. Doch kleinere Manipulationen sind schon heute möglich. So spritzte Lee Sweeney von der University of Pennsylvania Mäusen einen Wachstumsfaktor namens IGF-1. Die Muskelmasse der Nager nahm um 15 Prozent zu, ihre Kraft ebenso. Sofort meldeten sich Sportler bei Sweeney, die behandelt werden wollten.

Nicht alle Experten glauben, dass sich die Methode heute schon auf Menschen übertragen ließe. Sweeney dagegen sagte der „New York Times": „Man würde es schaffen, wenn man sich dahinterklemmt."

Gen-Doping mag auf den normalen Zuschauer wie die ultimative Perversion des fairen sportlichen Wettbewerbs wirken. Doch es besitzt eine ironische Pointe. In manchen Fällen würde es dem Sportler nur zu jenem

Vorteil verhelfen, den sein Konkurrent von Natur aus besitzt. So gewann der finnische Skilangläufer Eero Mäntyranta in den 1960er Jahren wahrscheinlich auch deshalb zahlreiche Medaillen, weil sein Körper besonders empfindlich auf Erythropoetin reagierte, und folglich auch ohne künstliche Zufuhr dieses Stoffs viele rote Blutkörperchen produzierte.

Mäntyranta war kein Einzelfall. Wie weit es jemand im Sport bringt, hängt zu einem Gutteil von seinen Genen ab – die Chancen beim edlen Wettstreit sind also von vornherein ungleich verteilt.

Ein weiterer Einwand bezieht sich auf die Gesundheitsgefahren. Ob diese tatsächlich vorhanden sind, ist im Lichte der Forschung fraglich geworden. Wohl blieben bei Radrennen immer wieder Fahrer auf der Strecke, die ihrem Körper mithilfe von Aufputschmitteln zu viel abverlangt hat-

ten. Doch geringe Anabolika-Dosen, wie sie in der Leichtathletik eingesetzt werden, haben bei Männern „offensichtlich kaum gesundheitliche Auswirkungen. Weil viele Athleten das wissen", so Sportmediziner Dickhuth, „ist ihre Anwendung weit verbreitet."

Wilhelm Schänzer überlegt, was wohl als Nächstes kommt, denn sein Labor „kann nicht alle Möglichkeiten gleichzeitig verfolgen". Auf dem Schwarzmarkt soll bereits ein neues, nicht nachweisbares Präparat zirkulieren, genannt „The Stuff III". „Wenn die Bundespolizei nicht bei Balco eingefallen wäre", klagte deren Chef Victor Conte unlängst im Sportmagazin „ESPN", „hätte ich es jetzt."

„Gewissensbisse?"

„Nein", antwortete Conte lakonisch, „ich weiß heute, dass es im Leistungssport darum geht, das zu tun, was man tun muss, wenn man gewinnen will."
Jochen Paulus

FOLTER

Wie stabil ist Moral?

In Ausnahmesituationen werfen viele Menschen ihre Werte über Bord. Psychologen haben erforscht, wann der ethische Kollaps eintritt. Und welche Menschen dem Bösen widerstehen

Die Dienstanweisung lautete lediglich, so viele Informationen wie möglich aus den Häftlingen herauszuholen. Und die eingesetzten US-Soldaten entdeckten schnell die geeigneten Mittel: Sie bedrohten ihre Gefangenen mit Hunden, zwangen sie, sich auszuziehen oder schlugen sie zusammen. Geschehen 2004 im Bagdader Gefängnis Abu Ghraib. Einzelfälle, versicherten die Vorgesetzten.

Sozialpsychologen sind da anderer Meinung. In ihren Augen haben sich die folternden Soldaten unter den gegebenen Umständen geradezu normal verhalten. Irritierend sei eher die Reaktion des in Abu Ghraib stationierten Soldaten William J. Kimbro gewesen: Der Hundeführer weigerte sich,

an den Folterungen teilzunehmen, obwohl seine Vorgesetzten starken Druck auf ihn ausübten. Er riskierte nicht nur Ärger mit seinen Kameraden, sondern sogar ein Verfahren vor dem Militärgericht wegen Befehlsverweigerung.

Warum kam es bei William J. Kimbro nicht – wie bei seinen Kameraden – zum moralischen Ermüdungsbruch? „Menschen wie er", sagt die Jenaer Sozialpsychologin Amélie Mummendey, „sind eher selten." Die meisten Leute orientierten sich am Tun der anderen. Die Konsequenzen des Gruppendrucks können heldenhaft sein oder – wie in Abu Ghraib – besonders grausam.

„Es gibt zwar eine übergeordnete, allgemein verbindliche Moral", sagt Mummendey. Doch unter bestimmten Umständen seien nur wenige Menschen in der Lage, dem erlernten „moralischen Kompass" zu folgen. „Das Wissen darüber, was richtig und was falsch ist, wird von Subgruppen beeinflusst, die einem sagen: Das musst du jetzt tun!" Gruppendruck und Autoritätsgläubigkeit in Kombination können jegliche Moralvorstellung auslöschen.

So sind Misshandlungen in Gefängnissen geradezu programmiert, wenn es keine eindeutigen Vorschriften für die Aufseher gibt und Misshandlungen nicht hart bestraft werden. Zu diesem Ergebnis kam das legendäre Stanford Prison Experiment, das der Psychologe Philip Zimbardo 1971 durchführte. 24 Probanden waren ohne weitere Direktiven in Gefängniswärter und Häftlinge eingeteilt worden. Anschließend überließ Zimbardo die Gruppen sich selbst.

Schon nach sechs Tagen musste er den auf 14 Tage angesetzten Versuch abbrechen, weil die Wärter begonnen hatten, die Gefangenen zu quälen. Auch in Abu Ghraib gab es keine klaren Anweisungen, wie mit den Häftlingen umgegangen werden sollte. Das Fehlen von Regeln, glauben manche Wissenschaftler, sei sogar beabsichtigt gewesen; die Befehlshaber hätten gewusst, was dadurch passieren würde.

Beim so genannten Milgram-Experiment von 1963 war man noch weiter gegangen. Die Probanden wurden angewiesen, andere Versuchsteilnehmer mit immer stärkeren Stromstößen zu misshandeln. Trotz Bedenken waren die meisten Teilnehmer bereit, die Dosis der – vorgetäuschten – Stromstöße immer weiter zu steigern, wenn es ihnen von einer Autoritätsperson, in diesem Fall einem Wissenschaftler, befohlen wurde. Selbst die simulierten Schmerzensschreie der Opfer hielten sie nicht davon ab. In mehr als 40 Ländern ist das Milgram-Experiment wiederholt worden, mit immer dem gleichen Ergebnis: Rund 65 Prozent aller Männer und Frauen tun alles, um einem Vorgesetzten zu gefallen.

Da sich grausames Verhalten schleichend entwickelt, bemerken viele Täter die sich verändernde Wertereralität nicht. Ihnen fehlt der distanzierte Blick von außen, der sie erkennen lassen würde: Dieses Handeln ist falsch. Nur rund 17 Prozent der Menschen sind nach Angaben des Bremer Forschers Gunnar Heinsohn zu selbstkritischer Einsicht fähig und verweigern unmoralische Handlungen. In Armeen sind es noch weniger.

Tatsächlich werden Soldaten oft darauf gedrillt, sich von ihren bishe-

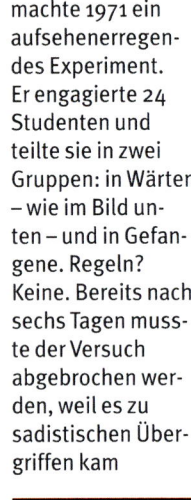

Der Psychologe Philip Zimbardo machte 1971 ein aufsehenerregendes Experiment. Er engagierte 24 Studenten und teilte sie in zwei Gruppen: in Wärter – wie im Bild unten – und in Gefangene. Regeln? Keine. Bereits nach sechs Tagen musste der Versuch abgebrochen werden, weil es zu sadistischen Übergriffen kam

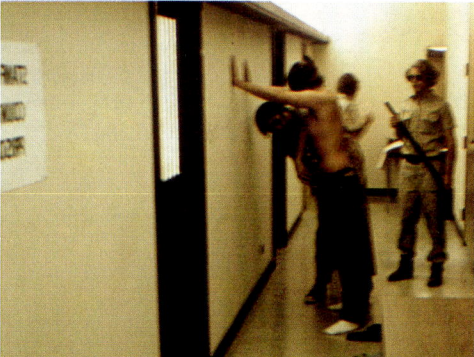
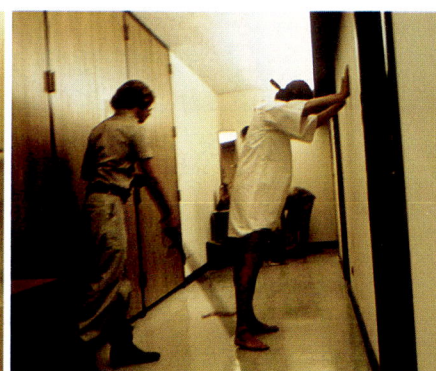

rigen Wertmaßstäben zu verabschieden. Die Einübung der Folter, so der Psychotherapeut Peter Boppel, der für Amnesty International die Ausbildung von Folterern weltweit beobachtet, folge dem gleichen Muster: schmerzhafte Initiationsriten zerschlagen das bisherige Selbst, lassen massive Angst entstehen, stärken das Gruppengefühl und erzeugen ein Elitebewusstsein; durch Demütigungen werden die Untergebenen aggressiv gemacht, die Aggressionen auf ein Feindbild abgeleitet; Gehorsam wird belohnt, unkooperatives Verhalten hart bestraft. Darüber hinaus werden die Auszubildenden an Grausam-

keiten gewöhnt, bis diese als Routine erscheinen.

Doch Moral kann durch Training nicht nur zerstört, sondern auch gestärkt werden. Wissenschaftler fordern deshalb ein Ethikprogramm für alle, die in militärische Operationen geschickt werden. Soldaten würden dann, neben ihrer sonstigen technischen Ausrüstung, einen starken „moralischen Kompass" mitnehmen.

Menschen wie Kimbro haben ihn bereits in der Kindheit erworben. Wer selbst einmal drangsaliert wurde und sich in die Opferrolle einfühlen kann, wer einer Minderheit angehört oder aus anderen Gründen ausgegrenzt

wurde, hat den eigenen Widerspruchsgeist längst trainiert. „Eigentlich", so Mummendey, seien Menschen mit Zivilcourage oft „Querulanten" – Menschen, die in einer Gruppe auch dann noch sagen, ein roter Tisch sei rot, wenn alle anderen behaupten, er sei grün.

Erziehung zu mehr Selbstbewusstsein, meint die Psychologin, könne man schon in der Schule fördern. Die Schüler müssten nur gezielt mit unterschiedlichen Meinungen und Lebensstilen konfrontiert werden: „Dadurch lernen sie, dass sie in bestimmten Situationen etwas anders machen können als die anderen."

Christina Schneider

Die Filmdokumentation, die das »Stanford Prison Experiment« von 1971 festhielt, zeigt verblüffende Ähnlichkeit mit den Bildern aus dem irakischen Gefängnis Abu Ghraib im Jahr 2004. Der moralische Blackout war hier wie dort schnell erreicht

MORALISCHE INSTANZ

Was nützt ein Nationaler Ethikrat?

Seit seiner Gründung im Jahr 2001 ist er umstritten. Denn es fehlt ihm die parlamentarische Legitimation. Immerhin stellt er öffentlich fest, worüber die Gesellschaft uneins ist

Eltern können ihr ungeborenes Baby auf Erbkrankheiten testen lassen – was unter Umständen dessen Tod durch Schwangerschaftsabbruch zur Folge hat. Bald werden sie ihr Kind einer umfassenden genetischen „Qualitätskontrolle" unterziehen. Und übermorgen wollen sie es womöglich mit künstlichen Chromosomen genetisch aufrüsten.

Soll Eltern das erlaubt werden? Und darf ein Staat es zulassen, dass seine Forscher Embryonen töten, um mit deren Stammzellen eines Tages vielleicht kranke Menschen heilen zu können?

Die Verheißungen der „Lebenswissenschaften" befeuern die öffentliche Debatte um das moralisch Erlaubte, aber in pluralistischen Gesellschaften ist Konsens in diesen Fragen selten zu erreichen. Wie die Debatte um Ge-

winnung und Verbrauch embryonaler Stammzellen deutlich zeigt, stößt das demokratische Mehrheitsprinzip bei bioethischen Fragen an Grenzen.

Deshalb suchen Regierungen immer häufiger außerparlamentarischen Rat von so genannten Experten-Kommissionen. Das hat seine Vorteile: Die Politik kann Entscheidungen auslagern, deren Konsequenzen sie nicht überblickt. Sie zieht sich auf die – moralisch entlastende – Moderatorenrolle zurück. Gleichzeitig testet und kanalisiert sie den gesellschaftlichen Widerstand. Denn stellvertretend für die Politiker loten die Experten aus, was in einer Gesellschaft mehrheitsfähig ist und was nicht.

So dachte offenbar auch Bundeskanzler Gerhard Schröder auf dem Höhepunkt der Debatte über den Import embryonaler Stammzellen. Im Jahr 2000 sprach er sich noch forsch gegen „ideologische Scheuklappen und grundsätzliche Verbote" in der Genforschung aus. Sein Tabubruch stieß auf erheblichen Protest, worauf er – wie der Zauberer das Kaninchen – im Mai 2001 den „Nationalen Ethikrat" aus dem Hut zog.

Schon der Name strahlt Autorität aus. Das monatlich tagende Gremium besteht aus 25 Mitgliedern, die vom Bundeskanzler auf jeweils vier Jahre berufen werden. Dieser Rat soll Stellung beziehen zu Entwicklungen auf dem Gebiet der Lebenswissenschaften und „Empfehlungen für politisches und gesetzgeberisches Handeln unterbreiten". Neben Theologen, Juristen, Medizinern, Soziologen und Philosophen sitzen auch Gewerkschafter und Unternehmervertreter mit am Tisch.

Das Geschacher um seine Besetzung trug dem Rat allerdings von Anfang an den Ruf ein, lediglich moralischer „Tabubrecher" zu sein, frei nach dem Motto: Die empfehlen, was die Bundesregierung biopolitisch will. So lehnte der ehemalige Bundesverfassungsrichter Ernst-Wolfgang Böckenförde seine Mitarbeit mit der Begründung ab, ein solches Gremium sei ein „Fremdkörper in der parlamentarischen Demokratie". Der geeignete Ort, biopolitische Fragen sach-

verständig zu behandeln, sei die vom Bundestag erstmals im Jahr 2000 eingesetzte Enquetekommission „Ethik und Recht in der modernen Medizin". Verärgert äußerte sich gleichfalls Ex-Staatsminister Michael Naumann. Er schmähte den Rat der Weisen als „pharmazeutisch-industriellen Legitimationsrat".

Da dem neuen Gremium von Geburt an die parlamentarische Legitimation fehlte, versuchte es, die Öffentlichkeit durch wohlüberlegte moralische Urteile zu überzeugen. Doch schon die ersten Stellungnahmen zeigten, dass selbst hochrangige Ethik-Experten nicht in der Lage sind, einen für alle akzeptablen Pfad durch das Dickicht bioethischer Streitfragen zu schlagen. Sowohl beim Import embryonaler Stammzellen als auch bei den Themen Präimplantationsdiagnostik (PID) und Biopatente spaltete sich der Rat in Mehrheits- und Minderheitenvoten. Doch wie soll ein Ethikrat den Politikern die Entscheidung erleichtern, wenn er selbst keine eindeutigen Empfehlungen zu geben vermag?

Dass Dissens den Alltag des Rats beherrscht, kann niemanden verwundern. In fast allen Ethikräten der Welt wird heftig gestritten. Und das ist – versichern Soziologen – auch gut so! Denn in säkularen Gesellschaften treibt gerade der Streit die Entwicklung moralischer Standards voran. Die allgemeingültige Moral, die noch bis ins Spätmittelalter hinein auf alle Fragen von Leben und Tod klare Antworten bereithielt, existiert nicht mehr.

Die Autorität eines modernen Ethikrats kann deswegen nur darauf beruhen, dass er für alle sichtbar macht, worüber die Gesellschaft uneins ist. Damit beugt er falschen beziehungsweise voreiligen Beschlüssen vor, erschwert demagogische Schuldzuschreibungen und ideologisch motivierte Abstimmungen. Nicht mehr, aber auch nicht weniger. Nationale Ethikräte flankieren gewissermaßen die Therapie der modernen Gesellschaft an sich selbst. Es sind Akte der Selbstvergewisserung in unsicheren Zeiten.   *Volker Stollorz*

Ausschließlich bioethische Fragen werden im Nationalen Ethikrat verhandelt, etwa die Pränataldiagnostik oder das Forschungsklonen. Kritiker befürchten den Ausverkauf der Menschenwürde

Die Würde des Menschen ist unverkäuflich!

GREENPEACE

Hans Jonas

Das Prinzip Verantwortung

Suhrkamp 2003

Mit dem 1979 publizierten Hauptwerk erlangte der Natur- und Technikphilosoph Hans Jonas weltweite Anerkennung. Sein „Versuch einer Ethik für die technologische Zivilisation" diskutiert die Frage, unter welchen Voraussetzungen ein Überleben auf unserem Planeten möglich ist. Ähnlich wie Günther Anders in seiner Schrift „Die Antiquiertheit des Menschen" geht Jonas davon aus, dass die Menschheit durch die Entwicklungen der modernen Technik vor völlig neue Situationen gestellt ist. Hans Jonas' Rat: Gefahren voraussehen, um daraus aktuelle Pflichten abzuleiten. Ein Prinzip, das sich in der Technologiefolgenabschätzung bewährt hat.

Robert Spaemann

Grenzen

Zur ethischen Dimension des Handelns

Klett-Cotta 2002

Der 1927 geborene Philosoph Robert Spaemann nimmt selten ein Blatt vor den Mund. Aus wertkonservativer Perspektive und mit klarer Argumentation bezieht er Stellung gegen Abtreibung, Sterbehilfe und Embryonenforschung. Wer Menschen zu Zellhaufen erkläre, um sie töten zu können, sei „unzurechnungsfähig". Radikal urteilt Spaemann auch über Atomrüstung, Kosovo-Krieg und Todesstrafe. Nach der

Lektüre dieses Bandes werden sich auch Andersdenkende wünschen: Moralphilosophen sollten sich öfter in öffentliche Debatten einmischen.

Peter Singer

Wie sollen wir leben?

Ethik in einer egoistischen Zeit

dtv 2002

Der Australier Peter Singer zählt schon seit längerem zu den umstrittensten Philosophen der Gegenwart. Seit er sich für aktive Sterbehilfe bei Schwerstbehinderten ausgesprochen hat, ist er als Gastredner an manchen deutschen Universitäten unerwünscht. Utilitaristen wie er haben es im Lande Immanuel Kants sehr schwer. Während Kantianer alles Gute für nützlich erklären, glauben Utilitaristen, alles Nützliche sei gut.

Otfried Höffe (Hrsg.)

Lexikon der Ethik

C. H. Beck 2002

Für jeden, der sich mit ethischen Fragen befasst, gehört dieses kleine Lexikon zur Grundausstattung. Wer sich alle Neuauflagen ins Regal stellt, hat bald einen guten Überblick über die moralischen Trends. Denn in der ersten Auflage von 1977 fehlten noch viele Stichworte, die heute relevant erscheinen, wie zum Beispiel Bioethik, Medienethik oder Tierschutz. Der Herausgeber Otfried Höffe, in Tübingen lehrender Philosoph, hat eine Hand voll exzellenter Autoren aufgeboten, die dem Band einen guten Gebrauchswert sichern.

Marcus Düwell u.a. (Hrsg.)

Handbuch Ethik

J. B. Metzler 2002

Keine leichte Kost verspricht das „Handbuch Ethik". In seinem ersten Teil erörtern die Autoren die sich immer weiter aufspaltende Szene ethisch-philosophischer Theorien; im zweiten Teil geht es um die Angewandte Ethik in verschiedenen Bereichen (Bioethik, Politische Ethik, Wirtschaftsethik etc.); im abschließenden Teil werden zentrale Begriffe geklärt wie Dilemma, Gewissen, Tugend oder Pflicht. Vor allem die Abgrenzung der Theorien untereinander ist nicht überzeugend gelungen, viele Artikel sind zudem schwer verständlich.

Christian Geyer (Hrsg.)

Hirnforschung und Willensfreiheit

Zur Deutung der neuesten Experimente

Suhrkamp 2004

Der Herausgeber weiß, wovon er spricht. Als Sachbuchredakteur der „Frankfurter Allgemeinen Zeitung" (FAZ) hat er jenen Disput betreut, der für Aufregung in der Wissenschaftswelt sorgte: Ist der Wille frei oder nicht? Der Band versammelt die erweiterten Aufsätze aus der „FAZ" und ergänzt sie um einen Anhang: Der Neurologe Benjamin Libet beschreibt sein berühmtes Experiment von 1979. Schade, dass Libets Bemerkungen zum freien Willen hierzulande kaum zur Kenntnis genommen beziehungsweise unzureichend zitiert werden.

Ernst Tugendhat

Vorlesungen über Ethik

Suhrkamp 1993

Die fiktiven Vorlesungen des längst emeritierten Berliner Professors beginnen mit einem überaus sympathischen Satz: „Seit einigen Jahren", schreibt er, „habe ich versucht, die ethische Problematik zu verstehen und bin immer erneut gescheitert." Solchen Wissenschaftlern kann man sich getrost anvertrauen. Denn Ernst Tugendhat (was für ein Name für einen Moralphilosophen!) schreibt verständlich und besticht durch den konsequenten Aufbau von der ersten Zeile „Warum Ethik?" bis zur letzten Vorlesung über „Gerechtigkeit".

Friedrich Nietzsche

Jenseits von Gut und Böse

Insel 1984

Der Titel der 1884/85 entstandenen Schrift ist längst zum geflügelten Wort geworden. Nietzsche selbst sagte über sein Buch, das der „Umwertung der Werte" vorausging, es sei „sehr schwarz, beinahe Tintenfisch". Zeitgenossen bezeichneten es als „Dynamit". Der eigenwillige Denker beantwortet darin nämlich nicht die Moral-Frage „Was ist Wahrheit?", sondern die amoralische Frage: „Wozu überhaupt Wahrheit?" Im gleichen Bändchen vertreten ist die 1887 entstandene Streitschrift „Zur Genealogie der Moral", in der sich Friedrich Nietzsche (der nicht zuletzt ein großer Satiriker war) gegen die Mitleids-Moral des verweichlichten Bürgertums wendet.

Thomas Prüfer,
Volker Stollorz

Bioethik

Europäische Verlags-
anstalt 2003

Der schmale Band der Wissen-Reihe besticht durch seine Übersichtlichkeit. Selten sind die Konflikte der Bioethik auf so knappem Raum so anschaulich behandelt worden. Der aktuelle Streit um die Embryonenforschung steht dabei im Mittelpunkt. Vorspänne und Zusammenfassungen gliedern den Stoff in handliche Portionen; die wichtigsten philosophischen Positionen werden kurz erläutert.

Rainer Erlinger

Lügen haben rote Ohren

Gewissensfragen für große und kleine Menschen

List 2004

Einem größeren Publikum ist der Jurist und Mediziner Rainer Erlinger durch seine „Gewissensfragen" im „Magazin der Süddeutschen Zeitung" bekannt geworden. Als Buchautor versucht er, gleichzeitig für Kinder und Erwachsene zu schreiben, was ein wenig bemüht wirkt und keine Seite wirklich befriedigt. Den Kindern werden zu viele philosophische Versatzstücke zugemutet, die Erwachsenen stört der penetrante pädagogische Anspruch.

Detlef Horster,
Jürgen Oelkers (Hrsg.)

Pädagogik und Ethik

VS Verlag für Sozialwissen-
schaften 2005

Bis zum Beginn der Neuzeit waren Erziehung und Ethik im Grunde ein und dasselbe. Auch heute wird Erziehung gern als „moralische Kommunikation" definiert, doch die Konzepte, wie diese Kommunikation vonstatten gehen soll, haben sich seit Rousseau, Pestalozzi, Klopstock, Dilthey und Fröbel immer weiter differenziert. Der vorliegende Band behandelt nicht nur die Geschichte der Moralerziehung, sondern auch die Frage, wie moralisches Wollen im Kindesalter entsteht und welche Probleme im Ethikunterricht auftreten.

John Rawls

Eine Theorie der Gerechtigkeit

Suhrkamp 1979

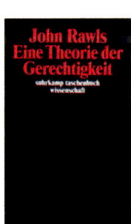

Zu den einflussreichsten philosophischen Werken der Gegenwart zählt die 1971 publizierte „Theorie der Gerechtigkeit". Geschult an den klassischen Vertragstheorien von John Locke, Jean-Jacques Rousseau und Immanuel Kant, entwirft der inzwischen verstorbene Harvard-Professor John Rawls eine Alternative zu den im angelsächsischen Raum vorherrschenden utilitaristischen Nutzentheorien, die meist der Nationalökonomie entstammen. Rawls' Definition der Gerechtigkeit als Fairness spielt vor allem für die Legitimation politischer Institutionen eine große Rolle.

Otfried Höffe

Wirtschaftsbürger, Staatsbürger, Weltbürger

Politische Ethik im Zeitalter der Globalisierung

C. H. Beck 2004

Im Zeitalter der Globalisierung verlieren nicht nur die überkommenen Nationalstaaten an Bedeutung, sondern auch die Begrifflichkeiten der traditionellen Politikwissenschaft. Otfried Höffe lässt die nationalen Interessen beiseite und konzentriert sich ganz auf den verantwortlichen Bürger. Sein Konzept der Zivilgesellschaft ähnelt dabei stark den idealistischen Ansätzen von Dieter Senghaas und Hans Küng, die sich ebenfalls um die Etablierung eines Weltbürgersinns bemühen.

Hans Küng,
Dieter Senghaas (Hrsg.)

Friedenspolitik

Ethische Grundlagen internationaler Beziehungen

Piper 2003

Wenn sich ein Bremer Friedensforscher und ein Schweizer Theologe zusammentun, dann kann nur etwas Gutes dabei herauskommen. Während sich der Theologe Küng in seinen Aufsätzen langsam vom Weltethos zur Weltpolitik und von dort zur Weltökonomie vorarbeitet, schlägt der Friedensforscher Senghaas den umgekehrten Weg ein. Eine fruchtbare Verbindung, aus der noch manches Manifest hervorgehen kann.

Hans Leyendecker

Die Korruptionsfalle

Wie unser Land im Filz versinkt

Rowohlt 2004

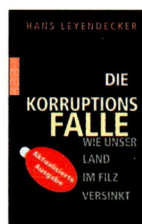

Das Sittengemälde, das der Redakteur der „Süddeutschen Zeitung" in diesem Report entwirft, wird manchen Leser an der Politik verzweifeln lassen. Wer nach der Lektüre des bundesrepublikanischen Sündenregisters noch zur Wahl geht, muss über einen starken Glauben an die Demokratie verfügen. Doch Hans Leyendecker begnügt sich nicht mit Schwarzmalerei. Er zeigt auch Wege aus dem Sumpf.

Max Weber

Die protestantische Ethik und der »Geist« des Kapitalismus

Beltz Athenäum 2000

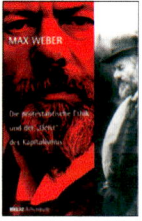

Die ungeheure Provokation dieser vor 100 Jahren erstmals veröffentlichen Schrift rührte aus dem kühnen Vergleich zweier bis dahin getrennt gesehener Sphären: der christlichen Ethik und der kapitalistischen Produktionsweise. Max Webers Anspruch war es, das satt gewordene Bürgertum der Jahrhundertwende an seine „heroische" Phase zu erinnern: an den unaufhaltsamen Aufstieg des Kapitalismus im 17. und 18. Jahrhundert in England und Nordamerika. Dieser wäre, laut Weber, ohne das asketische Ethos des Protestantismus, speziell des Calvinismus, nicht möglich gewesen.

Gunter Schmidt

Das neue DER DIE DAS
Über die Modernisierung des Sexuellen

Psychosozial-Verlag 2004

Selbst im Bett etablieren sich allmählich die Regeln der Bürgergesellschaft. „Intimate Citizenship" nennt der Sexualwissenschaftler Gunter Schmidt eine aus dem Angelsächsischen übernommene Vision: die „radikalpluralistische, radikaltolerante" Gesellschaft. Intimate Citizenship ist der ethische Überbau der gegenwärtigen Sexualmoral: Liebe machen nach Spielregeln, die zwischen den Beteiligten jederzeit neu verhandelt werden können.

Herbert Riehl-Heyse

Arbeiten in vermintem Gelände
Macht und Ohnmacht des Journalismus

Picus 2002

Ethische Fragen des Journalismus haben große Reporter zeitlebens beschäftigt. Einer der wenigen, die nicht nur die vielen Splitter in den Augen der Politiker, sondern auch den Balken im eigenen Auge sahen, war der Reporter Herbert Riehl-Heyse. Seine Selbstironie hat ihn davor bewahrt, moralinsauer zu werden. Sauer wurde er in seinen letzten Lebensjahren allerdings häufig – auch wenn es sich in der „Süddeutschen Zeitung" hinterher sehr komisch las. Herbert Riehl-Heyses Stärke war es, sein Anliegen „nur ein bisschen" zwischen den Zeilen wirken zu lassen.

GEO WISSEN

Gruner + Jahr AG & Co KG, Druck- und Verlagshaus, Am Baumwall 11, 20459 Hamburg. Postanschrift für Verlag und Redaktion: 20444 Hamburg. Telefon 040 / 37 03 -0, Telefax 040 / 37 03 56 48, Telex 21 95 20. Internet: www.GEO.de

CHEFREDAKTEUR
Peter-Matthias Gaede

STELLVERTRETENDER CHEFREDAKTEUR
Michael Schaper

GESCHÄFTSFÜHRENDE REDAKTEURE
Claus Peter Simon (Text), Ruth Eichhorn (Fotografie),
Jutta Krüger (Art Direction)

CHEF VOM DIENST
Peter Bier

TEXTREDAKTION
Wolfgang Michal

ART DIRECTOR
Andreas Knoche

BILDREDAKTION
Markus Seewald

DOKUMENTATION
Jörg Melander; freie Mitarbeit: Kirsten Milhahn, Henriette Schrader

MITARBEITER DIESER AUSGABE: Dr. Franz Alt, Michael Berger, Torsten Engelhardt, Susanne Fischer, Bernd Gäbler, Uta Henschel, Christian Jungblut, Martina Keller, Hans Leyendecker, Tatjana Lorenz (Layout), Ursula Ott, Jochen Paulus, Ulla Plog, Alexandra Rigos, Dr. Wolfgang Schmidbauer, Christina Schneider, Prof. Dr. Volkmar Sigusch, Deborah Sorg (Illustration), Michael Stang, Volker Stollorz, Hanne Tügel, Hermann Unterstöger

KARTOGRAPHIE / INFO-GRAFIKEN
Stefanie Peters, Florian Pöhl (freie Mitarbeit)

REDAKTIONSASSISTENZ
Angelika Fuchs

SCHLUSSREDAKTION: Antje Wischow,
Jan Pust (freie Mitarbeit); Assistenz: Hannelore Koehl

HONORARE / SPESEN: Angelika Györffy

BILDARCHIV: Bettina Behrens, Gunda Lerche,
Gudrun Lüdemann, Peter Müller

REDAKTIONSBÜRO NEW YORK: Nadja Masri (Leitung),
Brigitte Barkley, Wilma Simon, Anuschka Tomat (Sekretariat);
375 Lexington Avenue, New York, NY 10017-55 14, Tel. 001-212-499-81 00,
Fax 001-212-499-81 05, E-Mail: geo@geo-ny.com
Verantwortlich für den redaktionellen Inhalt: Peter-Matthias Gaede

VERLAGSLEITUNG: Dr. Gerd Brüne, Ove Saffe
ANZEIGENLEITUNG: Anke Wiegel
VERTRIEBSLEITERIN: Ulrike Klemmer
MARKETINGLEITER: Jan-Piet Stempels
HERSTELLER: Peter Grimm

ANZEIGENABTEILUNG: Anzeigenverkauf: Thorsten Treppe,
Tel. 040 / 37 03 29 32, Fax 040 / 37 03 57 73; Anzeigendisposition:
Wolfgang Rüders, Tel. 040 / 37 03 38 24, Fax 040 / 37 03 57 73
Es gilt die Anzeigenpreisliste Nr. 1 vom 1. Januar 2005.

Der Export der Zeitschrift GEO WISSEN und deren Vertrieb im Ausland sind nur mit Genehmigung des Verlages statthaft. GEO WISSEN darf nur mit Genehmigung des Verlages in Lesezirkeln geführt werden.

Bankverbindung: Deutsche Bank AG Hamburg,
Konto 0322800, BLZ 200 700 00.

Heft-Preis: 8,- € · ISBN-Nr. 3-570-19568-6
© 2005 Gruner + Jahr, Hamburg
ISSN-Nr. 0933-9736

Gruner+Jahr AG & Co KG,
Geschäftsbereich Druck, Gruner Druck, Itzehoe

Zeit – sichtbar gemacht: als Langzeitbelichtung eines verwelkenden Tulpenstraußes, als Uhreninstallation auf der Bundesgartenschau in Düsseldorf, als Zielfoto-Entscheid über Sieg und Niederlage

VOM WIMPERNSCHLAG ZUR EWIGKEIT
DAS RÄTSEL ZEIT

Mit der Erfindung der Uhr hat der Mensch sein Leben von Grund auf neu geordnet. Kirchgang und Ladenöffnung, Fließband und Fahrplan, Familienleben und Freizeit – alles hat er dem Diktat der Zeiger unterworfen. Obwohl jeder tagtäglich mit Zeit haushalten muss, bleibt uns ihr Wesen jedoch verborgen. Das hatte schon Augustinus im 4. Jahrhundert erkannt. Auf die Frage, was Zeit eigentlich sei, antwortete der Philosoph: „Wenn mich niemand danach fragt, so weiß ich es; wenn ich es jemandem erklären möchte, der mich danach fragt, so weiß ich es nicht."

GEO WISSEN versucht das Phänomen Zeit zu ergründen – unter anderem mit diesen Themen: • Fremde Kulturen: Wo die Uhren anders ticken • Bio-Rhythmen: Was unseren Alltag steuert • Von Newton zu Einstein: die Relativität der Zeit • Hirnforschung: Wie lang ist die Gegenwart? • Bauanleitung: die Zeitmaschine • Medizin: Wie wir länger leben können

Die zuletzt erschienenen Hefte der GEO-WISSEN-Reihe sind im ausgewählten Zeitschriftenhandel oder beim Verlag erhältlich: Tel. 040/37 03 40 41; abo-service@guj.de

GEO-WISSEN-LESERSERVICE

FRAGEN AN DIE REDAKTION
Telefon: 040 / 37 03 20 73, Telefax: 040 / 37 03 56 48
E-Mail: briefe@geo.de

ABONNEMENT- UND EINZELHEFTBESTELLUNG

ABONNEMENT DEUTSCHLAND — Heftpreis im Abonnement: 6,90 €

BESTELLUNGEN
Gruner + Jahr AG & Co KG
GEO-Kundenservice
20080 Hamburg
Telefon: 01805/861 80 03
[12 Cent/Min.]

KUNDENSERVICE ALLGEMEIN
Mo – Fr 7.30 bis 20.00 Uhr
Sa 9.00 bis 14.00 Uhr
Telefon: 01805/861 80 03
[12 Cent/Min.]
Telefax: 01805/861 80 02
[12 Cent/Min.]
E-Mail: geo-service@guj.de

ABONNEMENT ÖSTERREICH
GEO-Kundenservice
Postfach 5, A-6960 Wolfurt
Telefon: 0820/00 10 85
Telefax: 0820/00 10 86
E-Mail: geo-wissen@abo-service.at

ABONNEMENT SCHWEIZ
GEO-Kundenservice
Postfach, CH-6002 Luzern
Telefon: 041/329 22 20
Telefax: 041/329 22 04
E-Mail: geo-wissen@leserservice.ch

ABONNEMENT ÜBRIGES AUSLAND
GEO-Kundenservice, Postfach, CH-6002 Luzern
Telefon: 041 / 329 22 20, Telefax: 041 / 329 22 04
E-Mail: geo@leserservice.ch

BESTELLADRESSE FÜR
GEO-BÜCHER, GEO-KALENDER, SCHUBER ETC.

DEUTSCHLAND
GEO-Versand-Service
Werner-Haas-Straße 5
74172 Neckarsulm
Telefon: 01805/06 20 00
[12 Cent/Min.]
Telefax: 01805/08 20 00
[12 Cent/Min.]
E-Mail: service@guj.com

SCHWEIZ
GEO-Versand-Service 50/001
Postfach 1002
CH-1240 Genf 42

ÖSTERREICH
GEO-Versand-Service 50/001
Postfach 5000
A-1150 Wien

BESTELLUNGEN PER TELEFON UND FAX FÜR ALLE LÄNDER
Telefon: 0049-1805/06 20 00, Telefax: 0049-1805/08 20 00
E-Mail: service@guj.com